D1723907

Comitato Carlo Lorenzini - Firenze

Pinocchio
a
Firenze

a cura di Massimo Ruffilli

FirenzeLibri - Reggello (FI)

2011

COMITATO CARLO LORENZINI - FIRENZE

Soci Fondatori

Gianpiero Alfarano, Silvano Berlincioni, Duccio Brunelli, Sonia Ciaranfi,
Marco Conti, Bruno Dei, Domenico De Martino, Wanny Di Filippo,
Aldo Fittante, Luigi Formicola, Laura Gensini, Roberto Giacinti, Eugenio Giani,
Fabrizio Gori, Sandra Logli, Franco Lucchesi, Marco Mazzoni,
Giorgio Moretti, Massimo Pezzano, Massimo Ruffilli, Lella Smith,
Viola Spadolini, Girolamo Strozzi, Riccardo Zucconi

Soci Ordinari

Davide Baldi, Massimiliano Chiari, Piero Chiari, Gianni Conti,
Alessandro Del Meglio, Maurizio Maggini, Mauro Marrani

Direttore editoriale: Massimo Ruffilli
Redattore: Mauro Marrani
Stampato da Litograf Editor a Città di Castello (PG) nel mese di ottobre 2011
ISBN 9788876221026

© Comitato Carlo Lorenzini - Firenze
Villa Bel Riposo
Via Della Petraia, 29 - 50141 Firenze Castello (FI)

*Il "Comitato Carlo Lorenzini - Firenze", così come il "Comitato
Amerigo Vespucci a Casa Sua", sono sorti spontaneamente nel
2010, per valorizzare e divulgare la figura del padre di Pinocchio
e quella del grande navigatore, in occasione delle onoranze cele-
brative degli anniversari ed, in particolare, dei centenari.
Volendo proseguire l'opera rivolta alla valorizzazione di personaggi che, parzialmente
dimenticati, hanno rappresentato importanti momenti nella storia della città di Firenze,
si è costituita una "Accademia dei Dimenticati", che curerà occasioni di incontro atte
allo scopo, sottolineando cosa abbiano costoro voluto significare per la nostra Città.*

© FirenzeLibri S.r.l.
Via Pian di Rona, 120 C2 – 50066 Reggello (FI)
info@firenzelibri.it - www.firenzelibri.it - www.firenzelibri.net

«In San Lorenzo, cuore della fiorentinità, c'è un filo rosso che conduce dalla famiglia Medici a Carlo Lorenzini» (Matteo Renzi)

Firenze ... la città di Pinocchio!

INDICE

Pianta topografica e veduta generale della Città di Firenze:
siamo nel 1826, l'anno di nascita di Carlo Lorenzini

PRESENTAZIONE

Eugenio Giani

Pinocchio, il burattino più famoso del mondo, è frutto della fantasia creativa di un fiorentino come Carlo Lorenzini, al quale non è stato mai riconosciuto abbastanza il merito che, scrivendo questo romanzo, ha maturato nella storia.

Quando fu pubblicata la prima puntata, cui seguirono altre trenta e più, il 7 luglio 1881, nessuno poteva pensare che sarebbe venuto alla luce un racconto tradotto in circa trecentocinquanta tra lingue e idiomi in tutto il mondo. È indubbio che, insieme a *I promessi sposi* di Alessandro Manzoni e al libro della cucina italiana di Pellegrino Artusi, il testo di Carlo Lorenzini contribuì più di altri a divulgare fra la gente abitudine e sensibilità all'uso della lingua italiana, in una nazione ancora giovane, che fin dal 1861 ebbe bisogno di testi così popolari, da poter esser letti da tutta la popolazione alfabetizzata, per diffondersi in una penisola che si presentava come babele di dialetti, idiomi, parlate differenti.

Il successo clamoroso ottenuto da questo testo per i più piccoli (e non solo!) sta probabilmente nei significati che riuscì a offrire, al di là della comune favola, rappresentando valori e messaggi che ai bambini poteva offrire l'esperienza concreta del mondo dei "grandi".

Carlo Lorenzini aveva 55 anni quando iniziò la pubblicazione a puntate della storia di Pinocchio, che proseguì per ben due anni, dal 1881 al 1883. Era una persona già matura, avendo vissuto esperienze molto forti, che in lui infusero ideali, passioni, ma anche cocenti delusioni. La sua vita è quella di un uomo intelligente e colto, che certo non si privò di coraggiose iniziative, trascorrendo a Firenze massima parte dei suoi 64 anni di vita: nato nel quartiere di San Lorenzo, in Via Taddea, il 24 novembre 1826, morì in Via Rondinelli, colpito da un infarto mentre stava rincasando, il 26 ottobre 1890. La famiglia di origine era molto povera, ma lui e il fratello Paolo ebbero la possibilità di studiare per la generosità del marchese Ginori, al cui servizio lavoravano i genitori.

Carlo Lorenzini visse nel profondo i valori del Risorgimento e seguì gli studenti toscani nella battaglia di Curtatone e Montanara nel maggio 1848. Investì risorse di famiglia per pubblicare testi irredentistici, che – come *Il Lampione* – passarono sotto la scure della censura granducale. Visse in prima persona fra il 1859 e il 1860 anche la seconda guerra d'indipendenza, con le truppe di Novara, mentre frequentava gli ambienti intellettuali più evoluti e di rottura operanti a Firenze, in particolare la cerchia dei pittori Macchiaioli. Il manifesto anelito per un'Italia unita non era solo espressione del desiderio di unità geografica, ma soprattutto affermazione di nuovi valori di giustizia, libertà e equità sul piano economico e sociale. Visse la modernità e l'innovazione come aspirazione di crescita del popolo e il suo primo libro organico, al di là dei numerosi articoli di giornale o per riviste, fu dedicato al viaggio sul primo treno a vapore, che dal 1848 aveva collegato Firenze con la costa pisano-livornese. La fiorentinità vi si sprigiona da tutti i pori, così come traspare nei successivi romanzi, fra i quali si menzioni *Gli ultimi fiorentini*.

Celebre è la sua cronaca – apparsa nelle pagine de *La Nazione* – della notte vissuta fra il 15 e 16 marzo 1860 a Firenze, capitale del Granducato, quando il ministro della giustizia del governo provvisorio, Enrico Poggi, annunciò i risultati del plebiscito per l'annessione della Toscana al Regno di Sardegna e, quindi, all'Italia: svoltosi l'11 e 12 marzo in tutta la regione, diede più del 90 per cento (ben 366.571 voti) alla scelta di annessione al Regno d'Italia, che sarebbe divenuto tale soltanto l'anno successivo, il 17 marzo 1861. Firenze capitale, dal 1865, mise però a nudo tutti i limiti di una nazione concentrata in un processo di tempo molto breve e forte, con grandi potentati che si arricchivano anche a costo di profondo disagio per la popolazione e povertà diffusa determinata da ingiuste speculazioni.

Veduta di Firenze risalente al 1878: una panoramica della città di Carlo Lorenzini

Carlo Lorenzini visse direttamente la delusione rispetto agli ideali della giovinezza, dovuta soprattutto al mondo corrotto dei ministeri e della burocrazia statale trasferitosi a Firenze da Torino, procedendo poi, dopo una breve parentesi, verso la definitiva capitale, Roma. Un passaggio che, però, significò in città una brulicante presenza di spregiudicati faccendieri e scaltri speculatori e, di contraltare, di famiglie oneste rovinate da investimenti che non ebbero il tempo di riportare i giusti ricavi a chi si era adoperato per l'abbellimento della città. Nell'avventurosa storia di Pinocchio appare chiaro il riferimento della città di «acchiappacitrulli» all'esperienza concreta vissuta dal Lorenzini per il passaggio della capitale a Firenze e i suoi nefasti postumi: nel 1878 lo stesso municipio fiorentino dovette dichiarare fallimento per le catastrofi finanziarie che si erano succedute dall'arrivo della corte reale e dei ministri in città, imprevisto e non atteso, accettato con la volontà di fare bene, rivelatosi dannoso per Firenze quando una permanenza di soli sei anni non aveva consentito di ripagare gli investimenti pubblici e privati fatti.

Lorenzini approdò in tarda età alla letteratura per l'infanzia, quando l'editore Felice Paggi nel 1875 gli chiese di tradurre le favole francesi più famose. Dal quel momento comprese che, sotto la forma edulcorata e fantastica dello scrivere per i bambini, poteva trasmettere l'esperienza di vita intensa e contrastata che aveva maturato: esordì con *Giannettino*, *Minuzzolo* e altre storie, che ebbero grande successo per l'epoca, ma fu

con le sue inconfondibili fattezze, ritratta poco prima della "nascita" di Pinocchio

con la pubblicazione a puntate de "Le storie di un burattino", tradotte ed ampliate nell'unico volume *Le avventure di Pinocchio*, che il talento dell'autore trovò l'espressione massima. Sono concetti forti e profondi quelli che le allegorie del romanzo riescono a trasmettere ai bambini, ma anche ai "grandi", e gli immortali personaggi hanno segnato l'immaginazione e la fantasia di generazioni e generazioni di persone, dell'Italia e di tanti paesi nel mondo.

Nel 1881 Carlo Lorenzini viveva fra il centro di Firenze e la casa di Castello, ameno borgo nei pressi di Sesto Fiorentino, che il fratello Paolo Lorenzini aveva voluto adattare a seconda residenza, per poter meglio raggiungere le manifatture Ginori della stessa Sesto, ove era direttore stimatissimo dai proprietari.

In *Pinocchio* traspaiono molti riferimenti alla realtà del tempo, che ragionevolmente appartengono all'ispirazione che l'autore ebbe da luoghi esistenti: dalla stessa Firenze a Castello, da Sesto Fiorentino a Peretola. È probabile, ad esempio, che la signora Giovanna Ragionieri, nata a Castello nel 1868, allora figlia del giardiniere di casa Lorenzini, all'età di tredici anni avesse ispirato nell'immaginazione di Carlo Lorenzini l'avvento di una fata dai capelli turchini nella trama narrativa, come lei stessa, in un'intervista rilasciata a *La Nazione* prima della morte, avvenuta oltre i 90 anni, ebbe candidamente a dichiarare, fornendo precisi riferimenti che verbalmente lo scrittore gli trasmise nei giorni stessi in cui scriveva il romanzo. La tradizione orale ha indicato testimonianze di persone ed episodi così circostanziati e deducibili, da farci pensare davvero che i luoghi di Pinocchio abbiano riferimento concreto in quelli che furono gli ambienti frequentati dal suo creatore: sono anche i luoghi di Carlo Lorenzini!

Approfondire, quindi, il rapporto tra Firenze e Carlo Lorenzini era divenuto ormai un dovere morale che il libro *Pinocchio a Firenze* si è proposto con indiscussa efficacia.

Lo pseudonimo "Collodi", usato dall'autore fin dal 1856, è indubbio omaggio alla madre Angiolina Orzali, dallo scrittore sempre amata e unica grande figura femminile della sua vita, visto che mai si sposò e visse sempre in questa famiglia integrata dal fratello, dalla cognata, dalla madre, senza altre convivenze. Del resto, gran parte della propria attività lavorativa ufficiale e costante il Lorenzini la svolse in qualità di impiegato pubblico e, quindi, sottoscrivere i suoi lavori con uno pseudonimo riteneva lo avrebbe messo al riparo dai ricorrenti problemi di incompatibilità, che potevano portare anche a dure sanzioni. In realtà è accertato che Lorenzini frequentò Collodi nel Pesciatino solo nel periodo dell'adolescenza, in visita o in permanenza alle case dei parenti della madre, ma nell'età matura l'abitualità ai luoghi fiorentini divenne sostanzialmente esclusiva. Riscoprire, dunque, e comprendere i luoghi che possono aver ispirato la scrittura di Pinocchio è stata operazione culturale importante, che valorizza il territorio e suscita evocazione sulle tracce del pensiero creativo del grande scrittore fiorentino.

Non si vuol togliere nulla a Collodi, che rimarrà sempre un punto essenziale nell'epopea di Carlo Lorenzini, e l'attività della Fondazione costituita negli spazi annessi al Parco di Collodi è sicuramente benemerita. Firenze ha però il compito di gettare sul campo nuove energie per promuovere l'opera di Lorenzini, soprattutto facendo conoscere una biografia che, in relazione al significato ottenuto nel mondo dal personaggio Pinocchio, è davvero poco conosciuta. Eppure la vita di questo illustre personaggio fu avventurosa, stimolante, piena di spunti, soprattutto oggi che vogliamo ricordare al meglio i 150 anni dell'Unità d'Italia.

San Lorenzo attorno al 1890

Carlo Lorenzini va considerato uno dei padri fondatori della nazione italiana e in vista delle imminenti celebrazioni per i 150 anni di Firenze capitale, che partiranno nel 2014, dobbiamo pensare a iniziative che possano promuoverne il ricordo, il profilo, il valore: come, ad esempio, non sottolineare l'importanza del suo rapporto con il quartiere di S. Lorenzo? Come non ricordare la partecipazione attiva alla vita culturale di Firenze, con le sue testimonianze sui costumi della vita quotidiana della città nella seconda metà dell'Ottocento?

Il nome Pinocchio per il suo protagonista-burattino fu probabilmente suggerito a Lorenzini da un paese del Valdarno Inferiore, ove nei dintorni lavorava come cuoco suo padre: quel paese visse con disagio l'identificazione del proprio toponimo con quello del burattino, al quale cresceva il naso quando diceva le bugie, e nel 1929 – con delibera del Municipio di San Miniato – il borgo del "Pinocchio" fu chiamato San Miniato Basso, come ancora oggi quella realtà è conosciuta e si è sviluppata.

Gli altri riferimenti del romanzo sembrano, invece, appartenere a luoghi fisici interamente compresi nell'area fiorentina e libri recenti, come quelli di Nicola Rilli (*Pinocchio a casa sua. Da Sesto Fiorentino a Firenze. Realtà e fantasia di Pinocchio*) e di Marco Conti (*Guida al percorso segnaletico di Peretola, Castello e Sesto Fiorentino*), offrono spunti davvero interessanti.

Lavoriamo su questo per costruire intorno alla figura di Carlo Lorenzini quel giusto rilancio e valorizzazione che egli interamente merita.

PRELUDIO

Mauro Marrani

Carlo Lorenzini: un concentrato della vecchia Firenze, rimasta inalterata fino agli anni dell'Unità; uno dei tanti protagonisti del Risorgimento; un pittore o, meglio, un "macchiaiolo" mancato, che seppe magistralmente sostituire la penna al pennello; uno scrittore-giornalista, che fu capace di raccontare le storie del suo tempo fra le righe di una fiaba; un fiorentino famoso in tutto il mondo per le peripezie della sua creatura, ma dimenticato non appena ci si discosta un poco dal suo memorabile racconto.

Sì! Un racconto per bambini, apparso per la prima volta proprio sul *Giornale per i bambini*, ma anche un racconto, ove, se saputo leggere con maggior attenzione, traspare una sorta di autobiografia, con personaggi fantastici che spesso trovano assonanza con personaggi reali.

Un dato è certo: noi che abbiamo dato vita dapprima al Comitato Amerigo Vespucci a Casa Sua e poi al Comitato Carlo Lorenzini a Firenze – tanto per iniziare – ed ora all'Accademia dei Dimenticati, che ha preso corpo ufficialmente con il convegno *Il cenacolo degli illustri "dimenticati"* (Biblioteca Medicea Laurenziana, 29 settembre 2011), ci siamo sentiti in dovere di riunirci attorno all'idea di dare il giusto valore storico-letterario e socio-culturale ad una delle tante anime schierate più o meno nell'oblio; un'idea che speriamo di aver saputo governare, con la realizzazione di questo volume ... un contenitore di tanti messaggi, che ciascuno di noi ha inteso esporre e mostrare secondo le proprie conoscenze ed i propri convincimenti interiori e secondo il proprio bagaglio intellettuale, da ognuno dei quali trapela la presentazione soggettiva di contenuti oggettivi.

Nulla è, quindi, privo di fondamento, nulla è campato in aria, nulla è lasciato al caso! Tutto richiama alla mente il fervore risorgimentale nella Firenze granducale e la delusione postunitaria di molti, tutto rimanda al rivoluzionario movimento artistico dei Macchiaioli, tutto promana valori universali nel tempo e nello spazio.

Chi non riesce ad apprezzare fino in fondo quanto narrato dal Lorenzini e quanto emerge dalle frequenti allusioni, mai potrà comprendere appieno le ragioni che lo indussero a dar vita ad una straordinaria ed avvincente storia all'apparenza solo per bambini, ma perfettamente attagliata ad un lettore adulto.

Due esempi valgano per l'intera trama narrativa. Mangiafoco-Gran-duca, burbero e superbo ma compassionevole verso i più diseredati, è un chiaro manifestarsi del rimpianto del "vecchio" Lorenzini per i tra-scorsi preunitari; il Gatto e la Volpe, spregiudicati con chiunque si avvi-cini loro, alludono senza margine di errore ai tanti furbi che assoggettarono alle loro esigenze ed ai loro voleri la Firenze capitale e postcapitale, ai tanti speculatori che nel giro di pochi anni misero a soq-quadro la città, mutandone radicalmente l'aspetto cristallizzatosi in mezzo millennio di storia, ed ai troppi usurai che imperavano nella vita quotidiana dei fiorentini.

È posto in evidenza, fra gli altri, il fatto che il burattino "muoia" per ben due volte, perché le sue scorribande appartengono a due segmenti narrativi ben distinti, fra loro in minimo contatto. Muore la prima volta impiccato al Quercione delle Cascine, al termine della serie a puntate pubblicata sul *Giornale per i bambini*, un organico racconto ben struttu-rato dall'inizio alla fine. Muore una seconda, a concludere le sue "nuove" *Avventure*, lasciando il posto al suo umano alter ego.

Ma il nostro lavoro non si è limitato alla pura e semplice rievocazione del passato, calato nella Firenze ottocentesca e nel suo suburbio: sono stati concepiti e presentati progetti e proposte per il futuro, con partico-lare riferimento alla realizzazione di un parco tematico nella piana di Castello, reale palcoscenico del fantastico Pinocchio.

Questo volume, quindi, riproponente in appendice anche il testo in-tegrale della editio princeps (1883), crediamo possa costituire un tassello di non poco conto per completare tanto il "piccolo" mosaico lorenzi-niano, quanto quello ben più ampio degli illustri "dimenticati". Un'opera composita e multiforme, nata con il determinante supporto non solo grafico ed editoriale, ma pure culturale di due illuminati "li-brai" fiorentini, che della carta stampata di pregio hanno fatto quasi una ragione di vita: Massimiliano e Piero Chiari.

Lavorare alla costruzione testuale, iconografica e redazionale di que-sto prodotto scaturito da una sinergia d'intenti condivisi, non è stato agevole né semplice, ma la soddisfazione e la gratificazione di averlo portato a compimento ci entusiasmano nel profondo e ci spronano ad ampliare il nostro raggio d'azione, per giungere a traguardi sempre più rappresentativi.

Carlo Lorenzini, il cui pseudonimo "Collodi" ha generato non pochi equivoci biografici, è uno dei tanti fiorentini nel mondo che attende di esser ricordato alla stregua del suo Pinocchio.

FIRENZE
LA CITTÀ DI CARLO LORENZINI E DEL SUO PINOCCHIO

Massimo Ruffilli

«La casa di Geppetto era una stanzina terrena, che pigliava luce da un sottoscala». Non una semplice invenzione narrativa, questa, ma una puntuale descrizione di una comune peculiarità architettonica nell'edilizia rurale della piana fiorentina fino a tutto il XIX secolo.

Gli abitanti del borgo fiorentino di Castello hanno sempre saputo, attraverso i racconti dei loro nonni, che Pinocchio e la sua fantastica storia erano nati dalle loro parti.

Vari autori, scrittori e pittori, nel tempo, hanno descritto ed illustrato questi luoghi che si relazionavano in vari modi all'universale storia del burattino.

Carlo Lorenzini, l'autore del testo, che prese lo pseudonimo di Collodi dal nome del paese natale di sua mamma (cui rimase sempre molto legato), la signora Angiolina Orzali, dimorò nel centro di Firenze ed anche nel quartiere di Castello alla periferia della città. Tuttavia, soggiornò solo per brevi periodi nella Villa Rapi – oggi di Giorgio Moretti – chiamata anche il "Bel Riposo", ubicata al quadrivio delle quattro strade proprio sopra il borgo di Castello: una sorta di villeggiatura estiva "fuori porta" insieme alla famiglia del fratello Paolo, mai trascorsa volentieri, lontano dal suo quartiere, anche se fu in questi luoghi della piana pedemontana fiorentina che si ispirò per il suo Pinocchio.

Carlo Lorenzini, era nato a Firenze in pieno centro, in Via Taddea, presso il futuro mercato centrale alle 8,30 di sera del 24 novembre del 1826. Suo padre era il cuoco dei marchesi Ginori e la sua mamma era stata la domestica dei marchesi Garzoni a Collodi, suo paese natale, nel pesciatino, sebbene in seguito fosse venuta a servizio a Firenze presso la marchesa Marianna Ginori Lisci, figlia del marchese Garzoni.

Era nato, dunque, a Firenze, la città che aveva fatto storia nel mondo, presso il mercato vecchio di San Lorenzo. Via Taddea era una stradina povera, che diramava da Via de' Ginori, proprio dietro il palazzo dei Marchesi. Angela, o meglio Angiolina Orzali, benché diplomata maestra

elementare, a Collodi fu cameriera per l'illustre casato toscano dei Garzoni Venturi e poi, arrivata a Firenze, fu assunta come domestica, sarta e dama di compagnia della marchesa Ginori; il padre invece, originario di Cortona, era arrivato a Firenze come cuoco degli stessi marchesi Ginori, proprietari delle famose fabbriche di ceramiche di Doccia a Sesto Fiorentino.

Le condizioni economiche dei Lorenzini non erano delle più floride, ma Carlo, manifestato fin da piccolo un grande interesse e curiosità per lo studio, da notevole autodidatta compì studi sregolati un po' ovunque. Dapprima avviato al seminario di Colle Val d'Elsa, dove però non si fece prete, in seguito si diplomò a Firenze presso i Padri Scolopi in San Lorenzo. Studiò musica ed imparò molto bene la lingua francese, ma la sua vera passione era volta al giornalismo, una professione moderna, in una città piena di fermenti e di tensioni sociali e politiche.

Da giovanissimo, cominciò a collaborare a giornali e gazzette fiorentine. Già nel 1847 fondò *Il Lampione*, un foglio quotidiano antigovernativo chiuso e poi riaperto, attraverso varie vicissitudini, perché ritenuto sovversivo. Collaborò, durante gli anni Cinquanta, a numerose testate cittadine: *Lo Spettatore* (periodico cui collaboravano, fra gli altri, Giuseppe Giusti, Niccolò Tommaseo e Ruggiero Bonghi), *L'Arte* (periodico artistico-letterario e teatrale, cui collaborava anche Ippolito Nievo), *La Lente* (giornale umoristico, ove per la prima volta – nel 1856 – usò lo pseudonimo di Collodi nell'articolo "Coda al programma della Lente"), *Lo Scaramuccia* (periodico teatrale, per il quale aveva reclutato collaboratori di livello, fra i quali Pietro Fanfani e il giovane Piero Coccoluto Ferrigni, poi famoso con lo pseudonimo di Yorick) e *Il Fanfulla* (uno dei

Inserzione pubblicitaria della prima edizione de Le avventure di Pinocchio
pubblicata il 14 febbraio 1883 nel Corriere del Mattino.

primi quotidiani italiani non legati a un partito politico, uscì per la prima volta il 16 giugno 1870 a Firenze, all'epoca capitale provvisoria del Regno d'Italia: viene ricordato soprattutto per il supplemento letterario, *Il Fanfulla della Domenica*, pubblicato fino al 1919, cui collaborarono, fra gli altri, Giovanni Verga e Gabriele D'Annunzio.

Il 19 luglio 1859 era uscita la prima copia de *La Nazione*, il quotidiano politico fiorentino alla cui fondazione anche Carlo Lorenzini aveva partecipato attivamente. Era ormai divenuto valente giornalista e scrittore dallo splendido stile toscano.

Scrittore di teatro, critico di letteratura francese, autore del primo viaggio ferroviario fiorentino *Un romanzo in Vapore da Firenze a Livorno* (guida storico-umoristica del 1856) e de *I misteri di Firenze* (1857), nel 1881 la firma di Carlo Lorenzini con lo pseudonimo di Collodi comparve per la prima volta nel *Giornale per i bambini* di Ferdinando Martini e Guido Biagi. Nel 1882 scrisse la *Grammatica di Giannettino* per i bambini delle scuole e, finalmente, pubblicò a puntate sul citato *Giornale* "La storia di un burattino", dal 7 luglio 1881 al 25 gennaio 1883.

Carlo Lorenzini pubblicò nel 1883 il primo volume di Pinocchio, il testo che sarebbe divenuto l'altro capolavoro italiano dell'Ottocento dopo *I promessi sposi*, con una diffusione postuma a livello mondiale seconda sola alla *Bibbia*.

Lo scrittore, protagonista con i pittori macchiaioli dei maggiori movimenti artistici del suo tempo, pensò e diede vita a *Le avventure di Pinocchio*, il libro che deve la sua immortalità alla genialità del suo autore che, da una favola per bambini, lo portò a trascendere negli archetipi della natura umana, dal bisogno di avventura alla nostalgia della famiglia, dalla trasgressione al perdono, individuando nella bella Fata Turchina il simbolo universale della donna e della maternità.

Ma Carlo Lorenzini non fu soltanto un giornalista ed uno scrittore. Egli fu un soldato, un volontario, un combattente ed un patriota della grande epopea del nostro Risorgimento.

Nel 1848 si era arruolato tra i volontari fiorentini che presero parte alla prima guerra d'indipendenza e divenne un fervente mazziniano. Partecipò alla campagna del battaglione fiorentino, che si concluse con la battaglia di Curtatone e Montanara: a Firenze all'inizio di quell'esaltante primavera del 1848, al Caffè Castelmur, all'angolo fra Via Calzaioli e Via dei Tavolini, i giovani patrioti fiorentini si ritrovavano e si preparavano a partire volontari per la Lombardia, per combattere gli austriaci nella prima guerra d'indipendenza. Carlo Lorenzini, all'epoca, aveva solo 22 anni ed era animato dall'arroganza della gioventù.

Frequentava quel bar, come il famoso Caffè Michelangelo di Via Larga, insieme agli spiriti inquieti degli artisti del tempo, i pittori macchiaioli, i letterati, i poeti del romanticismo, tutti patrioti convinti.

Con lui, un altro giovane avvocato fiorentino, Carlo Alberto Bosi, compose improvvisandola, una canzone che sarebbe divenuta l'inno dei patrioti toscani ed italiani:

Addio mia bella addio, l'armata se ne va, e se non partissi anch'io, sarebbe una viltà.

L'"armata" era composta da circa seimila uomini, tra volontari e regolari, studenti universitari, in prevalenza pisani, dieci cannoni e due obici: un'armata caratterizzata da un armamento scarso, scienza militare poca, disciplina punta.

L'esercito regolare piemontese, dal canto suo, fronteggiava il grosso dell'esercito austriaco che stava al di là del Fiume Mincio, presso Mantova. I primi di maggio del 1848, la guerra si prolungava, mentre Piemonte e Lombardia si riunivano a Milano con Mazzini e Cattaneo che invocavano il plebiscito. Sul campo di battaglia non sembrava avvenire nulla di nuovo.

Il volontario Carlo Lorenzini così descriveva quei momenti:

> Oggi siamo a Montanara, a tre miglia dal cannone del forte di Mantova, e siamo accampati a cielo aperto. La nottata che abbiamo passato non è stata delle più belle, con l'umidità spaventosa di queste paludi lombarde.

L'esercito regolare piemontese, guidato dal re Carlo Alberto, non sembrava avere un buon rapporto con i volontari della brigata toscana. Il comando sabaudo li considerava con diffidenza: erano figli di papà, studenti, borghesi, radicali, goliardi indisciplinati e sovversivi.

I soldati tedeschi, viceversa, temevano molto i giovani volontari.
Come annotava Carlo Lorenzini:

> I soldati di Radetzky ci hanno battezzato I Briganti Neri mentre i soldati
> di linea ci hanno definiti i Briganti Bianchi. Gli austriaci interrogavano i
> contadini per sapere quanti fossero i volontari. – Quanto star brigata nera
> nel paese? – hanno molta paura della brigata nera e niente paura della
> brigata bianca, sosteneva il Lorenzini nelle sue lettere dal fronte.

La brigata toscana fu schierata lungo l'argine del Fosso Osone, che
scorreva tra Curtatone e Montanara.

La sera del 27 maggio l'esercito austriaco, con trentamila uomini,
dieci battaglioni, cinquanta squadroni e centocinquanta cannoni, mosse
da Mantova verso Peschiera per attaccare i piemontesi. La brigata toscana era comandata da un vecchio generale napoleonico, Cesare De
Laugier che avvertì i volontari che l'esercito austriaco sarebbe passato
dalle loro posizioni.

Alle 9,30 di mattina del 29 maggio, gli austriaci attaccarono il corpo
dei volontari toscani e in tutta risposta i nostri, al grido di «Viva l'Italia!»,
spararono in piedi dentro il folto del grano, all'impazzata, esaltandosi
al rullo dei tamburi.

Il battaglione universitario, formato da 250 studenti comandati dai
propri professori come ufficiali, era stato messo di riserva. Alle prime
fucilate però, gli studenti si misero a correre, ma non indietro, balzarono
in avanti, correndo sulla linea del fuoco, e per mirare meglio avevano
tagliato la punta del cappello goliardico: ancora oggi gli studenti pisani
e senesi portano il goliardo tagliato, per ricordare l'assalto di Curtatone
e Montanara.

Gli episodi di valore, in quella gloriosa e disordinata giornata, furono
molti. Si può ricordare l'artigliere Elbano Gasperi che sparò di continuo
con l'unico cannone funzionante rimasto. Quando gli presero fuoco i
vestiti, se li strappò di dosso e continuò a cannoneggiare gli austriaci
fino alla fine.

Il generale Radetzky, sorpreso da tanta tenace resistenza, credette
che a Curtatone e Montanara si concentrasse l'esercito piemontese e si
fermò.

I piemontesi, nel frattempo, si posizionarono a Goito: in quella battaglia gli austriaci vennero battuti, ma senza Curtatone e Montanara la
vittoria di Goito non ci sarebbe stata.

Il generale De Laugier ebbe a scrivere:

> Mi sono trovato nella mia vita, a molti fatti d'arme, ma mai ho visto un
> eroismo ed un entusiasmo simile a quello manifestato il 29 dai toscani.

Così, i volontari toscani, che erano partiti cantando «Addio mia bella addio», tornarono cantando:

Io son di quegli intrepidi, contesero il passaggio a trentamila austriaci il 29 maggio, schiava ti lascio, ma libera, presto ti rivedrò.

Era la primavera del 1848: ancora molti anni di battaglie e di guerre dovevano passare per proclamare l'indipendenza italiana.

L'inno degli studenti universitari toscani ricorda lo scontro di Curtatone e Montanara con le parole:

Di canti di gioia, di canti d'amore rinnovi la vita mai spenta nel cuore. Son canti di gloria, son canti d'amore, non cada per essi la nostra virtù. Ribelli ai tiranni, di sangue bagnammo, le zolle d'Italia, con l'armi sposammo, in sacro connubio, la patria il saper.

1859 - Carlo Lorenzini nei lanceri di Novara.   ce.Raffelli

Ma Carlo Lorenzini, scapolo e giocatore senza vittorie, non smise mai di combattere per l'unità d'Italia, anche se quelle prime battaglie alla fine erano state perdute.

Nel 1859 si arruolò nel Reggimento Cavalleggeri di Novara, e combatté con le truppe piemontesi di re Vittorio Emanuele tutta la seconda guerra d'indipendenza. A guerra finita tornò nella sua Firenze e da allora non avrebbe lasciato mai più la sua città natale.

Cavalleria lancieri d Novara

In quegli anni svolse incarichi di funzionario governativo sia per il Granduca Leopoldo, sia per il nuovo Governo unitario. Dal 1860 fino al 1864 fu membro aggregato nella commissione di censura teatrale presso la prefettura di Firenze. Nel 1873 fu promosso segretario di prima classe in prefettura. Tuttavia, dati i suoi trascorsi mazziniani e i suoi scritti sovversivi ed antigovernativi, da funzionario di governo cambiò il suo cognome da Lorenzini in Collodi e si firmò, da allora in poi, Carlo Collodi.

Nella ricorrenza dei 150 anni della Unità d'Italia è molto interessante ed utile rileggere alcune pagine di Carlo Lorenzini, il Collodi, tratte dal suo *Giannettino*. Infatti, il 2 giugno 1881 il Lorenzini era stato posto a riposo su sua specifica richiesta e da allora, come valente scrittore, si dedicò alla letteratura per bambini, pubblicando già nel 1882 il libro *Giannettino*, ad uso delle scuole del neonato Regno d'Italia.

Giannettino, stampato dall'editore fiorentino Paggi, testo ben calato nella realtà dell'epoca, tratta diversi argomenti, dalla geografia alle piante, dagli animali al telegrafo ed alle strade ferrate. Un testo approvato dalle autorità scolastiche del tempo dedicato ai ragazzi della giovanissima nazione italiana. In particolare a noi interessano le ultime pagine del volume, ove l'autore è riuscito a far magistralmente raccontare a Giannettino un brano di "recente" storia italiana, la storia del nostro Risorgimento: è veramente esaltante poter leggere, in sole undici pagine, tutti gli eventi che hanno caratterizzato quella epopea, descritti con passione fuori dal comune e in uno splendido stile fiorentino, che sempre caratterizzarono il Lorenzini.

Dopo la caduta di Napoleone I – cominciò a dire Giannettino, con voce piena e sonora – i Principi italiani, già spodestati dai conquistatori, risalirono sui loro troni. E lusingandosi di ridurre i popoli a dimenticare la grande rivoluzione che era passata sul loro capo, si dettero a soffocare ogni aspirazione di libertà, di nazionalità, di indipendenza.

Da questa stupida reazione, come accade sempre, presero nuovo e maggior vigore le società segrete, e si andarono rapidamente propagando per tutta la penisola.

Dal 1814 al 1846, il mondo si rammentò di quando, in quando, che esisteva un paese chiamato Italia, e se ne rammentò solo a causa dei movimenti insurrezionali, delle società segrete, delle teste cadute sui patiboli, delle vittime sepolte vive in carceri spaventosi e del numero grande dei patriotti italiani vaganti in esilio per ogni angolo della terra.

Ma fu buona ventura (e la buona ventura si deve al Piemonte) il pensiero che spuntò nella mente di alcuni, cioè di cercare una strada più lunga, ma più sicura di quella delle insurrezioni, per giungere al sospirato termine del nostro riscatto.

Già Carlo Alberto s'industriava in ogni maniera per rimaner fuori dal cerchio fatale, nel quale gli altri Principi italiani o per parentela, o per simpatia, o per interessi dinastici, si erano lasciati attrarre dall'Austria.

Questo contegno del capo di un popolo così ragguardevole per il suo nobile e fermo carattere e per le sue tradizioni guerresche rinfrancava maravigliosamente gli animi, e già il Piemonte cominciava a palesarsi come un punto luminoso, verso il quale cominciavano a rivolgersi tutti gli occhi e tutte le speranze della grande famiglia italiana.

Ad aiutar Carlo Alberto nel disegno dell'Italica indipendenza sopravvennero quattro grandi scrittori, Silvio Pellico, Massimo D'Azeglio, Cesare Balbo e Vincenzo Gioberti; i quali presero più o meno direttamente e apertamente a divulgare la dottrina della impotenza delle congiure a redimere l'Italia, della necessità di promuovere questa redenzione colla educazione dei popoli, colle rivoluzioni pacifiche e legali, amicandosi i Principi, anziché combatterli, e studiandosi di conciliare la libertà colla monarchia.

Ma nondimeno una forza ci voleva, la quale si facesse centro e sostegno e leva dell'impresa. Il Balbo e il D'Azeglio l'additavano in Carlo Alberto, e il D'Azeglio, non contento di divulgare l'idea coi lavori dell'ingegno, l'andava ancora propagando a viva voce. Il Gioberti, in questo diverso da loro, cercava in Roma quello che i primi due cercavano in Torino. Secondo il Gioberti, la gloriosa parte di rinnovatore d'Italia apparteneva al Papa. Questi doveva condurla all'unità e alla indipendenza, facendosi capo e moderatore di una confederazione dei vari Stati della penisola, e doveva procacciare la libertà, persuadendo colla sua autorevole parola i Principi italiani a concedere quelle franchigie, che si addicevano alla civiltà progredita.

Gregorio XVI morendo, aveva lasciato le cose dello Stato pontificio in tali termini, che il successore di lui, chiunque fosse stato, doveva necessariamente darsi cura di renderle migliori e più sopportabili.

La soddisfazione di questo pubblico bisogno, che per un altro pontefice poteva essere un atto politico, per Pio IX, carattere naturalmente amorevole, era un bisogno del cuore. Perciò la prima cosa ch'egli fece, appena salito sul trono pontificale, fu quella di dare una piena amnistia, o perdono, ai condannati per colpe politiche.

L'entusiasmo suscitato dall'amnistia fu così potente ed universale, che trasse il pontefice a nuove concessioni. Allora raddoppiarono i plausi e le lodi, e la parola di Pio IX divenne parola d'ordine per tutti gli altri Principi della penisola. Solo il re di Napoli, resistendo al moto riformatore che si partiva con insolito esempio dalla reggia dei papi, temporeggiava nel soddisfare ai desideri dei suoi popoli; ma la Sicilia insorgeva, una solenne dimostrazione avveniva a Napoli, e Re Ferdinando dové concedere ad un tratto più assai che gli altri Principi non avevano concesso.

In questo frattempo, ecco giungere la notizia che la Francia aveva cacciato Luigi Filippo e proclamato la repubblica; che Vienna e l'Ungheria erano insorte e che movimenti rivoluzionari si suscitavano in Prussia e in altre parti dell'Alemagna.

I Milanesi, troncati gl'indugi, sorgevano a combattere le memorabili Cinque Giornate, e cacciavano gli austriaci dalla città. Insorgevano altre città lombarde, insorgeva Venezia.

Guerra! Guerra! Fu il santo grido che proruppe da un capo all'altro della penisola, numerosi drappelli di volontari di tutte le province d'Italia volarono a pagare alla patria il tributo del sangue.

Carlo Alberto, inalberata la bandiera tricolore, passava il Ticino insieme ai suoi figliuoli. La Toscana, lo Stato Romano, Parma e Modena seguirono il movimento: lo stesso re di Napoli mandava in Lombardia un corpo di truppe.

Si venne alle mani. Giornate gloriose (e forse più di ogni altra gloriose per gli Italiani, i quali la prima volta, sotto un sola bandiera, uscivano in campo aperto contro la Potenza che li opprimeva) furono quelle di Goito, di Monzambano, di Pastrengo: e più gloriosa ancora, fatta ragione del numero e della qualità dei combattenti, quella di Curtatone e Montanara.

Ma il successo della guerra non fu felice.

Carlo Alberto si trovò costretto a ripassare il Ticino. Gli austriaci rioccuparono il Lombardo Veneto, fuori di Venezia deliberata ad estrema difesa: entrarono nei ducati e tentarono di occupare le Romagne: sennonché Bologna con meraviglioso impeto popolare assalì, senza artiglierie, un nemico di artiglierie munitissimo, e lo costrinse a ripassare il Po.

Il dì 9 agosto dell'anno 1848 tra l'Austria e il Piemonte fu firmata una tregua o armistizio, per la quale le cose tornavano presso a poco quali erano avanti la guerra. La tregua doveva durare sei settimane: poteva essere prolungata di comune accordo; altrimenti doveva essere disdetta otto giorni innanzi.

L'infortunio delle armi aveva messo gl'italiani in questo bivio, o di trasformare l'Italia in un vasto campo di guerra, o di chinare la fronte dinanzi agli eventi con virile rassegnazione, e profittar delle tregua per fare ammenda degli sbagli commessi e per meglio ordinarsi e apparecchiarsi alla rivincita.

Ma gli animi di tutti erano meravigliosamente concitati da sdegno e da dolore.

Non si capiva come un esercito regolare non fosse riuscito a vincere un nemico come l'austriaco, che l'inerme Milano aveva saputo cacciare dalle sue mura; si rammentavano le irresolutezze che precedettero la guerra, gli attraversamenti posti al primo slancio dei volontari, la fiacchezza dei successivi provvedimenti: poi la Enciclica del pontefice, e il richiamo delle truppe napoletane. Queste ed altre erano le colpe che si davano ai governanti, e le querele si tradussero a poco a poco in sospetti, in accuse e in calunnie.

In questo stato di cose si cominciò a chiedere che si disdicesse l'armistizio e si riprendesse la guerra pronta, immediata; e perché si diceva e si ripeteva che il concetto della campagna precedente era stato sbagliato e che bisognava affidar la somma delle cose di guerra a mani più esperte, venne allora chiamato al comando supremo il generale polacco Czarnowsky, e il re Carlo Alberto consentì di combattere sotto gli ordini di lui, insieme coi propri figliuoli, come semplice generale di brigata.

Il dì 23 marzo dell'anno 1849, su i piani di Novara, si venne a campale giornata, e l'Italia fu vinta per la seconda volta.

Carlo Alberto mandò chiedendo una tregua al vincitore. Il Radetzky imponeva dure condizioni a quella durissima, che fossero espulsi dal Piemonte tutti gl'italiani non piemontesi che avevano combattuto contro l'Austria.

Carlo Alberto, conosciuti gl'indegni patti, consumò sull'altare della patria il sacrificio di se medesimo.

Adunati tutti i generali e sentito che ogni resistenza sarebbe stata vana, rinunziò la corona al figlio maggiore Vittorio Emanuele, e si avviò, vittima espiatoria di peccati non suoi, verso quella terra, dove in breve doveva finire i suoi giorni.

Dopo la sconfitta di Novara, l'Italia rimase nella piena balia dei vincitori: ma non tutte le città italiane vollero arrendersi a mani legate.

La breve, ma generosa resistenza di Livorno, e quelle più solenni di Brescia e di Venezia contro le armi austriache, e di Roma contro i francesi, sono un glorioso monumento di valor nazionale, e provarono che agl'italiani per vincere non mancò se non la concordia.

Intanto fu restaurato il Pontefice a Roma, Leopoldo di Lorena a Firenze, e riconosciuta la Sicilia in mano a Re Ferdinando.

Ma per buona sorte dell'Italia il Piemonte e Vittorio Emanuele raccolsero coraggiosamente il sacro ma grave deposito lasciato da Carlo Alberto: la libertà fu ricoverata nella reggia sabauda, e il vessillo tricolore, faro della italiana gente dispersa, continuò a diffondere i suoi splendori dalla sommità delle torri di Torino.

Per altro il Piemonte si era prefisso uno scopo molto arduo e pericoloso. Nessun Governo d'Europa eragli amico; molti, nemici. I più benevoli avevano per esso quell'altera compassione che confina col disprezzo ed è forse del disprezzo più dura. Il Piemonte era stato vinto e pur troppo la società moderna, sebbene in piena luce di civiltà, spesso suole anch'essa ripetere con gusto barbarico la sentenza: Guai ai vinti!

L'Austria e tutti i Governi italiani dovevano naturalmente portargli un odio mortale, perché il fuoco della libertà, che si custodiva gelosamente nella reggia torinese, teneva in continuo pericolo le loro dominazioni.

A ogni modo, sebbene debole e senza appoggio, il Piemonte teneva alta ed immacolata di faccia all'Austria la bandiera nazionale, della quale si era fatto custode. Lo provò, alla prima occasione, con quella protesta che mandò fuori il conte Cavour, quando l'imperator d'Austria, dopo il moto insurrezionale tentato a Milano il 13 febbraio 1853, ordinò il sequestro sui beni dei fuoriusciti lombardo-veneti. Quella protesta, mentre valse somma lode di prudenza politica all'insigne statista, guadagnò all'Italia le prime simpatie dell'Inghilterra e della Francia.

Nel 1854 la Francia e l'Inghilterra si strinsero in lega offensiva contro la Russia, la quale minacciava l'integrità dell'impero turco.

Il conte di Cavour con quella lucidità di mente che possedeva singolarissima, vide che pigliando parte a quella lega il Piemonte sarebbe andato a combattere sul Mar Nero le prime battaglie dell'indipendenza italiana.

E sebbene questa sua idea fosse tenacemente combattuta nel Parlamento, pur seppe farla trionfare, e 15 mila piemontesi, guidati dal vessillo tricolore, sbarcarono in Crimea a fianco dei soldati delle due maggiori potenze d'Europa.

Cessata la guerra, ed apertosi, nel 1856, in Parigi, il Congresso dei potenti sovrani d'Europa, il Piemonte ebbe il diritto di esservi rappresentato.

Fu dato questo incarico al conte di Cavour, ed egli seppe trovar modo di trattarvi la questione italiana, e si condusse con tale destrezza, che non solo guadagnò all'Italia il favore dell'Inghilterra e della Francia, ma trovò grazia anche presso i plenipotenziari della Russia, di quella Russia che qualche anno prima aveva rifiutato di entrare in termini di amichevole relazione col Governo e colla persona di Vittorio Emanuele II.

Intanto venne il giorno, in cui Napoleone III e il Cavour stabilirono che, se l'Austria si fosse fatta assalitrice dell'Italia, il Piemonte sarebbe stato aiutato dalle armi della Francia, e nel caso di propizia fortuna, la Casa di Savoia avrebbe ottenuto un regno di dodici milioni di abitanti dall'Alpi all'Adriatico, e la Francia in compenso Nizza e Savoia.

Bisognava dunque procurare questo assalto!

Prima che un anno fosse trascorso, il conte di Cavour aveva vinto di accortezza tutti i diplomatici d'Europa; e l'Austria, era entrata, armata mano, in Piemonte.

L'Austria, così essendosi fatta assalitrice, i battaglioni francesi valicarono le Alpi.

Quali giorni di trepidazione e di entusiasmo furono quelli che precedettero e accompagnarono la guerra! Da tutti gli Stati della penisola accorrevano a schiere i volontari in Piemonte, sicché in breve il loro numero superò i trenta mila; e nel tempo che Vittorio Emanuele, movendo per il campo, proferiva queste solenni parole: Io non ho altra ambizione che quella di essere il primo soldato dell'indipendenza d'Italia. Il duca di Modena, il granduca di Toscana scendevano dai loro troni per andare a far causa comune all'Austria. Napoli e Roma rimanevano neutrali, ma con quale animo ce lo disse Perugia, la quale, fattasi centro del movimento nazionale dell'Umbria, dalle truppe mercenarie del Governo pontificio fu saccheggiata e insanguinata con vera ferocia.

La guerra, gloriosa sempre per le armi alleate, fu inaugurata colla fazione di Montebello il 20 di maggio dell'anno 1859. L'onore della giornata si deve al generale francese Forey, e al nostro colonnello De Sonnaz, comandante un reggimento di cavalleria piemontese. Nello stesso giorno il generale Cialdini effettuava, cacciando il nemico, il passo della Sesia.

Il Garibaldi alla testa dei volontari italiani, pochi giorni dopo, vinceva a Como ed a Varese.

Il 30 maggio si combatteva a Palestro. Il re Vittorio Emanuele, guidando in persona due divisioni italiane ed un reggimento di Zuavi, assaliva un poderoso corpo austriaco, e dopo lunga e accanita zuffa lo metteva in fuga. Il Re confermò col fatto la parola di non avere altra ambizione che quella di essere il primo soldato dell'Indipendenza d'Italia. Più volte gli Zuavi gli si dovettero parare dinanzi per impedire che si esponesse a troppo grave pericolo. Dopo la battaglia, essi lo inalzarono al grado di loro caporale.

Vinti di nuovo a Magenta, il 4 di giugno, per merito principalmente del generale francese Mac-Mahon, gli austriaci si misero in piena ritirata. Il 7 dello stesso mese i due sovrani alleati entravano in Milano, e Napoleone III mandava fuori il proclama che prometteva la liberazione dell'Italia dall'Alpi all'Adriatico.

Gli austriaci si erano fortificati a Melegnano. Sloggiati dai Francesi, andarono a concentrarsi sulla linea del Mincio.

Assaliti in quella forte posizione dall'esercito italo-franco, dopo una battaglia di dodici ore, nella quale 140 mila austriaci furono vinti da 120 mila Francesi a Solferino, e 70 mila austriaci da 40 mila piemontesi a San Martino, rimasero pienamente disfatti.

Dopo questa battaglia, quando più lusinghiere si facevano le speranze del nostro intero affrancamento, improvvisamente le armi furono riposte nel fodero. L'imperatore francese, in Villafranca, porse la mano all'imperatore austriaco e gli offrì la pace. L'Italia si sentì fulminata, e una volta ancora si propagavano assurde accuse.

Tra gli articoli di quella pace, memorabilissima per l'Italia, vi fu quello che i Principi fuggiti avessero facolà di rientrare nei loro Stati ma senza intervento straniero. Era dunque lasciata ai popoli la libertà di richiamare i loro antichi padroni di Toscana, di Parma e di Modena, o di cominciare la grande opera dell'Italia una.

I popoli si appoggiarono all'ultimo partito.

La Toscana retta dal barone Bettino Ricasoli, Parma, Modena e poi le Romagne governate da Carlo Farini come dittatore, dichiararono decaduti gli antichi Principi e la propria annessione alla monarchia costituzionale della Casa Sabauda.

Peraltro, mentre l'Italia superiore e la centrale tripudiavano nel santo amplesso della libertà, della indipendenza e dell'unità, le altre province continuavano a gemere sotto la mala signoria. La Sicilia, seguendo l'esempio di Palermo che nel 4 d'aprile 1860 dava il segnale della rivolta, insorse al grido di *Italia e Vittorio Emanuele*.

Il 1° del mese di maggio il Garibaldi co' suoi Mille sbarcava a Marsala, e ad ogni passo riportando un trionfo, in breve ora liberava tutta l'isola, eccetto Messina, dalla dominazione borbonica.

Francesco II, per scongiurare la tempesta che minacciava inghiottirlo, pensò d'imitare l'esempio datogli dal padre nel 1848, e dichiarò di essere pronto a rimetter fuori la Costituzione; ma i popoli risposero: È tardi!

Il Garibaldi passò lo Stretto: vinse in due battaglie i borbonici, assaltò Reggio di Calabria e se ne impadronì; le popolazioni insorsero. Francesco II andò a rifuggirsi in Gaeta, e il Garibaldi entrò trionfante in Napoli.

Intanto le Marche e l'Umbria si agitavano nel desiderio di liberarsi dal mal governo che le opprimeva, e mandavano perciò deputazioni al Re Vittorio Emanuele. Che fare? Si trattava di un caso difficile, delicatissimo. Era il momento di mostrarsi audaci e il Governo osò. Il dì 11 di settembre le truppe italiane invasero le province pontificie; e il Lamorcière, francese, alla testa dei mercenari pontifici andò incontro al Cialdini. Sconfitto il primo a Castelfidardo, si riparò, fuggendo attraverso i monti, in Ancona, d'onde uscì pochi giorni dopo prigioniero con tutti gli onori di guerra in conseguenza della espugnazione di quella piazza.

Le popolazioni delle Marche e dell'Umbria e quelle di Sicilia e di Napoli, chiamate a manifestare la loro volontà per mezzo del plebiscito, votarono l'annessione alla monarchia costituzionale del re Vittorio Emanuele.

Gaeta e Messina si arresero poco dopo al generale Cialdini, e adunato in questo tempo il Parlamento Nazionale, nel quale sedevano i deputati di tutte le provincie italiane, tranne di Roma e Venezia, fu fatta la solenne proclamazione del Regno d'Italia.

Ma nel Parlamento rimanevano vuoti i seggi, cui avrebbero dovuto occupare i rappresentanti di Roma e Venezia; e il governo italiano, che voleva risoluta la questione veneta non con una insurrezione popolare, ma col tempo necessario a preparare le armi e quando si fosse presentata propizia occasione, e che a Roma intendeva d'andare d'accordo con la Francia, non mancava al suo doppio ufficio: mentre dava mano a preparare un esercito capace di stare a fronte dei prodi battaglioni dell'Austria, studiava ogni mezzo di giungere per le pacifiche vie diplomatiche allo scioglimento della questione romana. L'occasione per lo scioglimento della questione veneta fu data al governo dalla inamicizia che nel 1866 scoppiò tra la Prussia e l'Austria. La Prussia stipulò coll'Italia un'alleanza offensiva e difensiva.

All'annunzio della nuova guerra, l'Italia seppe ritrovare i nobili entusiasmi e la santa concordia dei più bei giorni del 1848 e del 1859.

Il Parlamento fu unanime nel dare al governo le più ampie facoltà, acciocché provvedesse vigorosamente ai grandi avvenimenti che si preparavano. I municipi gareggiavano nella istituzione di premi a coloro che nelle patrie battaglie si fossero più segnalati. Commissioni di privati cittadini per raccogliere soccorsi di ogni genere per l'esercito e per le famiglie dei combattenti si costituirono in ogni luogo. Le donne furono le prime a porgere nobilissimi esempi di pietà cittadina. Decretata la formazione di 20 battaglioni di volontari da porsi sotto il comando del Garibaldi ed aperti gli uffici di arruolamento il 20 di maggio, si chiusero il 26 colla iscrizione del doppio numero degli uomini richiesti. Molti giovani, rimasti fuori, entrarono nelle file dell'esercito regolare.

Ma ohimè! Qui finì la parte splendida di quella guerra. Si combattè intrepidamente, ma senza un proporzionato effetto, a Custoza, si combattè intrepidamente, ma più infelicemente ancora, a Lissa; si ebbero prove individuali di valore immortale, ma l'armi italiane non chiusero, come agognavano e si meritavano, il sanguinoso dramma della indipendenza nazionale con un trionfo.

La lite fu decisa sui campi di Sadowa, ove 40 mila austriaci, tra morti, e feriti, e prigionieri, assicurarono alla Prussia il primato germanico, e all'Italia l'indipendenza.

Il 3 di ottobre dell'anno 1866 fu sottoscritto il trattato. In virtù del quale l'Austria cedeva il Veneto all'Italia colla mediazione della Francia. Compite le formalità dipendenti da questa mediazione, i Veneti ratificarono con solenne plebiscito la loro annessione al Regno d'Italia e questa nazione povera martire reietta per tanto tempo dalle nazioni, alle quali era stata maestra di ogni civile disciplina, si assise finalmente in seggio onorato nella famiglia dei popoli liberi e indipendenti.

Quattr'anni dopo, ossia il 20 settembre del 1870, le truppe italiane entravano per la breccia di Porta Pia a Roma, che diventava di fatto la capitale del Nuovo Regno.

Appena che Giannettino ebbe finito, scoppiò nella sala un grido e un battio di mani che non finiva più.

(tratto da Carlo Lorenzini, *Giannettino*, Paggi, Firenze, 1884, pp. 294-304)

Allora Carlo Lorenzini, illustre scrittore fiorentino e valoroso patriota, che aveva partecipato alle guerre di indipendenza, divenne autore ancor più famoso soprattutto nel Novecento, con la fama immortale che si guadagnò grazie alla sua opera principe, le storie del suo Pinocchio, per le quali si era strettamente ispirato ai luoghi ove era nato e cresciuto: l'opera, che lo ha portato e lo sta tuttora portando per mano in giro per il mondo, altro non è che lo specchio letterario della sua Firenze. Vi è riflesso tanto l'ambiente cittadino, quanto quello rurale del suburbio. Come Telemaco Signorini e gli altri Macchiaioli col pennello immortalarono la vecchia città, nei suoi scorci più tipici, prima degli scellerati sventramenti ed ammodernamenti urbanistici, così Carlo Lorenzini riuscì a farlo in maniera superba con carta e penna.

Negli ultimi anni, il Lorenzini frequentò i caffè letterari e si avventurò nel gioco d'azzardo, che purtroppo fu all'origine di debiti sempre

"non mi tolgo il cappello neanche davanti al re"

più frequenti. Amava la cucina ed i ristoranti, era un fervente oratore e non si sposò mai.

L'arrivo dei piemontesi a Firenze, divenuta Capitale del nuovo Regno d'Italia nel 1865, aveva arrecato non pochi malumori in città e, non di rado, si diceva:

> Se siam bravi e siam cortesi, son felici i piemontesi,
> ma con questi sull'Arno capitati, finiremo alla Specola impagliati.

Dopo soli cinque anni, il trasferimento della Capitale d'Italia da Firenze a Roma fu fonte di amarezza e delusione per tanti fiorentini e per lo stesso Lorenzini, che in gioventù tanto era stato animato dal furore risorgimentale, partecipando alle due guerre d'indipendenza.

> E i cento milioni di debiti chi ce li rende? In che situazione ci troviamo in questa Firenze che non è né carne né pesce! Non che mi importi che vada via Vittorio Emanuele con i suoi corazzieri, ma mi dovete dire che giovamento abbiamo avuto noi fiorentini da questa buffonata della capitale!

Fu proprio in quegli anni che in Lorenzini, vittima di malinconie, di scetticismi e di delusioni, andò maturando il capolavoro letterario di Pinocchio, proprio in quella Firenze a cavallo tra passato e futuro, tra tradizione satirica e modernità, tra paesaggismo visionario e bozzettismo macchiaiolo.

Le caricature di Carlo Lorenzini, disegnate da Angelo Tricca, compaiono insieme a quelle di Adriano Cecioni: tutte quante tese ad ironizzare sugli illustri frequentatori del Caffè Michelangelo in Via Larga, oggi Via Cavour. In queste illustrazioni, risalenti agli ultimi anni del XIX secolo, Carlo Lorenzini è ritratto accanto ai più famosi pittori macchiaioli del tempo, da Giovanni Fattori a Silvestro Lega, da Michele Gordigiani a Telemaco Signorini.

La Firenze di allora compariva perfettamente descritta nel "suo" giornale, *La Nazione*, che, negli anni Settanta, al contrario di altre testate, non lasciò la città di origine per trasferirsi a Roma con lo spostamento della Capitale. Se scorriamo le pagine del giornale al tempo di Bettino Ricasoli ed Ubaldino Peruzzi, si possono incontrare svariati articoli di cronaca dedicati a Firenze, brillanti e pungenti, a firma di Carlo Lorenzini, in compagnia di autori illustri: dalle *Cronache letterarie* di Giosuè Carducci a Luigi Campana, da Edmondo De Amicis a Pasquale Villari.

Negli anni Ottanta, con l'ormai lontano ricordo dell'esperienza della Capitale e con in atto lo scempio urbanistico del centro storico, purtroppo inesorabilmente snaturato, Carlo Lorenzini creò il suo Pinocchio e ne pubblicò le *Avventure*, prima a puntate nell'arco di 18 mesi e poi in unico volume.

La Firenze del tardo Ottocento gli apparve da subito il teatro ideale per sviluppare una simile storia: la città di "Acchiappacitrulli" altro non è che la Firenze del Granduca Leopoldo, prima, e di Vittorio Emanuele Re d'Italia, poi.

Carlo Lorenzini, scapolo, melanconico, scettico e disilluso nei suoi ideali di patriota del Risorgimento, descrisse una Firenze impoverita, decadente, ricca di simboli e di riferimenti alla Capitale mancata dello stato unitario tanto idealmente desiderato. Pinocchio vi arriva percorrendo la strada che da Castello si dirige, passate le Tre Pietre e il ponte

del Terzolle, a Rifredi, più o meno all'altezza dell'attuale Piazza Dalmazia.

> Dopo aver camminato una mezza giornata arrivarono a una città che aveva il nome di Acchiappa Citrulli, appena entrato in città Pinocchio vide tutte le strade popolate di cani spelacchiati, che sbavavano per l'appetito, di pecore tosate che tremavano dal freddo, di galline rimaste senza cresta e senza bargigli, che chiedevano l'elemosina di un chicco di granturco, di grosse farfalle che non potevano più volare, perché avevano vendute le loro bellissime ali colorate, di pavoni tutti scodati che si vergognavano a farsi vedere e di fagiani che zampettavano cheti rimpiangendo le loro scintillanti penne d'oro e d'argento, ormai perdute per sempre. In mezzo a questa folla di accattoni e di poveri vergognosi, passavano di tanto in tanto alcune carrozze signorili, con dentro qualche volpe, o qualche gazza ladra o qualche uccellaccio da rapina.

La delusione di Carlo Lorenzini trasparve sin dal momento del trasferimento della Capitale d'Italia da Firenze a Roma: cresciuto con ideali di fervente mazziniano, ma anche combattente nelle file dell'esercito piemontese e sostenitore, con Bettino Ricasoli, dell'annessione della Toscana al Piemonte, la politica sabauda nei confronti della sua vecchia città lo condusse presto ad un amaro disincanto.

Andò ad abitare con il fratello Paolo e sua moglie non lontano dalla casa natale di Via Taddea, in Via Rondinelli, al civico 7, in uno dei palazzi dei Ginori che lo avevano sempre accolto e protetto durante tutta la vita. Tuttavia Paolo, direttore generale della fabbrica Ginori di Doccia a Sesto Fiorentino, soggiornava nelle lunghe stagioni estive nella Villa Il Bel Riposo a Castello, ed è proprio qui che il Lorenzini aveva tratto la sua ispirazione narrativa alla stesura delle avventure di Pinocchio, l'instancabile burattino che vedeva saltellare fra le viottole ed i campi della periferia nord-occidentale di Firenze.

L'abitato di Castello fu prescelto dal Lorenzini per collocare nella trama del racconto la bottega di Geppetto, descritta con dovizia di particolari; ed esiste nella realtà: è l'antico casale situato in fondo a Via Collodi, prima di arrivare alla ferrovia.

Dalla stazione di Castello, costruita nel 1847, passava il treno della strada ferrata con "la macchina accesa", che poteva stare comodamente nella bocca di un pescecane, grosso come una casa di cinque piani.

Il grande mare descritto dal Lorenzini può essere calato nella realtà topografica della piana fiorentina, che si apre alle pendici di Monte Morello: nell'Ottocento, seppur in parte bonificata, era ancora in più punti zona paludosa e acquitrinosa, soggetta alle ripetute inondazioni dell'Arno. È in questo "mare" campestre (il tonno – sott'olio! – pare proprio essere un chiaro rimando ad una delle basi alimentari dei contadini fiorentini) che Pinocchio incontra il pesce-cane che ha inghiottito il povero

il pesce-cane

Geppetto, un mare che riconduce all'Arno bizzoso, con particolare rife-rimento al tratto navigabile oltre Peretola, alla Nave a Petriolo. Non si dimentichi, qui, che a Firenze in passato erano detti "pesce-cani" gli strozzini che prestavano denaro ad usura: all'epoca il commendator Gal-liano, proprietario del nuovo Teatro Verdi, era uno di questi, anche per aver rovinato il povero Domenico Lorenzini, babbo di Carlo, letteral-mente annegato nelle cambiali.

Comunque sia, simbolicamente i luoghi che si alternano come pal-coscenico nella trama del racconto, rievocano la permanenza dell'autore nella piana fiorentina. Così l'Osteria del Gambero Rosso di Pinocchio altro non è che la vecchia trattoria del Tricci, frequentata dal Lorenzini, laddove i paesani ed i contadini dei dintorni si fermavano a mangiare appunto i gamberi di fiume. Così la bottega di Mastro Ciliegia, fale-gname ben conosciuto sul posto, era nell'edificio situato all'imbocco di Via della Petraia, la stradina che dal centro di Castello sale verso le ville medicee e la Villa Corsini. Così la scuola comunale, frequentata da Pi-

nocchio, era quella situata in fondo al "viottolone", il grande viale albe-
rato oggi sede della prestigiosa Accademia della Crusca.

Pinocchio, si legge ne *La splendida storia di Firenze* di Piero Bargellini,
«sbucava da una di quelle stradine delle più povere della più povera Firenze, col suo cappellino di mollica di pane, il suo vestito di carta velina,
ma con una spiritaccio tutto fiorentino, che si manifestava negli occhietti
pungenti e nell'impertinente naso appuntito».

A questo proposito non si dimentichi il libro curato da Nicola Rilli,
Pinocchio in casa sua: un'esplorazione intelligente dei tempi e dei luoghi
nei quali il Lorenzini scrisse e fece nascere il suo Pinocchio, che nacque
appunto dalla realtà quotidiana del mondo familiare fiorentino, fra le
località di Castello, Peretola e Doccia presso Sesto Fiorentino ed il centro
storico di Firenze.

Oggi, fra i cipressi della Chiesa di San Michele, sopra Castello, riposa la fata dai capelli turchini. Si chiamava Giovanna Ragionieri e fu sicuramente uno dei personaggi reali, cui si ispirò Carlo Lorenzini: essendo stata a servizio alla Villa il Bel Riposo ai tempi dei soggiorni di Carlo Lorenzini, ebbe modo in seguito di raccontare come il vecchio scrittore trascorresse lunghe ore insieme a lei, passeggiando nei viali del giardino, e come l'avesse soprannominata, ancora piccola, la "bambina dai capelli turchini".

Ma torniamo alla realtà storica, per ribadire che la vecchia città di Firenze, la città carica di almeno mezzo millennio di storia di valenza mondiale, fu in qualche modo violentata e in parte distrutta, e che i sabaudi, arrivati dal nord, vi avevano introdotto personaggi ambigui, trafficanti ed affaristi, che ne avevano cambiato il volto.

Le cascine 1880

Il sogno di Carlo Lorenzini di una bella Firenze Capitale era anche il sogno di Giuseppe Poggi, il grande architetto dell'Ottocento. Anche il Poggi resta uno dei tanti fiorentini illustri dimenticati dalla sua città, che purtroppo tende a dimenticare proprio i suoi figli migliori. Il sogno del Poggi di trasformare Firenze nella Capitale del Regno d'Italia si realizzò solo in parte, ciò nondimeno egli riuscì ad ampliarne la trama urbana, a realizzare l'anello dei viali di circonvallazione, per aprire i quali furono demolite le mura della terza cerchia, ed a creare un'eccezionale sistema di piazze e giardini in corrispondenza delle antiche porte. Portò a compimento il Piazzale Michelangiolo con la splendida panoramica delle Rampe che s'inanella lungo la collina, costruì ville e palazzi fra i più importanti della città, con interventi che miravano a creare ampi saloni per le feste e scuderie per le carrozze che si esibivano nelle rituali passeggiate alle Cascine.

È la Firenze immaginata dal Poggi architetto, che si può rileggere nei suoi bellissimi disegni prospettici a volo d'uccello. Si pensi a Piazza Beccaria (vedi p. 86), con la sua forma ad "etoile", che si apriva a ventaglio verso un grande padiglione ed il Ponte di Ferro che attraversava l'Arno. Si pensi alla Via Bolognese, che, giungendo da nord in città, incontrava la maestosa porta granducale in un luogo, da Porta San Gallo al Parterre, punteggiato di grandi palazzi, giardini, obelischi e fontane.

Quante carrozze avrebbero potuto percorrere gli ampi viali alberati voluti dal Poggi e, poi, quante nuove "carrozze" senza cavalli (le nostre automobili) avrebbero potuto circolare se non avesse costruito quei viali! Eppure c'è chi sostiene che fu solo responsabile della demolizione delle mura e dei primi grandi sventramenti del centro storico. La colpa è del progettista e non della speculazione selvaggia delle «gazze ladre e degli uccellacci da rapina», che erano piombati a Firenze Capitale da tutte le parti del regno, con l'intento di saccheggiare la città di «acchiappaci-trulli».

Giuseppe Poggi era stato l'ideatore del piano urbanistico di Firenze Capitale. Architetto, urbanista, progettista, ci ha lasciato una Firenze che «incoronò dei viali di cinta e dei colli e che volle rifiorente, sulle antiche, di nuove bellezze» (dall'epitaffio di Isodoro Del Lungo per «l'umile tomba dell'insigne architetto al cimitero di Trespiano di Firenze»).

verso la villa Bel riposo a Castello

Il Lorenzini rimpianse apertamente, come molti altri fiorentini delusi, la Firenze granducale, prima strenuamente combattuta, ma mai dimenticata. In fondo rimpiangeva il Granduca, quel Mangiafoco, quel burattinaio burbero ma generoso che amava essere chiamato "Eccellenza". Una città che fino all'Unità d'Italia era rimasta con le caratteristiche di un grande paese di campagna. Si potrebbe dire – come sostiene anche Marco Conti – che la Firenze dell'epoca non fosse una vera e propria città ma un'insieme di paesi all'ombra dei grandi monumenti.

Stanco e deluso, nei suoi ultimi anni, Carlo Lorenzini, dopo la morte della madre, iniziò a condurre una vita da nottambulo, frequentando bar e osterie del centro storico, nonché bische per il gioco d'azzardo.

Il quadrivio formato da Via Taddea – sua strada natale – Via del Bisogno, Borgo la Noce e Via Chiara era un noto ritrovo di "nottambuli" fiorentini dell'epoca, proprio alle spalle del Caffè Michelangelo. Coloro che avevano la disgrazia di imbattersi in questo infausto quadrivio, potevano ritenere, senza alcuno sforzo d'immaginazione, di trovarsi, non già nella Capitale d'Italia, ma in qualche città turca o marocchina.

Giunti alla fine degli anni Ottanta, gli anni della produzione libraria del Lorenzini, la sua vita volse al termine. Morì a Firenze davanti al portone di casa di Via Rondinelli, nella città dove era nato ed era sempre vissuto, la sera del 26 ottobre 1890: nel rincasare fu colto da un improvviso malore e morì prima dell'arrivo del medico. Testimonianze concordi affermano che aveva passato una giornata di "buonissimo umore".

Fu sepolto a San Miniato al Monte, nel cimitero monumentale delle Porte Sante, davanti al panorama straordinario della sua Firenze.

«Con questo burattino voglio girare il mondo», aveva detto mastro Geppetto dopo avere fabbricato il suo Pinocchio dal famoso pezzo di legno. E da allora *Pinocchio*, il mondo l'ha girato davvero tutto: è stato tradotto in tutte le lingue conosciute ed è stato letto da milioni di bambini ed adulti.

Certo, il sogno di Firenze Capitale d'Italia si era spento rapidamente: era durato solo pochi anni. Molte furono le innovazioni urbanistiche e architettoniche avviate – viali, lungarni, ville e palazzi, giardini ed edifici ministeriali, ambasciate, teatri, piazze – ma poche furono completate nel quinquennio dal 1865 al 1870 ed interi quartieri, dopo il trasferimento, rimasero deserti: tutti erano ormai a Roma. A Firenze erano restati soltanto i "citrulli", che, illusi e malinconici, come dice il Lorenzini, si erano fatti infinocchiare da questi sogni di grandezza. Ormai, come Pinocchio, i citrulli potevano soltanto andare fuori dalle mura di Firenze a scavar buche e a metterci le ultime monete d'oro che gli fossero rimaste. Ma il campo dei miracoli non esisteva allora, come non esiste oggi.

Carlo Lorenzini è il testimone di tanti fiorentini che hanno venduto le loro bellissime ali colorate ai tanti gatti ed alle tante volpi che anche allora popolavano la città.

Altri grandi testimoni di questa storia sono stati i moltissimi illustratori de *Le avventure di Pinocchio* che si sono succeduti per oltre un secolo a disegnare le peripezie del burattino. Tra i più noti ricordiamo Mazzanti, che disegnò la prima edizione del libro, poi Chiostri ed in particolare Mussino, visual designer torinese d'eccezionali capacità illustrative. Nel secondo Novecento le scene di Pinocchio sono poi state raffigurate da illustratori altrettanto importanti, quali Bernardini, Mattioli e Jacovitti, per arrivare infine al genio hollywoodiano di Walt Disney, che, sebbene ne abbia dato un'interpretazione "americano-tirolese", ha entusiasmato le platee cinematografiche di tutto il mondo.

Nel 1883 i fratelli Felice ed Alessandro Paggi furono i primi editori a pubblicare le storie di Pinocchio. Avevano aperto un negozio per la vendita di libri in Via del Proconsolo e avevano già pubblicato vari libri del Lorenzini su Giannettino e Minuzzolo. Fu così che Pinocchio nato fiorentino divenne italiano, europeo, americano ed, infine, universale. Ma il suo autore, il suo inventore, questo scrittore moderno che scriveva come dipingevano i Macchiaioli e che ispirò la letteratura dei futuristi e delle correnti artistiche e letterarie del Novecento, è rimasto nell'oblio come tanti grandi uomini nati in questa nostra città.

Ci auguriamo che la città di Firenze possa nuovamente appropriarsi di questa memoria storica, perché ci sembra giusto non dimenticare dove è nato e da dove è partito il personaggio di Pinocchio, insieme al suo geniale creatore. A Firenze, Carlo Lorenzini non ha nemmeno una strada o un monumento che in qualche modo lo ricordi.

Speriamo che in futuro Firenze possa venire ricordata non soltanto come la culla del Rinascimento, ma anche come la città di Pinocchio e di Carlo Lorenzini, tributando a questo nostro grande concittadino l'onore che si merita.

La città di Pinocchio, alla fine del XIX secolo, era una città dove giunsero e vissero personaggi stranieri illustri, arrivati sulle rive dell'Arno ammaliati dalle bellezze artistiche e dai romantici paesaggi.

La Firenze di Carlo Lorenzini è la Firenze del Risorgimento, del Granduca, dell'Unità d'Italia e delle tante presenze straniere, che ne offrivano un'immagine europea e internazionale. Quella Firenze, dei vicoli e dei chiassi, del ghetto e del mercato vecchio, dei canti e delle logge, delle torri e della tante chiese, dei palazzi e dei fondaci, oggi non esiste più. Una Firenze che Edoardo Detti definì scomparsa.

Tuttavia resta Pinocchio con le sue avventure e l'eterna storia dell'uomo burattino in balia degli eventi. Resta il fascino di un'epoca e di una città, di una fiaba, di un capolavoro immortale da rileggere e ricordare come un'immagine che riaffiora dalla nostra infanzia e che ritorna alla memoria con il vento leggero, sul filo dei sogni, nella primavera fiorentina.

VITA DI CARLO LORENZINI, DETTO "COLLODI"

Maurizio Maggini

I libri italiani più noti nel mondo sono stati scritti da autori fiorentini: la *Commedia* di Dante Alighieri ed in particolare il *Pinocchio* di Carlo Lorenzini, dallo pseudonimo "Collodi", le cui traduzioni e tirature nelle varie lingue si collocano soltanto dopo la *Bibbia* e il *Corano*. Ma vi è un altro scrittore fiorentino – l'accostamento non sembri improprio – Amerigo Vespucci, conosciuto in tutto il mondo per le sue navigazioni e per le sue lettere di viaggio, ma soprattutto per il suo nome, con il quale fu battezzato un intero continente, l'America.

Carlo Lorenzini, fiorentino autentico, nacque il 24 novembre 1826 in Via Taddea, nel centro storico della città, vicino al sito dove sarebbe sorto poi il Mercato Centrale, tra le tipiche vie Panicale, Ginori, della Stufa, e morì il 26 ottobre 1890, ad appena 64 anni, nella strada, molto più bella della prima, nei pressi del duomo, detta de' Rondinelli, dove risiedeva da tempo ed una significativa lapide lo ricorda. L'origine fiorentina del Lorenzini e l'esistenza trascorsa in questa città, con poche assenze, va tenuta ben presente per comprenderne l'opera letteraria e soprattutto la personalità, l'umorismo, il messaggio civile e morale, oltre che il linguaggio del suo celebre *Le avventure di Pinocchio* e delle altre sue opere. Infatti, in vari saggi di questo volume si è voluto porre in evidenza che i luoghi romanzati sono chiaramente riferibili a località dei dintorni fiorentini, dallo scrittore ben conosciute e vissute.

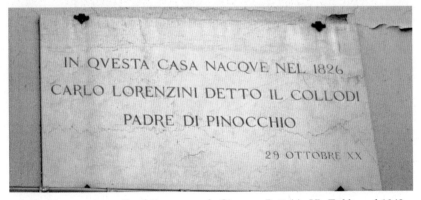

IN QVESTA CASA NACQVE NEL 1826
CARLO LORENZINI DETTO IL COLLODI
PADRE DI PINOCCHIO

29 OTTOBRE XX

La lapide commemorativa fatta apporre da Giuseppe Bottai in Via Taddea nel 1942

La casa natale di Carlo in Via Taddea, nel quartiere di San Lorenzo a Firenze

Recentemente, presso la Biblioteca Nazionale Centrale di Firenze, sono stati esposti gli autografi degli ultimi due capitoli, il XXXV ed il XXXVI del capolavoro di "Collodi": fogli di piccolo formato scritti con calligrafia ordinata. I primi quindici capitoli furono pubblicati a puntate, sul *Giornale per i bambini*, diretto da Ferdinando Martini, per poi riprendere nel febbraio 1882 e concludersi nel gennaio dell'anno successivo. Subito dopo le puntate vennero raccolte nel volume illustrato da Enrico Mazzanti.

Quelle di Carlo Lorenzini furono origini popolari e modeste, delle quali mai si vergognò; inoltre apparteneva ad una famiglia numerosa, con i problemi che si possono immaginare, per l'alto tasso di mortalità infantile che imperversava ovunque. Era il primogenito di Domenico, originario di Cortona, al servizio in qualità di cuoco del marchese Ginori. La madre, Angela Orzali, nota come "Angiolina", era la figlia di Giovanni, fattore dei marchesi Garzoni, quelli del celebre giardino nel Pesciatino, a sua volta nata in una frazione del paese di Collodi (da qui nacque lo pseudonimo dello scrittore): madre di ben dieci figli, a molti di essi tristemente sopravvisse. Grazie all'aiuto del marchese Ginori, Carlo frequentò le scuole elementari, anche a Collodi, ospite degli zii materni, Giuseppe e Teresa (anche lei maestra come Angiolina): la casa di Via Taddea era troppo affollata e povera e Angiolina si rifugiava spesso nel paese natale, talvolta per non brevi periodi, per sfuggire alla disagiate condizioni di casa ed ai litigi con il marito. Dopo le elementari Carlo proseguì gli studi nel seminario vescovile di Colle Val d'Elsa, dove entrò nel 1839, lasciandolo però già nel 1842 per il suo carattere indipendente e volitivo, che non si attagliava alla vita sacerdotale. Continuò comunque negli studi, con un corso di filosofia e retorica presso i Padri Scolopi a Firenze (le Scuole Pie di San Giovannino), sempre su consiglio e con l'aiuto del Ginori, il quale si era interessato anche dell'avvenire del fratello Paolo, terzogenito, indirizzandolo all'attività amministrativa nella sua famosa manifattura di porcellane di Doccia. Paolo si dimostrò all'altezza della fiducia in lui riposta e successivamente diventò direttore generale dell'azienda, imprimendole un grande sviluppo, anche sul piano internazionale. All'epoca, dei dieci figli di Angiolina e Domenico ne erano sopravvissuti soltanto cinque: ben tre erano morti nel 1839! L'ultimo fratellino di Carlo, di nome Ippolito, nacque nel 1842, lo stesso anno in cui la famiglia si trasferì in Via Sant'Apollonia.

Nel 1844, al termine degli studi presso gli Scolopi, Carlo giovanissimo di neanche 18 anni fu assunto come commesso nella libreria e casa editrice Guglielmo Piatti, in Via Vacchereccia, dove si occupò in seguito anche dell'aggiornamento del catalogo e dell'archivio, nonché della pubblicazione di un bollettino di notizie e recensioni, in ciò stimolato dall'amministratore Giuseppe Aiazzi, distinto letterato e bibliotecario alla Rinucciana, del quale, oltre che aiutante, divenne anche rispettoso amico per i tempi a venire. Alla fine dell'anno seguente Lorenzini fu addirittura autorizzato a leggere i "libri proibiti" e iniziò a scrivere brevi pezzi anonimi. Nel 1847 – aveva 21 anni – prese a collaborare con la *Rivista di Firenze*, quale cronista teatrale, mentre nel dicembre dello stesso anno ebbe la soddisfazione di firmare un articolo sul periodico milanese *L'Italia musicale*, del quale diventò poi uno dei principali collaboratori.

Gli anni giovanili alla Libreria Piatti furono fondamentali per la formazione del Lorenzini e per il forte legame con il mondo dei libri, i classici ma altresì le novità editoriali, e dei giornali, come pure per i contatti con i letterati e gli intellettuali che frequentavano la libreria, fra i quali molti come lui animati da sentimenti patriottici, insomma per il maturare della sua vocazione a leggere e, soprattutto, a scrivere. Facile immaginare che Carlo, dalle letture dei saggi e dei periodici che gli erano facilmente disponibili, oltre che dai discorsi scambiati ed uditi in libreria, abbia condiviso, assieme a tanti altri ventenni, le idee politiche e civili mazziniane e gli ideali in favore dell'unità d'Italia. Non intraprese gli studi superiori e universitari, non avendone i mezzi necessari e forse neppure l'attitudine, quindi non beneficiò di una formazione accademica, bensì, in sostanza, crebbe culturalmente da autodidatta. Sia consentito di osservare che ciò forse fu provvidenziale, un bene! Altrimenti non avrebbe maturato quella personalità libera e intraprendente che lo contraddistinse in maniera così marcata. C'è da chiedersi se un serio e compassato uomo di lettere, quale poteva diventare laureandosi, avrebbe potuto scrivere un capolavoro non convenzionale come *Pinocchio*.

Non sorprende perciò la sua decisione, presa di getto nel marzo 1848, di arruolarsi insieme al fratello Paolo ed a Giulio Piatti, proprietario della libreria, nel battaglione fiorentino che partecipò ai fatti di Curtatone e Montanara, ove si distinsero i volontari toscani. La stessa scelta, nel senso che il Lorenzini sentì il dovere morale e materiale di rispondere personalmente alla chiamata della patria, la compì dieci anni dopo, senza retorica, quando ormai giornalista e scrittore di un certo successo

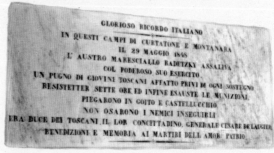

GLORIOSO RICORDO ITALIANO
IN QUESTI CAMPI DI CURTATONE E MONTANARA
IL 29 MAGGIO 1848
L'AUSTRO MARESCIALLO RADETZKY ASSALIVA
COL PODEROSO SUO ESERCITO
UN PUGNO DI GIOVINI TOSCANI AFFATTO PRIVI DI OGNI SOSTEGNO
RESISTETTER SETTE ORE ED INFINE ESAUSTE LE MUNIZIONI
PIEGARONO IN GOITO E CASTELLUCCHIO
NON OSARONO I NEMICI INSEGUIRLI
ERA DUCE DEI TOSCANI IL LOR CONCITTADINO GENERALE CESARE DE LAUGIER
BENEDIZIONE E MEMORIA AI MARTIRI DELL'AMOR PATRIO

e di sicuro avvenire, nell'aprile 1859 si arruolò come soldato semplice nel Reggimento Cavalleggeri di Novara, prendendo parte alla seconda guerra d'indipendenza, per rientrare a Firenze alla fine di agosto, a seguito della non gloriosa Pace di Villafranca.

Della sua esperienza del 1848 a Curtatone e Montanara, il ventenne Lorenzini ci ha lasciato tre rare lettere, datate rispettivamente 14 aprile, 25 aprile e 5-6 maggio, tutte indirizzate al già ricordato Giuseppe Aiazzi della Rinucciana. In particolare, dalla chiusa della missiva del 14 aprile apprendiamo il suo preciso status militare:

> Carlo Lorenzini, milite volontario della Colonna Mobile, II battaglione, 2ª compagnia, capitani Niccolini e Mattesiano.

A parte qualche riga di circostanza, queste lettere costituiscono una sorta di diario dal fronte o, meglio, la corrispondenza di un autentico inviato speciale di guerra. A prescindere dai sentimenti patriottici del giovane volontario che ne traspaiono, le lettere rivelano uno stile giornalistico straordinariamente moderno ed attuale, oltre che maturo, che rende partecipe il lettore della realtà dei fatti che si stavano verificando … un Indro Montanelli dell'epoca! Sotto la data del 5 e 6 maggio, da Montanara (il corpo della lettera è riportato nel libro *Collodi e Pinocchio*, editore Salani, del nipote Paolo Lorenzini, "Paolino" figlio di Ippolito), si legge quanto segue.

> Ecco come stanno le cose: le truppe che bloccano Mantova dal lato di Porta Pradella, sono stanziate nel modo seguente: a Montanara (3 miglia e mezzo da Mantova) vi è il colonnello Giovannetti con due battaglioni di Civica (Guardia Civica!) e uno di Linea, con due pezzi da campagna. Alla sinistra di Mantova, in un luogo detto Corletone o Curlettone, vi è il Laugier con la colonna dei livornesi, senesi e aretini. Alla destra in un paesetto detto San Silvestro, si accamparono i 600 napoletani, un reggimento civico comandato dal Muzzi, 4 compagnie di artiglieria e due pezzi da campagna di grosso calibro, trecento passi più su, in linea retta da San Silvestro e quasi sotto al tiro del cannone del fortino di Mantova, fece alt ieri l'altro Corpo franco misto di milanesi e piemontesi comandato dal de Torres, grosso di circa cento teste. Dietro Montanara poi, alla distanza di nove miglia da Montanara sul paese di Castellucchio, vi è il nostro Quartier generale, che è benissimo guarnito per potervisi ripiegare in caso di ritirata.
> Io sono della Divisione Giovannetti, accampata a Montanara e per conseguenza le dirò ufficialmente che questa Colonna è aggravatissima di servizio che mena una vita piuttosto aspra, dovendo dormire sui prati lombardi a cielo scoperto o sotto capanne di frasche; che manca di sigari, tabacco e carta da scrivere, che passa poche ore allegre e molte noiose etc. etc. e così sarà delle altre due colonne che ci stanno ai fianchi, trovandosi anch'esse nella nostra medesima posizione.

Da notare in questa lettera la competenza con cui il giovanissimo Carlo descrive, ad esempio, la dislocazione delle truppe, quasi fosse un esperto di cose militari, mentre fa sorridere, ma la nostra è solo una battuta, quando lamenta la mancanza di sigari e carta da scrivere, generi che infatti risulteranno di assoluta prima necessità nella sua futura vita di infaticabile scrittore e assiduo fumatore di "toscani".

Questo scorcio, dalla lettera del 5 e 6 maggio, conferma le sue capacità di "corrispondente di guerra".

Ieri mattina dovetti lasciar di scrivere (la lettera era stata iniziata il giorno prima) per un terribile allarme. Un fuoco di fila a destra e sinistra e cannonate. Ora comincia il serio davvero. La truppa di San Silvestro fu attaccata da circa 400 croati nascosti fra il grano che si avanzarono gridando: "Viva Pio nono! Viva l'Italia!" Gli ufficiali austriaci avevano le sciarpe tricolori. I napoletani restarono ingannati e si accostarono, onde che, caddero morti subito quattro colpiti di baionetta. Allora si allontanarono un poco e cominciarono il fuoco. Viva gli Abruzzesi! Fecero miracoli e resisterono accanitamente. Il Reggimento livornesi cominciò a battersi, ma disgraziatamente il giorno innanzi era stato privato del pezzo che aveva, dal generale, onde trovandosi a fronte 4 pezzi che sputavano mitraglia, indietreggiò. Gli ufficiali perdio! Gli ufficiali, invece di resistere, si buttarono per le fosse gridando: "Chi può salvarsi si salvi!" Il generale De Torres si oppose alla ritirata e disse parole di rimprovero, aggiungendo che si vergognava di aver fatto finora l'avanguardia a un reggimento che batteva la ritirata. Allora il capitano Guarducci con alcune compagnie retrocesse, ma un duegento proseguirono e vennero a unirsi a noi a Montanara.

1848 Carlo Lorenzini a Curtatone e Montanara

Nel 1859, dieci anni dopo, Lorenzini, trovandosi a Torino come corrispondente de l'*Italia musicale,* fu di nuovo volontario nei Cavalleggeri
di Novara, di stanza a Pinerolo, ma non ci sono pervenute sue lettere in
merito. Il nipote Paolo riporta nel citato libro un aneddoto ricostruito
dal padre Ippolito. Dopo una manovra del reparto il sergente incaricò il
Lorenzini di redigere un rapporto al riguardo, cosa che egli fece prontamente, con soddisfazione del graduato che si complimentò dicendogli
«Per essere un soldato semplice ve la siete cavata abbastanza bene».
Questa la risposta di Carlo: «Ho fatto del mio meglio e si contenti, perché
per lo scrivere non ho mai avuto molta disposizione!» Evidentemente
non perdeva occasione per fare dell'umorismo anche su se stesso.

Le vicende del Carlo Lorenzini volontario di guerra, pur se brevi, non
vanno affatto trascurate e ci rivelano un aspetto del carattere e dell'agire
dello scrittore, dell'intellettuale in formazione, indubbiamente dalla
mentalità "civile", sostanzialmente estranea al mondo militare, ma che
rispose con senso del dovere all'appello del momento, non sentendosi
affatto sminuito dal prestar servizio come soldato semplice. Carlo dimostrò con i fatti di essere un giovane volontario, entusiasta come tanti
suoi coetanei. Un decennio dopo, come osservato, si arruolò nuovamente, tra i Cavalleggeri di Novara: non sappiamo se effettivamente
montava, e piace pensare che forse si sarebbe poi arruolato anche tra i
Mille di Garibaldi, se le circostanze lo avessero consentito.

Dopo la breve parentesi di Montanara, Lorenzini, lasciata la Libreria
Piatti ed ottenuto un decoroso impiego come messaggero e commesso
del Senato Toscano, che mantenne, a parte una breve interruzione, per
qualche tempo, diventando bibliotecario e coadiutore dell'amico Aiazzi,
si avviò con grande determinazione a percorrere la strada del giornalismo, collaborando con varie testate. In quel fatale 1848 morì il padre
Domenico, da tempo malato, che si era ritirato a Cortona con la speranza
di migliorare le proprie condizioni, e Carlo, quale primogenito, divenne
il capofamiglia. Nel 1850 il fratello Paolo, non appena sposatosi con
Luisa Romei, una vedova, si trasferì, insieme con la madre Angiolina e
Carlo, nel grande ammezzato di Via de' Rondinelli, proprio sopra la Direzione Generale della Manifattura di Doccia (il negozio della Richard
Ginori è ancor lì a testimoniarlo), della quale anni dopo sarebbe stato
nominato direttore.

Ma Carlo Lorenzini, uomo libero, anche di fumare (e bere), aveva
bisogno di spazio ed autonomia, pertanto si decise a lasciare la casa del
fratello e soprattutto della cognata, anche a costo di separarsi dall'ado-
rata madre, per trasferirsi presso il sacerdote Zipoli, fratello del marito
di Maria Adelaide, la sorella minore. Lo Zipoli, professore di greco e di
latino al Liceo di Via Martelli, conoscitore di lingue vive, ottimo mu-

*Palazzo Ginori in Via de' Rondinelli a Firenze
e la targa del centenario di Pinocchio*

QUI CARLO LORENZINI
DETTOSI COLLODI
VISSE GLI ANNI DELLA SUA MATURITÀ
DI UOMO E DI SCRITTORE
ADOPRANDOSI CON ARGUTA VENA DI SENSI ARTISTICI E CIVILI
A EDUCARE I RAGAZZI E GLI UOMINI DELL'ITALIA UNITA
E QUI FINALMENTE
CON TENERA AMARA VIRILE FANTASIA
RACCONTÒ LORO LA IMMORTALE FAVOLA DELL'UOMO BURATTINO

IL COMITATO PER LE MANIFESTAZIONI
DEL CENTENARIO DI PINOCCHIO
1981

sicista, di ampie vedute, era quello che si dice un "bel tipo"; abitava in Via degli Alfani ed aveva come "padrona di casa" la non giovane Agatina, che si prese cura tanto di Carlo quanto del fratello minore Ippolito, allievo del Collegio Militare di Firenze, che dovette lasciare, allorché fu chiuso per la partenza del Granduca Leopoldo di Toscana, trasferendosi anch'egli insieme allo zio presso lo Zipoli. Il Lorenzini e lo Zipoli rimasero sotto lo stesso tetto per diverso tempo e divennero fraterni amici, accomunati dal carattere, dalle idee, dagli amici, dalla tavola e dai passatempi. Il nostro beneficiò di questa amicizia per perfezionarsi nella lingua francese e per coltivare la sua naturale predisposizione alla musica ed a suonare il pianoforte, con una certa padronanza, grazie alle sue belle mani. Si delinea così un personaggio caratterizzato da più di una dote (non soltanto quella di bravo scrittore!), ma altresì da più di un difetto.

Intanto, nel 1848, Lorenzini fu tra i fondatori del giornale politico ed umoristico *Il Lampione*, che, sebbene avesse avuto agli esordi vita breve per motivi di censura, dopo qualche anno risorse: vi contribuì con numerosi articoli, spesso non firmati, tra i quali sono da segnalare i ritratti di una serie denominata "fisiologie", riservati a tipi di personaggi, espressione della società fiorentina, dei quali venivano evidenziati caratteri e comportamenti, in termini satirici, non privi di spunti critici ed attualità.

Nel 1853 il giovane Lorenzini lasciò l'impiego per seguire la sempre più manifesta vocazione per il giornalismo, collaborando al periodico fiorentino *L'Arte*, appunto una rivista d'arte, ma altresì di letteratura e teatro, dove comparvero articoli via via più impegnativi ed incisivi, grazie ad uno stile personale e moderno che incontrò il favore dei lettori, anche per il linguaggio improntato dalla vena toscana efficace ed essenziale. Da notare, sul piano della critica pittorica, la sua adesione al movimento dei "Macchiaioli", che proprio a Firenze avevano un punto di ritrovo nel famoso Caffé Michelangelo, da lui frequentato assiduamente:

Telemaco Signorini, La Via del Fuoco, *1881*

è lì che spesso incontrava l'amico Telemaco Signorini e altri ben noti
artisti. La sua vicinanza ai Macchiaioli non riguardava soltanto il piano
del rinnovamento artistico, bensì costituiva anche un'adesione ideale e
politica, animata da uno spirito risorgimentale e di progresso sociale.
Tra l'altro era coetaneo del grande pittore livornese Giovanni Fattori, il
quale venne a Firenze nel 1846 per frequentare l'Accademia di Belle Arti,
divenendone anni dopo docente.

Lorenzini frequentava anche il Caffè Il Falchetto di Via Martelli, dove era noto per le sue battute pronte e taglienti, proprio come quelle del suo Pinocchio, nonché per la tuba, comunque per il cappello, che a quanto pare teneva sempre in testa, forse per nascondere l'avanzante calvizie. Tuttavia, come scrive il nipote, Carlo canzonava e prendeva in giro, ma non offendeva, critico implacabile animato da vero spirito umoristico.

Il rapporto con i Macchiaioli va tenuto ben presente – si veda più avanti il contributo di Marco Conti – al fine di comprendere la personalità del nostro, che di questo movimento toscano per eccellenza, il più importante dell'Ottocento pittorico italiano, divenne il letterato più in vista.

Nel 1855 Carlo, ormai deciso a percorrere la strada del pubblicista, rilevò il periodico *Lo Scaramuccia*, cui collaborò anche lo Yorik, pseudonimo di Pier Coccoluto Ferrigni, un altro livornese che si trasferì a Firenze per esercitare la professione di avvocato, distinguendosi anche come giornalista brillante ed ironico, al pari dello stesso Lorenzini. Carlo scrisse articoli di cronaca e critica teatrale anche su *Lo spettatore* e *La Scena*, collaborando con il foglio umoristico *La Lente*, dove nel 1856 – era ormai trentenne – comparve un articolo firmato Collodi. Nello stesso anno cominciò a cimentarsi nella narrativa con il *Romanzo in vapore. Da Firenze a Livorno. Guida storico-umoristica*, pubblicato per l'inaugurazione della Leopolda, il collegamento ferroviario tra le due città, che ebbe un favorevole riscontro di critica e di pubblico. *Romanzo in vapore*, dal titolo particolarmente indicato per questa movimentata parodia del viaggio, rappresentò una sorta di divertente ed arguta guida, con spunti storico-geografici ed indovinati momenti e bozzetti che rivelavano le molte doti del giovane e promettente scrittore fiorentino.

A quanto pare, lo riporta il nipote Paolino nel suo libro, ai fiorentini non piaceva molto viaggiare, neppure al Lorenzini, il quale scrisse un divertente articolo, reperibile nel suo libro *Occhi e Nasi*, dal titolo "Il fiorentino viaggiatore", del quale ecco un brano:

> I viaggiatori più audaci di cui possa vantarsi Firenze, sono quei primi argonauti che tentarono di risalire il fiume Arno fino alle falde ciclopiche e inospitali dell'ultima Compiobbi e quei pochi avventurieri di terraferma che nella seconda metà del secolo scorso, per una folle ambizione di scoprire nuovi continenti e nuovi arcipelaghi, non esitarono a spingersi arditamente fino all'estremo lembo di quelle regioni iperboree, chiamate dai geografi: "le Cascine".
> Un solo fiorentino, da quanto racconta la storia, rinnegando gli usi e le costumanze sedentarie del suo paese, osò avventurarsi in un lunghissimo viaggio al di là dai mari … si chiamava Amerigo Vespucci. Per altro, il giusto Iddio non volle lasciare impunita tanta temerarietà! E condannò il Vespucci ad essere cantato in ottava rima dalla signora Amalia Paladini.

Carlo, come si vede, coglieva ogni occasione per prendersela con i suoi concittadini. In effetti anche lui, come si è visto, di viaggetti ne faceva, ad esempio a Livorno per qualche giorno di villeggiatura oppure quando vi si recò per assistere alla prima della *Cavalleria Rusticana* di Pietro Mascagni e ricavarne un articolo. Piuttosto … al momento ci sfugge chi fosse Amalia Paladini con le sue rime sul Vespucci!

Seguì nel 1857 un altro romanzo, *I misteri di Firenze. Scene sociali*, uscito a dispense, ma interrottosi con il primo volume. Alla parodia del viaggio si aggiunse così la parodia del romanzo d'appendice, con un chiaro riferimento a *I misteri di Parigi* di Eugenio Sue, comparso in Francia nel 1843, certo un'opera ben diversa e ben più conosciuta rispetto a quella del Lorenzini. Anche in questo lavoro il giovane Carlo dimostrò le sue capacità di brillante scrittore, dallo stile piacevole e moderno, ancor oggi godibile, che trovava nella decadente e deludente società fiorentina molti motivi per una critica amara e sconsolata, ma anche ricca di risvolti satirici ed umoristici, messi in evidenza dal giovane autore di modeste origini che stava impegnandosi per farsi sentire e farsi leggere. Ne *I misteri di Firenze,* scrive Daniela Marcheschi (in "Collodi e la linea sterniana nella nostra letteratura"): «tutti sono corrotti: le classi popolari, la borghesia, l'aristocrazia granducale, così non c'è posto né per la speranza né trionfa il bene; viene dunque vanificato il messaggio consolatorio tanto caro al romanzo popolare e allo stesso Eugène Sue».

In quel periodo Lorenzini fu al seguito, quale segretario, di una compagnia teatrale e successivamente pubblicò articoli di critica, come accennato, su *L'Italia musicale*: questa sua attività lo portò a Bologna, Milano, Torino ed in altri luoghi (nel 1867 fece anche un viaggio in Francia, del quale tuttavia non è rimasta traccia), senza però mai abbandonare Firenze. Era appunto a Torino nell'aprile del 1859, quando si arruolò.

Rientrato nella sua città dopo l'intermezzo militare, Lorenzini andò nuovamente ad abitare con il fratello, la cognata e l'adoratissima madre, sempre in Via de' Rondinelli, ma al secondo piano, dove Paolo aveva a disposizione un appartamento di ben ventidue stanze. Prese così a collaborare con il giornale *La Nazione*, da poco fondato da Bettino Ricasoli e diretto dall'amico D'Ancona. In particolare agli inizi del 1860 fu tra i fautori della campagna di stampa in favore dei plebisciti per l'annessione al Regno d'Italia, alla cui nascita pertanto assistette da vicino, andando oltre le sue giovanili idee mazziniane e repubblicane. Il periodo ultradecennale che seguì fu il più intenso e fecondo per l'attività di pubblicista del Lorenzini, che collaborò anche con *La Gazzetta del popolo* e con il famoso *Fanfulla,* fondato a Firenze nel 1870, nelle cui pagine comparvero firme illustri. Purtroppo, però, agli entusiasmi ed alle speranze del compimento dell'unità dell'Italia seguirono anni di inevitabili delusioni ed amarezze, anni di contrapposizioni e divisioni, come pure di scandali, dei quali Carlo fu osservatore e critico attento e puntuale, dimostrando di essere ormai una penna di peso.

Il trapasso di Firenze da capitale granducale a nazionale fu per lui una esperienza di non poco conto. In quegli anni Firenze fu interessata da un susseguirsi di eventi che ne mutarono la fisionomia urbana ed ebbero profondi riflessi sociali, e il Lorenzini ne fu testimone ed anche cronista. Era dall'inaugurazione della ferrovia Leopolda nel 1848, atta a collegare Firenze con Livorno, che la città divenuta capitale del neonato regno non aveva subito rilevanti mutamenti nel tessuto urbano antico ed un'espansione extra-muraria: nel 1865 si iniziarono a demolire le mura trecentesche e per quasi un trentennio demolizioni, sventramenti e ricostruzioni non ebbero tregua, finché buona parte del centro storico poggiante sul vecchio *castrum* romano, ritenuto ormai fatiscente, fu egualmente raso al suolo: i bombardamenti aerei erano ancora da venire, ma la devastante ondata "risanatrice" non risparmiò niente e tutto fu «da secolare squallore a vita nuova restituito».

Carlo fece in tempo a vedere tutti i passi di quello che considerò uno scempio urbanistico e architettonico, che snaturò per sempre la Firenze verace che affondava le proprie radici nel profondo Medioevo: i più eclatanti furono l'apertura del nuovo mercato centrale in San Lorenzo (1874), progettato da Giuseppe Mengoni e tuttora esistente nel quartiere di San Lorenzo, e l'erezione della nuova facciata del Duomo (un centinaio furono i progetti architettonici presentati!), inaugurata nel 1887. Tutti fattori che contribuirono a immalinconirlo sempre più. La città mutava aspetto ed anche la società fiorentina ed italiana si trasformava in senso opportunistico: Carlo ne delineò una rappresentazione umoristica, ma amara, nei suoi romanzi e nelle sue commedie. Del resto anche il fratello minore Paolo, un manager di successo di quei tempi, faceva parte del nuovo assetto sociale e Carlo poteva verificarne l'appartenenza nella convivenza giornaliera. Aveva ragione a guardare il divenire della società italiana con pessimismo e delusione, ma aveva anche torto nel non rendersi conto che la strada ferrata, i ponti sull'Arno, il mercato centrale, il risanamento, pur falsato, del centro storico, il Viale dei Colli di Giuseppe Poggi erano il risultato di un inarrestabile progresso.

In alto: *particolare del Mercato Centrale nel quartiere di San Lorenzo a Firenze*

A lato: *la parte culminante della facciata di Santa Maria del Fiore, il Duomo di Firenze, qui ritratta qualche anno prima dell'inaugurazione, avvenuta nel 1887*

Intanto, proprio grazie al Ricasoli e all'antico protettore, il marchese Ginori, che, come si è visto, aveva nominato il fratello Paolo direttore delle manifatture di Doccia, ottenne l'incarico, non certo lucroso, ma comunque stabile, di Commesso Aggiunto presso la Commissione di Censura Teatrale, incarico che conservò sino al 1864. Fu per Lorenzini l'inizio della propria carriera impiegatizia, poi di funzionario pubblico che certamente non lo gratificherà sotto il profilo intellettuale, lui che non aveva una mentalità "burocratica" bensì una vocazione creativa, ma che gli assicurò una certa sicurezza economica ed in ogni caso non gli impedì di dedicarsi ai suoi interessi di giornalista, autore e critico teatrale, nonché di partecipare alla vita culturale fiorentina. Nel 1868 il Ministero della Pubblica Istruzione lo nominò – riconoscimento significativo – componente della giunta per la redazione del *Dizionario della lingua italiana*.

Sempre nel 1864, grazie alle sue riconosciute qualità e verosimilmente anche agli appoggi "politici", pare avesse anche aderito alla Massoneria, ma non è accertato; fu allora che venne nominato funzionario della Prefettura Provinciale di Firenze e dieci anni dopo passò al grado superiore, finché nel 1881, a cinquantacinque anni, ottenne di essere collocato in quiescenza. Questa irremovibile decisione dipese forse dal fatto che stesse attraversando un periodo di delusione, incertezza, scontento del bilancio della propria esistenza e del proprio lavoro di scrittore, che era stato invece molto significativo e concreto essendo ormai alle soglie del suo capolavoro: *Pinocchio*!

Storiche insegne fiorentine ottocentesche:

quella della celebre casa editrice Le Monnier (nella pagina a lato), sorta in epoca granducale ed in parte ancora attiva (la lapide commemorativa volle celebrare nel 1909 la figura di Felice Le Monnier, fondatore della società nel 1837), e quella di un'umile
fiaschetteria (sotto) ancora visibile, come molte altre, nel centro storico della città

Si è accennato al Lorenzini giornalista e romanziere e ne va ora ricordata l'attività di autore teatrale, per la quale si sentiva portato. Risale al 1853 il dramma in due atti *Gli amici di casa*, ricavato da un fatto realmente accaduto, ma che non fu approvato dalla censura teatrale e venne rappresentato solo nel 1861, dopo essere stato rielaborato in tre atti, comunque riscuotendo solo un modesto successo, nonostante gli indubbi, validi spunti di un autore dotato e versatile. Sempre nel 1861 apparve su *Il Lampione*, che aveva ripreso le pubblicazioni, la commedia *Gli estremi si toccano*, anch'essa successivamente rielaborata con il nuovo titolo *La coscienza e l'impiego*. Nel 1870 fu pubblicata e due anni dopo rappresentata la commedia in tre atti *L'onore del marito*, un titolo che ne esplicitava la tematica ovvero un classico della società borghese, l'adulterio, sempre gradito al pubblico. A conferma della versatilità del Lorenzini commediografo vanno anche ricordate le commedie *Antonietta Buontalenti*, peraltro mai rappresentata, e *I ragazzi grandi*, un titolo quest'ultimo egualmente esemplificativo dei caratteri dei protagonisti, che non riscosse un grande successo, nonostante i veridici contenuti in termini di critica sociale, ma da cui l'autore ricavò un racconto pubblicato a puntate sul *Fanfulla*.

Il periodo finale della vicenda letteraria del Lorenzini, che comunque non tralasciò mai il giornalismo e la critica teatrale, fu caratterizzato da un grande interesse ed impegno, una sorta di vocazione tardiva, per la letteratura per ragazzi e più in generale scolastica, dalla quale ricavò le maggiori soddisfazioni della sua carriera, anzi gli dette con *Pinocchio* un posto di grandissimo rilievo nella storia letteraria mondiale. Già nel 1875, per incarico dell'editore fiorentino Fratelli Paggi, tradusse dal francese le fiabe del Perrault, che uscirono con il titolo *Racconti delle Fate* e le illustrazioni del Mazzanti, lo stesso del *Pinocchio*, riscuotendo un buon successo. Nel 1877 e nel 1878 comparvero i due libri di lettura dai titoli *Giannettino* e *Minuzzolo*, dove si parlava di bambini svogliati e birichini, i quali tuttavia, come farà il famoso burattino, diventeranno diligenti ed ubbidienti, come chiunque si sarebbe aspettato che avvenisse. Seguì, a partire dal 1880, lungo tutto il decennio che si concluderà con la sua scomparsa, la serie del *Giannettino*, dapprima in viaggio per le tre Italie, settentrionale, centrale e meridionale, ciascuna oggetto di un volume, che riscontrò un discreto successo per i suoi contenuti e la sua impostazione. La serie continuò con altrettanti volumi sempre di *Giannettino* che si dedicava alla grammatica, all'abbaco, alla geografia e infine alla lanterna magica, libri scritti con riusciti intenti didattici, attraverso uno stile narrativo indubbiamente stimolante per gli scolari dell'epoca, privi com'erano delle occasioni, sollecitazioni e strumentazioni invece disponibili per quelli dei nostri giorni, anche se sono leciti dubbi sui loro eventuali, migliori risultati, tenuto ovviamente conto del contesto temporale.

Ma il momento "magico" per Lorenzini si presentò proprio nel 1881, quando lasciò alquanto demotivato l'impiego di funzionario pubblico, occasione, come già osservato, per tirare le somme di una vita spesa per raccontare sui giornali, nei romanzi e sulla scena teatrale la vicenda di una Italia e di una società italiana che non avevano risposto alle aspettative ed alle speranze del ventenne di Curtatone e Montanara, del volenteroso Carlo di umili origini, ma determinato a lavorare ed impegnarsi per il suo paese, per la sua Firenze … sembra di parlare di un ventenne di oggi! Fu il momento del burattino, di Pinocchio, capolavoro letterario di successo internazionale, sul quale la critica letteraria si è soffermata a lungo, e continua a farlo, ed al quale i ragazzi di tutto il mondo hanno riservato la loro entusiastica accoglienza. Nel 1881 era nato il periodico *Giornale per i bambini*, dove in luglio cominciarono ad uscire le puntate del "La storia di un burattino", che però si interruppero al capitolo XV con l'impiccagione del burattino alla grande quercia, per poi riprendere, non proprio regolarmente, a quanto pare per le proteste dei lettori e dell'editore che non gradivano questa amara conclusione. Le puntate terminarono nel gennaio del 1883 e dopo poche settimane furono raccolte in volume: era cominciata la fortunata vicenda letteraria ed editoriale de *Le avventure di Pinocchio*, che continua tuttora, tanto che questo anno se ne celebra il 130° anniversario. Una seconda edizione apparve nel 1886, lo stesso anno di *Cuore* del De Amicis (il raffronto è in favore del Lorenzini), e altre due negli anni immediatamente successivi.

Ornella Castellani Pollidori (nel volume collettivo *Lo spazio delle meraviglie*) ha opportunamente sottolineato che *Le avventure di Pinocchio* del Collodi, ma anche le altre opere del Lorenzini – aggiungiamo noi – «hanno efficacemente contribuito con la loro diffusione capillare (e con funzione analoga e complementare a quella dei *I promessi sposi* e del *Cuore* deamicisiano) ad avviare l'unità linguistica nazionale. E il modello di lingua che Pinocchio portò in un gran numero di scuole e di case italiane era quello stesso che il Manzoni aveva tenacemente propagandato per più di un quarantennio, dopo averlo immortalato nell'edizione definitiva del suo romanzo (con la differenza che per il Manzoni s'era trattato di una scelta

*L'impiccagione di Pinocchio
alla Grande Quercia,
illustrata da Enrico Mazzanti
nella prima edizione de*
Le avventure di Pinocchio:
*l'evento che aveva chiuso
la prima serie a puntate*

programmatica e una conquista faticata, mentre all'autore di Pinocchio bastò poi intinger la penna nel calamaio che aveva lì sul suo scrittoio)».

È anche opportuno aggiungere qualche notazione caratteriale e sulla vita "privata" del Lorenzini il quale non si sposò e non ebbe figli, o forse una figlia ovviamente illegittima, anche se non dovettero mancargli relazioni sentimentali temporanee, come quella, appunto breve ed anche deludente, con il mezzosoprano Giulia de Filippi Sanchioli. I suoi ultimi anni furono comunque alquanto malinconici e privi di vere amicizie e di

veri affetti, salvo quello della madre, con la quale abitava: quando morì, nel 1886, Lorenzini aveva raggiunto i 60 anni, e lo lasciò davvero solo con il proprio lavoro, che non bastava più a riempirgli la vita, come era accaduto sino ad allora. Non mancava molto alla morte che lo colse il 26 ottobre 1890, per una improvvisa crisi cardiaca: la scomparsa della madre lo aveva colpito duramente, ma fu il cuore a cedere, quando aveva appena 64 anni ed avrebbe potuto scrivere ancora per i ragazzi e per i grandi. Fu sepolto nel cimitero delle Porte Sante di Firenze.

Carlo Lorenzini ebbe una vita non propriamente lunga, ma assistette alla nascita ed alla trasformazione dell'Italia in uno stato nazionale, così come fu testimone dell'evoluzione della società italiana attraverso un punto di osservazione privilegiato, quello della sua Firenze, tra l'altro oggetto di un discutibile, almeno a suo giudizio e di altri, riassetto urbanistico e sociale. La sua testimonianza e la sua esperienza di vita confluirono ne *Le avventure di Pinocchio* «non un libro consolatorio, ma liberatorio» come scrive Daniela Marcheschi del già citato lavoro, la quale aggiunge.

> Sarebbe tuttavia fuorviante vedere nelle *Avventure di Pinocchio* un'allegoria politica, delle precise allusioni a fatti e persone; in quest'opera, attraverso le mediazioni di una cultura frequentata per anni e anni, Collodi poteva finalmente riversare la sua "doppia" anima, quale abbiamo avuto occasione di ripensarla qui: da un lato, quella di un uomo amareggiato e reso pessimista da una realtà sociale e politica deludente, di un uomo insofferente delle regole e delle istituzioni (la famiglia, il tribunale, etc.) proprio come il burattino irridente e scapestrato; dall'altro, quella di un uomo d'ordine, di educatore che, in nome di uno slancio etico autentico, invitava i ragazzi, gli italiani adulti del futuro a diventare "perbene".

Dopo la sua scomparsa, il fratello Paolo si prese cura delle carte che Carlo aveva lasciato: documenti, corrispondenza personale, ma anche lavori iniziati, altri portati a termine, ma non pubblicati. Il nipote Paolino racconta nel suo libro che l'amico Giuseppe Rigutini fu incaricato di esaminare a fondo questi manoscritti e di scegliere quelli idonei alla pubblicazione, i quali infatti confluirono nei due volumi editi dalla Bemporad e Figlio con il titolo *Note Gaie* e *Divagazioni critico-umoristiche*, mentre il resto fu destinato alla distruzione, senza dubbio troppo frettolosamente: c'è da augurarsi che i censori non sia stato troppo severi. Invece alcuni documenti personali – appunti, brani di articoli, copioni di ben quattro commedie (era davvero un commediografo prolifico!) ed altro ancora – furono trattenuti dal fratello Paolo che gli sopravvisse di solo un anno. Queste carte furono passate dalla di lui vedova a Ippolito che in seguito ne fece dono alla Biblioteca Nazionale di Firenze.

Carlo Lorenzini, versatile scrittore toscano, anzi autenticamente fiorentino e come tale dall'innato umorismo, fu un instancabile e attento giornalista, un osservatore critico e disincantato della società del suo tempo, un patriota che 150 anni fa visse gli entusiasmi sollevati dalla nascita dello stato unitario e in quelli successivi le inevitabili delusioni per il suo divenire. Fu un infaticabile e competente critico teatrale, ma anche un commediografo che andrebbe riscoperto, poi un valido protagonista della letteratura scolastica ed in particolare di quella per ragazzi, grazie al suo capolavoro, un'opera per i piccoli, per gli adolescenti, ma anche per gli adulti, il cui messaggio civile e morale è più che mai valido oggi come ieri. Per capire Lorenzini occorre dunque comprenderne la fiorentinità, che egli trasfuse, e quindi si ritroverà nello spirito dei suoi personaggi e nella scanzonata rappresentazione della società e delle istituzioni dove si muovono le indimenticabili figure del suo romanzo: il gatto e la volpe, il giudice, mangiafuoco, il contadino ed il suo cane Melampo, il pescecane ed il tonno, senza dimenticare la fata turchina ed il grillo parlante, il tenero Geppetto, il "babbo", come si dice in Toscana. Poi il paesaggio, il mare, i luoghi, i paesi, compreso quello dei balocchi, facilmente riconoscibili proprio in quelli del circondario fiorentino. Il romanzo delle insuperabili trovate, fra le quali spicca l'allungarsi del naso allorquando Pinocchio dice bugie, cosa che accade anche oggi a tanti di noi, pur se non proprio materialmente.

In questo 2011 in cui si celebrano i 150 anni dell'Unità d'Italia, ricorrono anche i 130 anni del nostro *Pinocchio,* forse, anzi sicuramente il libro più significativo nella storia della nostra letteratura, più che *I promessi sposi.* Del resto Lorenzini non ebbe bisogno di risciacquare i suoi panni in Arno, perché il punto non era tanto o almeno non soltanto quello della lingua da utilizzare per un romanzo nazionale, ma piuttosto di comprendere, interpretare e narrare la realtà di un paese che stava diventando una nazione. Paolo Poli, altro noto fiorentino, come tale naturalmente portato a capire lo spirito del vero Lorenzini, parla del *Pinocchio* come di una «favola realistica che racconta l'Italia anche di oggi». Ma il capolavoro finisce per travalicare l'autore, quasi per diventare una "cosa a sé", per cui lo scrittore rimane sullo sfondo, perde la sua connotazione, viene quasi dimenticato. Ma il *Pinocchio* è il frutto di un Lorenzini tutto italiano, toscano e soprattutto fiorentino, geniale giornalista, fine romanziere, valente autore teatrale e grandissimo scrittore per ragazzi. Carlo Collodi, se non fosse stato il Lorenzini, non avrebbe avuto la capacità di concepire il *Pinocchio* e scriverlo in quel modo. E il Lorenzini, a sua volta, non sarebbe stato tale se non fosse nato e cresciuto e "imparato" a Firenze. Dunque Carlo Lorenzini, un piccolo, grande uomo – di statura leggermente al di sotto della media, spigliato, con un bel portamento – fattosi da sé, non si vergognò mai di essere figlio di un umile cuoco: comprese e scrisse della sua città, quindi dell'intero paese con uno spirito tutto toscano, che non poteva essere altro che umoristico, un umorismo che si avvaleva pienamente della parlata "fiorentina".

È il momento di riportare la luce non tanto sul Collodi del *Pinocchio,* che non ne ha bisogno, quanto sul Lorenzini scrittore multiforme, che fu uno dei maggiori del nostro Ottocento e narrò una storia vera del nostro paese, dalla quale possiamo comprendere le virtù ed i difetti degli italiani di ieri e di oggi, anche se per farlo occorre una buona dose di umorismo e non tutti ne dispongono.

... Pinocchio, la favola di un burattino che diventa uomo, mentre nella vita più di un uomo diventa burattino!

Pinocchio è ora un bambino come gli altri ed osserva il burattino ormai esanime (illustrazione di Enrico Mazzanti a conclusione de Le avventure di Pinocchio *edite per la prima volta in un solo volume nel 1883)*

Primo segmento narrativo
Secondo segmento narrativo
Terzo segmento narrativo
Quarto segmento narrativo
Quinto segmento narrativo
Sesto segmento narrativo

*Lo spezzone cartografico risale alla metà dell'Ottocento,
nella Toscana ancora pienamente granducale:
vi sono evidenziate le scorribande di Pinocchio nella piana fra Prato e Firenze*

PALCOSCENICO PER PINOCCHIO

Marco Conti

Premessa

L'ipotesi che abbiamo steso sulla geografia de *Le avventure di Pinoc-chio* è frutto di un'attenta lettura di tutta l'opera di Carlo Lorenzini ed in particolare del suo Pinocchio, che abbiamo scomposto e ricomposto con pazienza da certosini, rilevando ogni elemento di carattere ambientale, umano e paesaggistico.

Tale possibilità ci è stata particolarmente facilitata dalla vasta conoscenza della pianura fiorentina, in quanto chi scrive ha prodotto la più approfondita serie di studi redatta su questo – ai più sconosciuto – territorio alle porte di Firenze. Gli spostamenti del burattino sul nostro scenario naturale, se disegnati sulla carta, hanno forma geometrica; ma ciò che più sorprende è la precisione del suo girovagare molto simile ai movimenti di un perfetto ingranaggio: è forse questa la partitura modulare del racconto?

Sappiamo bene come la menzogna tolemaica fosse un ingranaggio perfetto ove tutto funzionava a puntino, ma ciò non impedì a Dante di estendere su essa il suo capolavoro e di esporre la sua verità. Un paragone presuntuoso? Consoliamoci subito: non si vive di sole virtù.

Ringrazio l'amico Sergio Sestini per la collaborazione.

La figura di Pinocchio

L'aspetto esteriore di Pinocchio è naturalmente quello che il Lorenzini descrive nel suo racconto. Il burattino, al pari degli umani, nasce nudo ed in tale naturalezza muove i primi passi. Lo vediamo nei disegni di Enrico Mazzanti, capitolo III, che per primo lo illustrò.

«Geppetto, che era povero e non aveva in tasca nemmeno un centesimo, gli fece allora un vestituccio di carta fiorita, un paio di scarpe di scorza d'albero e un berrettino di midolla di pane» (cap. VIII).

Tale abbigliamento, ben oltre i limiti estremi della miseria più nera, trova giustificazione nel commento dello stesso Geppetto, che, come di solito, sentenzia la cosa attingendo alla consueta saggezza popolare: «non è il vestito bello che fa il signore, ma piuttosto il vestito pulito» parafrasando il proverbio «l'abito non fa il monaco».

Pinocchio così agghindato lo ritroviamo nella stessa serie del Mazzanti, inginocchiato ad implorare Mangiafoco, e così via.

Pinocchio di Enrico Mazzanti (1883)

Carlo Chiostri, illustratore successivo del racconto, disegna il personaggio con più minuzia: al capitolo VIII ci presenta Geppetto vestito come la maschera toscana Stenterello, mentre pone il cappuccio, quale tocco finale, sulla testa di Pinocchio. A questi fedeli illustratori delle avventure di Pinocchio, se ne sono avvicendati così tanti che non si contano più, basti pensare che le traduzioni di Pinocchio sono state fatte in quasi tutte le lingue del mondo, ed in più edizioni. Con il passare del tempo, la figura di Pinocchio si è modificata: è diventato meno legnoso, più rotondo nell'aspetto ed anche molto meglio vestito, adeguandosi alle migliori condizioni economiche del nostro secolo.

Il burattino, oggi, non esprime più quel contesto di estrema miseria nel quale nacque. Questo cambiamento, o manipolazione del personaggio, oltre che nella moderna grafica, pensiamo abbia toccato l'apice in un famoso cartone animato di produzione hollywoodiana. Comunque sia, malgrado tutti i mutamenti che possono essere stati apportati alla figura del burattino, rispetto al testo del suo autore, il personaggio continua a rimanere ben vitale e la diffusione non subisce flessioni. Fra le continue nuove edizioni, una delle ultime, stampata da una ditta di Petriolo, in Firenze, ci presenta un libro illustrato da pittori fiorentini, che curiosamente ha la forma del naso di Pinocchio.

L'intento della nostra rivisitazione non è quello di modificarne ancora l'aspetto, ma collocare il racconto del Lorenzini nella sua dimensione ideale, nel quale la topografia, la gente, la cultura, l'economia del territorio siano connaturati con le vicende narrate: rivisitare cioè l'ambiente dove nacque e visse Pinocchio.

Dove nacque Carlo Lorenzini, in arte "Collodi"?

Via delle Marrucole, Via dell'Amore, Via dei Maccheroni, Via del Sogno, Via Chiara, Via del Gomitolo dell'Oro, Canto del Bisogno: era questo il contesto stradale intorno a Via Taddea, ove Carlo Lorenzini nacque il 24 novembre 1826.

Questo gruppo di strade, così modeste che nessuno dei grandi artisti ha mai riprodotte in pittura o fotografia, costituivano il Borgo la Noce, uno dei tanti agglomerati rimasti chiusi entro le mura cittadine e restato intatto fino al 1870, anno in cui l'architetto Giuseppe Mengoni aprì al centro del borgo una voragine per erigere il capannone del nuovo mercato centrale.

Il borgo, dove lo scrittore maturò la sua esperienza umana e artistica, era rimasto con le sue caratteristiche di paese fino all'Unità d'Italia. Si potrebbe dire che la Firenze dell'epoca non fosse una vera e propria città ma un insieme di paesi all'ombra dei grandi monumenti, privi però di quei naturali supporti come i greti dei fiumi, le gore, i prati ed i boschi.

L'umanità che viveva nelle modeste strade del Borgo la Noce è quella rappresentata nelle commedie, dai forti connotati picareschi, dell'abate Giovan Battista Zannoni, ancora vivo quando Carlo nacque.

L'ambiente, laido e scalcinato, lo ritroviamo per intero nelle pitture di Fabio Borbottoni, contemporaneo del Lorenzini, che si dilettò a riprodurre anche le parti più modeste della città. Strette strade, dalle quali si intravedeva solo una piccola striscia di cielo, porte e finestre piccole quasi sempre chiuse. Fra lo sporco degli animali da cortile, tenuti in strada, e quello dei cavalli, si muoveva una popolazione cenciosa e arruffata che apparentemente riusciva a darsi un tono austero e sornione con gli sconosciuti, ma in realtà sempre pronta ad imbastire scherzi, a volte anche triviali, a tracannare un bicchiere di vino in allegria ed a sganasciarsi dalle risate sempre fatte «alla barba dei più bischeri».

Nel contesto del Borgo la Noce, anche per la presenza del vecchio mercato, non mancavano certo i falsi generosi, i falsi accattoni o i furbi sempre sulla breccia per fregare qualcuno. Era questa la realtà dei borghi cittadini, che poi si ritrovava rispecchiata nei borghi periferici. Insomma al Lorenzini nulla mancò degli ingredienti per ammannire il suo Pinocchio.

Se l'ambiente natio condiziona chiunque per la vita intera è nel Borgo la Noce che va ricercato il germe del più famoso burattino del mondo.

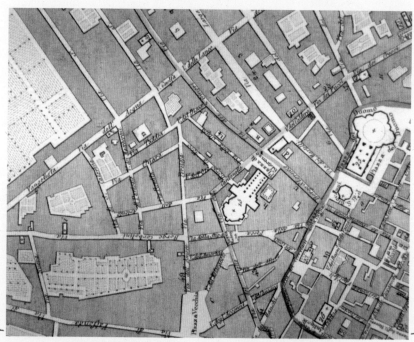

Il quartiere di San Lorenzo a Firenze in una pianta del 1844

Connaturata al pensiero e alla formazione giovanile del suo autore l'idea Pinocchio esplode in lui nella maturità, quando, scapolo cinquantenne, spettatore del suo tempo ma non più protagonista, fra un gotto di vino e l'altro, probabilmente contempla, riflettendo, le rovine del suo borgo natio.

Prima ancora della voragine aperta dal Mengoni, nel 1850 una prima ferita aveva segnato il piccolo "paese cittadino" con la demolizione del settecentesco teatrino dell'Accademia degli Arrischiati, fronteggiante la Piazza Vecchia di Santa Maria Novella: un teatrino molto popolare che era un po' l'anima viva di quel borgo. Nell'insegna del teatrino era raffigurato un topo che sta per entrare in trappola con sotto il motto: «Chi non risica non rosica»: elementi e spirito di curiosità popolare, che ritroveremo in tutta l'opera.

È probabile che nei suoi brevi soggiorni alla villa di Castello – che il fratello Paolo quasi tutti gli anni prendeva in affitto – intorno al 1880 Lorenzini si sia accorto che solo nei sottostanti borghi della piana – Peretola, il Motrone, Petriolo, Le Sciabbie, La Sala, Quaracchi o Brozzi – poteva ritrovare la realtà ambientale della sua infanzia con gli elementi che ad essa mancarono: il fiume largo come un piccolo mare, i greti con pescatori e barcaioli, i contadini nei campi ed i vasti e misteriosi boschi delle Cascine.

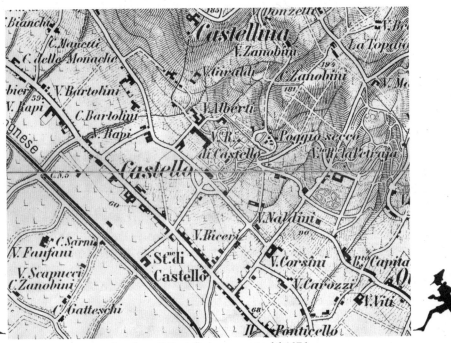

La piana di Castello in una carta del 1876

*Una vecchia vignetta ottocentesca satiricamente incentrata
sul "librone" del debito pubblico, contratto da Firenze capitale del neonato regno*

La Firenze del giovane Lorenzini, circoscritta al solo Borgo la Noce, quando nacque la favola di Pinocchio non esisteva più: quale agognata Capitale d'Italia, era stata violentata in tutte le sue parti e in tutti i suoi aspetti. «Prima della capitale provvisoria (brutta malattia che lasciò al municipio fiorentino un ingorgo di circa duecento milioni) Firenze somigliava, per il suo fabbricato, alla Firenze falsa de' nostri giorni, salvo che aveva un mercato inutile di meno (nda: mercato centrale di S. Lorenzo) ed un duomo senza facciata di più (nda: l'attuale facciata di S. Maria del Fiore, inaugurata nel 1887)» (C. Lorenzini, *Gli ultimi fiorentini*).

I sabaudi, i "buzzurri" arrivati dal nord, avevano introdotto personaggi ambigui, opportunisti e trafficoni, cambiando così il costume cittadino; dalle sassaiole fra i rioni alle burle ancora di sapore boccaccesco, il fiorentino si era fatto diffidente ed in molti casi si era trovato anche espulso dal proprio quartiere ed impoverito. Nel vivo degli antichi agglomerati urbani si aprivano strade e piazze delimitate da nuovi impeccabili palazzi, destinati esclusivamente alla nuova borghesia cittadina.

Il Borgo la Noce si attestava alla Piazza Vecchia di Santa Maria Novella, oggi Piazza dell'Unità; la grande basilica ed il suo contesto edilizio costituivano un punto preciso di riferimento sia per il borgo, sia per la sequenza dei paesi a valle dell'Arno, allineati lungo l'antica Strada Maestra Pistoiese. Si potrebbe affermare, tutt'oggi, come Piazza di Santa Maria Novella sia l'aggancio naturale fra il quartiere cittadino ed i centri storici minori, oltre la Porta al Prato: da S. Iacopo in Polverosa fino a Brozzi.

Fino alla caduta del Granduca il Prato d'Ognissanti era l'unica area pubblica del quartiere. Al di là della Porta al Prato si estendevano i folti boschi delle Cascine, con la loro aura di mistero, e la vasta pianura fio-

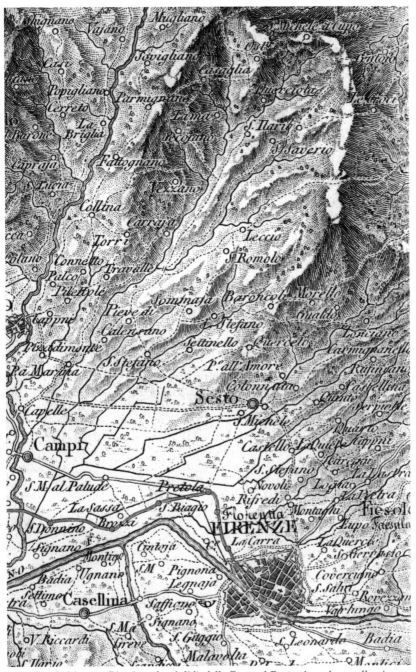

La Strada Maestra Pistoiese che al di là della Porta al Prato si snodava nella piana

rentina tagliata dalla Strada Maestra Pistoiese, che si snodava fra gli ampi coltivi, incuneandosi poi, per lunghi tratti, nel vivo dei borghi – Peretola, Petriolo, Brozzi – divenendo di questi la strada principale.

Contesti edilizi ove sopravviveva tutto il vecchio costume paesano delle burle e delle risse, sempre animate da una popolazione che sembrava fare a gara ad esprimere il proprio carattere bizzarro, fregandosene altamente se da ciò potevano scaturire comportamento buffi o grotteschi.

È plausibile che il Lorenzini nell'infanzia abbia conosciuto questa realtà, quando, in occasione di qualche visita dai parenti a Collodi, con la piccola corriera a cavalli doveva attraversare questi paesi, e, divertendosi, avrà sentito imprecare i suoi compagni di viaggio contro i paesani, i quali, considerando la strada alla stregua del cortile di casa, vi facevano di tutto. I vecchi di questi paesi raccontavano come, durante il periodo di Firenze capitale d'Italia, il re si recasse alla villa del Poggio Cajano: la

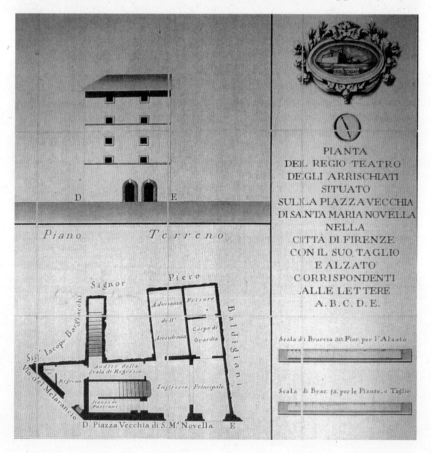

carrozza reale era preceduta da un gruppo di guardie a cavallo che, a velocità forsennata, offendevano i paesani e sgombravano la strada travolgendo cose e persone.

Ma ritornando alla formazione culturale che il giovane Lorenzini aveva maggiormente recepito, dobbiamo obbligatoriamente fare riferimento a quella prodotta dal teatrino degli Arrischiati, del quale oggi non rimane che lo stemma sul fabbricato di Piazza dell'Unità n. 5.

Gli Arrischiati costituivano una delle numerose accademie che producevano teatro e vivacizzavano la vita culturale fiorentina: era questa la più diffusa forma culturale che la città esprimeva, catalizzando intorno alle ribalte i vari ceti cittadini. Il palcoscenico era il trampolino di lancio delle varie accademie e su queste ribalte venivano presentate commedie scritte dagli stessi accademici oppure da altri autori, che rispecchiassero il pensiero filosofico o estetico dell'accademia stessa. Sulla ribalta degli Arrischiati si oscillò dai drammi dell'Alfieri fino allo Stenterello interpretato dal suo inventore, Luigi Del Buono.

Sui teatri diretti dalle accademie, le guide cittadine sono piuttosto aride. Qualcosa di più si apprende dalla guida del Formigli, datata 1830: «Teatro della Piazza Vecchia. Esso è uno dei più piccoli della città, ed è destinato alla rappresentazione della commedia. La proprietà di esso appartiene a un'Accademia detta Degli Arrischiati, che ha per emblema un topo che entra in una trappola, col motto: chi non risica non rosica».

Il Piazzale Michelangelo in una stampa acquerellata del secondo Ottocento

Di questa struttura teatrale rimangono alcune piante ed alzati, con un progetto di restauro funzionale e decorativo dell'architetto Luca Ristorini, accademico della medesima. Si apprende inoltre che fu fondato nel 1759 con tre ordini di palchi e che assieme alla platea, poteva contenere circa 800 persone. L'influenza che questa attività teatrale ebbe sul Nostro la ritroviamo nei contenuti delle sue commedie, purtroppo però in chiave più modesta e sconclusionata, ove l'ilarità popolare è suscitata solo dai nomi assurdi dei personaggi e da qualche frainteso, dovuto alla sbagliata pronuncia delle parole.

1876: sono trascorsi pochi anni dal trasferimento della Capitale del Regno a Roma. Nella carta si pone in evidenza la scenografia di Piazza Beccaria e del Viale dei Colli, che si snoda fra le colline a sud dell'Arno fino al Piazzale Michelangiolo.

Da queste radici sociali, ambientali e culturali, a nostro parere, scaturisce e si forma il personaggio Carlo Lorenzini dall'aria burbera di impiegato ottocentesco, ma sempre pronto a fare baldoria tra un bicchiere di vino ed una bella spaghettata notturna con gli amici più cari. Da ciò si focalizza il carattere dell'uomo non arrivista, forse pigro, certamente non impegnato socialmente.

Dopo gli ardori politici-giovanili, volontario nel 1848 a Curtatone e Montanara, lo ritroviamo piuttosto rassegnato, disilluso e pessimista anche nella morale che intende impartire dai primi scritti fino al racconto di Pinocchio.

Nell'ultimo capitolo del suo lavoro il burattino, che sta diventando saggio, sciorina ben due proverbi consecutivi all'indirizzo del Gatto e la Volpe caduti ancora più in disgrazia: «I quattrini rubati non fanno frutto», «la farina del diavolo va tutta in crusca». Tali massime conclusive sulla disonestà, imperante nella Firenze post-capitale, appartengono al più classico repertorio popolare toscano, cioè a quella cultura appellata "codina" in riferimento al governo dei Lorena, che nella servile maschera di Stenterello allegorizzava il degrado massimo, fisico e culturale, del suddito del granducato. E che le simpatie dello scrittore siano filogranducali e moralmente codine si rileva anche in una sua nota sulla Firenze post-capitale ove la nostalgia per i tempi trascorsi sopraffà la penna.

Stenterello Noè – *Dentro bestie coi denti e senza denti prima che cominci il temporale. Ma per la salute d'Italia che non tiene alla conservazione delle bestie, questa volta bisognerebbe che affondasse anche l'Arca!*

«I veri fiorentini sono spariti. È grazie a Dio se ce ne rimangono ancora tre o, tutto al più, quattro; perché il quinto comincia già a peritarsi, e, per viltà o per malinteso rispetto umano s'è già rassegnato fino a dire come tutti gli altri, "Piazza della Signoria" invece di "Piazza del Granduca" credendo forse, quel povero illuso, col dir così, di passare per un buon italiano, mentre si dà a conoscere semplicemente per un italiano faceto. Il vero fiorentino invece si ostina a dire anche oggi "Piazza del Granduca"» (C. Lorenzini, *Gli ultimi fiorentini*).

L'assonanza della sua più importante opera con la sua vita reale non è casuale: Pinocchio esprime l'obbedienza cieca ai superiori, facendo ogni sforzo per unificarsi agli altri; il Lorenzini, da buon impiegato statale, doveva, volente o nolente, uniformarsi agli altri e rispettare le leggi, anche quando palesemente venivano applicate a danno dei più diseredati. Alle pretese pedagogiche contenute nel racconto di Pinocchio manca solo la frase conclusiva ... ci sia concessa la pretesa di aggiungerla: «Viva la generale mediocrità!».

Carlo Lorenzini, giunto in età matura, ricco solo di esperienze politiche e letterarie, non lasciò mai il suo quartiere natìo. La sua vita che iniziò nella modesta casa di Via Taddea si spense il 26 ottobre 1890 in un elegante palazzo di Via de' Rondinelli.

Phinocchio

Con questo titolo non si vuole evidenziare la cultura classica del Lorenzini, che per altro non emerge nel racconto, ma solo tentare di costruire un parallelo fra il racconto di Pinocchio e qualche precedente mitologico.

Volendo affiancare la matrice del personaggio Pinocchio ad alcuni paralleli letterari antichi, la prima analogia che ci suggerisce la memoria, è quella con l'asino d'oro di Apuleio, a causa della similitudine delle due metamorfosi: Lucio e Pinocchio, ambedue asini per la loro sceleratezza, ritornano alla "normalità" umana per acquisita saggezza maturata con l'esperienza. Diversi però i destini: Lucio diverrà sacerdote di Iside, Pinocchio invece un mediocre bambino buono come tutti gli altri. Ancora più attinente al racconto del Lorenzini ci appare il mito di Pigmalione. Pigmalione, a differenza di Geppetto, era un re, che come il falegname si manteneva rigorosamente scapolo, ma, dato il real censo, anziché scolpire un pezzo di legno accattato, si servì del nobile e più raro avorio. Legno o avorio, le sculture nacquero comunque ambedue inanimate. Solo il gran desiderio, che i due uomini infusero nella materia inerte, riuscì a dare un'anima alle loro creazioni, le quali però entrarono nella vita civile, solo dopo averne accettate tutte le condizioni: Pafo, plasmata secondo i voleri di Pigmalione, contenta o no, ne divenne la mo-

Carlo Lorenzini raffigurato in una caricatura di Angiolino Tricca

glie, mentre Pinocchio, solo dopo aver accettate tutte le regole della società del suo tempo, poté considerarsi degno figlio del padre Geppetto; diversamente, sarebbe rimasto solo un pezzo di legno.

Nei due casi, paralleli, siamo di fronte ad una sorta di androgenesi, alla nascita di due esseri umani senza nessun contributo della donna. Concezione maschilista? Scontata per i greci antichi, che non perdevano occasione per minimizzare il ruolo femminile, ma discutibile nel Lorenzini del 1880, quando le donne stavano emergendo a livello internazionale e rivendicavano i propri diritti nelle piazze di tutta la Toscana. Sono dell'epoca, sul territorio interessato dal racconto, il movimento delle trecciaiole, alle quali si affiancarono le tabaccaie in Firenze e le impagliatrici di fiaschi a Empoli. Il piccolo Pinocchio, come l'efebo greco, recepisce l'educazione tutta maschile; i protagonisti del racconto sono tutti di sesso maschile, Volpe compresa: l'unica figura al femminile è la Fatina, personaggio etereo quasi sacrale, disumanizzato dai suoi capelli turchini. Pinocchio non ha amiche ma solo ragazzi; nemmeno Geppetto, così come Mastro Ciliegia, ha rapporti con figure femminili e si potrebbe attribuire il fatto all'età avanzata dei due falegnami. Sul retroscena di quei due poveri vecchietti imparruccati, potrebbe proiettarsi l'ombra di un Lorenzini allegorizzato, così come Palazzeschi si manifesta dietro le sorelle Materassi?

L'insidia della nostra breve considerazione si fa intrigante, ed è analisi più da psicanalisti che da studiosi allegri, però quel naso che si allunga e si accorcia ... più ci pensiamo ... sarà bene chiudere un occhio, o meglio, tutti e due.

Qui nacque il burattino

Peretola, Brozzi e Campi la peggiore stirpe che Dio stampi
Peretola gente acquatica accidenti a Peretola e chi la pratica

Ma è così pestifera questa popolazione? Scorrendo a piedi lungo l'antica Strada Maestra Pistoiese, nel tratto da Peretola a Brozzi, e posando l'occhio sulla quinta edilizia che la delimita da ambo i lati come un lungo corridoio, si notano sulle facciate delle case elementi decorativi che ci riconducono ad un passato sempre più remoto: davanzali scorniciati, portali in pietra, stemmi, tabernacoli sono, insieme a tante altre tracce, parte di un vissuto oramai lontano nel tempo.

Fra questi esausti elementi, di un'epoca dal gusto estetico decoroso, non mancano quelli tipici della recente edilizia, che esprimendo il niente progettuale e architettonico contribuiscono a banalizzare l'ambiente rendendolo sciatto, trascurato, stanco. Ma questo scenario consumato e sonnolento nasconde nelle pieghe del tessuto urbano una altra storia di ben altra natura.

Fino a pochi decenni or sono, questi paesi erano assai più vitali; le piazze e le strade brulicavano di persone con modi di fare così diversi l'uno dall'altro da evidenziarsi singolarmente uno per uno, come fossero stati personaggi di una razza particolare, formata da tante stravaganti individualità. L'atteggiamento di molti spesso cadeva nel ridicolo, ma l'importante era per ognuno esternare liberamente il proprio carattere ed esprimere il proprio umore, senza badare troppo alle questioni di forma. Si parlava ancora tra amici di tipi buffi del passato, di Ciacco, che se non prendeva di "bischero" non andava a letto, di Ludovico, che a rammentarlo tre volte appariva il diavolo, o del Coccoloni, dalla voce tanto poderosa da spegnere le candele. Sopravvivevano ancora tra la gente usi e costumi antichi.

Le donne più anziane, vestite di nero, con la pezzuola in testa, le sottane lunghe fino ai piedi, e generalmente piuttosto in carne, camminavano lentamente per le strade polverose. A noi ragazzini queste "vecchione" sembravano enormi e ridevamo quando, per dimostrarsi a vicenda che erano pulite, si alzavano le sottane esibendo gambe e mutandoni con la trina: da noi pretendevano rispetto, ma la tentazione di prenderle in giro era incontenibile, così, durante la quaresima, attaccavamo dietro quelle venerande sottane "scale di carta" e "pesci d'aprile". Appena se ne accorgevano, vociando, si facevano minacciose, mentre le donne più giovani ci rimproveravano aspramente; ma si intuiva dai loro volti tutta la compiacenza e la passiva complicità allo scherzo.

Non mancavano mai intere brigate di giovanotti che passavano il loro tempo in giro per le vie e nelle piazze a progettare ed attuare scherzi e dispetti: una volta fu girato al contrario l'eroe di bronzo, monumento simbolo ai Caduti a Petriolo!

Nel contempo, la vita quotidiana dei borghi si avvicendava nei modi descritti dal Lorenzini nel paese delle api industriose. Quando non c'era scuola le strade si riempivano di ragazzi; chi si divertiva con i trampoli ricavati da due bussolotti, chi con un vecchio cerchione di bicicletta da spingere con un legno, chi con la palla e chi ancora con una semplice canna tenuta in mano per darla in testa a tutti. E poi giochi, canti, manate e, per dimostrare abilità e buona mira, sassate alle lucertole e agli uccellini: sembrava proprio il paese dei balocchi. E a marzo tutti a fare il bagno in Arno! ... naturalmente nudi, per non riportare le mutande bagnate a casa.

La secolare miseria economica aveva reso la popolazione piuttosto irascibile e bellicosa, aspetto questo considerato espressione di una grande dignità personale; al culmine l'iracondia spesso sbolliva, sfociando nelle fragorose risate delle donne, con gli uomini che redimevano i dissidi davanti ad un fiasco di vino, cantando le romanze di Giuseppe Verdi.

Aldo Palazzeschi, dall'alto della sua residenza a Coverciano, così commenta i borghi della pianura, nel racconto *Le sorelle Materassi*: «Questa zona, si capisce, è parte secondaria e trascurata se non trascurabile, di nessuna importanza nel regno della bellezza: dimessa, rassegnata a essere calpestata per andare oltre», e dopo aver disprezzato lungamente la pianura, paragonandola a serva, cameriera e ancella delle colline circostanti alla città, è aristocraticamente offensivo anche sulla qualità dei toponimi. «Riporterò alcuni nomi di queste colline riuscendo essi, meglio delle parole, a dimostrarsi tale evidenza: Bellosguardo, e notate che molte ve ne sono dove lo sguardo è ancor più bello, il Gelsomino, Giramonte, il Poggio Imperiale, Torre del Gallo, San Gersolé, Settignano, Fiesole, Vincigliata e Castel del Poggio, Montebeni, il Poggio delle Tortore, Montiloro, l'Apparita e l'Incontro, Monte Asinario, Monte Morello... Sentite invece i nomi della pianura: Rifredi, le Caldine, le Panche, Peretola, Legnaia, Soffiano, Petriolo, Brozzi, Campi, Quarto, Quinto, Sesto ... anche la fantasia pedestre si spegne, sembrano gli evirati della immaginazione».

Siamo all'ultimo scorcio dell'Ottocento, fra anarchici e socialisti durante gli scioperi si dà fuoco a trecce e cappelli: Peretola, 15 maggio 1896, sciopero delle trecciaiole.

La "caporiona", subito soprannominata la Baldissera (come il famoso generale morto a Firenze nel 1917), con rabbia e coraggio strinse il suo bambino al petto e si distese di traverso sui binari del tranvai: la scintilla divampò. Nella foga della protesta, un gruppo di trecciaiole "catturò" alcuni carabinieri che, dopo essere stati impauriti con urla e insulti, furono rilasciati tra risa e schiamazzi, con le falde tagliate della loro uniforme a mo' di scherno. I fattorini delle fabbriche, ritenuti servi dei padroni, furono presi ad insulti e sassate, subendo tutto il repertorio classico di queste situazioni, che, nonostante la drammaticità della protesta, spesso assumevano aspetti comici.

Ma l'umore locale, irriverente e giocoso, meglio si espresse nel 1879, quando fu inaugurata la prima linea tranviaria della città: Firenze-Peretola, successivamente estesa a Campi ed a Poggio a Caiano. Andare in tranvai era considerato un divertimento: dai finestrini si potevano offendere i passanti e cantare a squarciagola. All'occasione fu inventata una canzoncina il cui ritornello suonava così:

Teresina, in do' tu vai?
Vo a Peretola ni' tranvai.

L'arrivo del tranvai in Piazza Santa Maria Novella a Firenze

Successivamente divenne un canto sboccato, ribattezzato *Le Teresine*, che, in mille sfaccettature, raccontava i fatti sconvenienti ai quali il fidanzato della Teresina si trovava ad assistere ...

In piazza Signoria trovai un amico a lutto
e lei ni' salutarlo e la gli fece un rutto.
E la mi fece scomparì.

... e giù a tutta voce il ritornello ...

Teresina un ti ci porto più,
Teresina un ti ci porto più,
tant'è vero c'è Gesù!

Fra lo sciopero delle trecciaiole e l'inaugurazione del tranvai si inseriscono gli inserti avventurosi e fiabeschi di Pinocchio, nei quali si ritrova tutto il carattere umano e ambientale di quegli anni vissuti nei borghi lungo l'antica Pistoiese.

Nel 1809, sui confini dell'antica lega, venne fondato il Comune di Brozzi. La struttura amministrativa contribuì ad evidenziare l'anima indipendente del territorio, la sua cultura e la sua rnatrice politica. Riteniamo espressione di indipendenza mentale la redazione di uno stemma, quale quello del Comune di Brozzi, completamente inventato ad hoc e dichiaratamente anti araldico. Lo stemma raffigura un acquitrino con le canne – avente sullo sfondo le tre cime di Monte Morello – dal quale si levano in volo due uccelli, che, nonostante sembrino due grosse zanzare, Giorgio Filippini di Brozzi ci ha assicurato trattarsi niente meno che di due aironi cenerini.

Fra zanzare e ranocchi, approda a questi lidi anche Francesco Redi, che sembra avercela con Peretola e annessi peretolini. Nella novella de *Il gobbo di Peretola*, si prendono a pretesto le gesta di un pover'uomo per erigere un monumento all'ignoranza e, come se non bastasse, il Redi, dopo aver descritto Peretola fra streghe e satanassi, come l'anticamera dell'inferno, se la prende anche con il vino della pianura fiorentina:

Se v'è alcuno a cui non piaccia
La Vernaccia
Vendemmiata in Pietrafitta,
Interdetto, ·
Maledetto,
Fugga via dal mio cospetto,
E per pena sempre ingozzi
Vin di Brozzi
Di Quaracchi e di Peretola;
E per onta e per ischerno
In eterno
Coronato sia di bietola.

Insomma, se al dottor Redi piaceva la Vernaccia, se la poteva bere senza indirizzare offese così palesi a brozzesi e limitrofi.

Altri versi di un altro erudito quale Lorenzo Lippi, in un poema tragicomico, intitolato *Il Malmantile riacquistato*, ritirano in ballo il vino di Brozzi:

Nanni Ruffa del Braccio, ed Alticardo
Conduce quei di Brozzi e di Quaracchi
Che, perché bevon quel lor vin gagliardo,
Le strade allagan tutte co' sornacchi.
Hanno in comune un lor vecchio stendardo,
Da farne a' corvi tanti spauracchi:
E dentro per impresa v'hanno posto
Gli spiragli del dì di Ferragosto

Il Lippi, fra un bicchiere e l'altro ... volevamo dire fra un verso e l'altro, compose il poema verso il 1650. Il riferimento alla brigata di Brozzi indica l'antica "potenza" che a quella data non esisteva più, in quanto,

come tutte le altre potenze di città e contado, erano state dichiarate fuorilegge dal Granduca Ferdinando II de' Medici nel 1629.

Le potenze erano associazioni festaiole con carattere estremamente popolare ed avevano rituali che imitavano grottescamente le corti reali, con imperatori, re e cortigiani. Prima della loro soppressione furono ben viste dalla corte granducale, che forniva abiti dismessi e fuori misura, e dalla Chiesa, che ne benediva l'investitura. L'attività delle potenze, insieme alla peculiare attitudine ai bagordi, era volta ad assecondare la politica del Granducato sul territorio di pertinenza, facendola propria e perseguitando coloro che dissentivano. Anche fra potenze si creavano gravi disaccordi, che sovente sfociavano in aggressioni e sassaiole. Le gerarchie di ogni singola associazione, parodiando le signorie, erano strutturate in gradi nobiliari, i cui titoli più alti venivano concessi a persone fisicamente buffe o storpiate. Gli armigeri di scorta nei cortei portavano armi finte. Il tono grottesco era la costante: si trattava di vere e proprie corti dei miracoli. Nella topografia del territorio troviamo l'imperatore di Campi, l'imperatore di Carmignano, il re di Calenzano, il re di Artimino, il re di San Donnino, il re di Brozzi e il re del Poggio a Caiano.

«Nel settembre del 1577 l'imperatore di Campi ricorse al Granduca, pregandolo che commettesse ai Capitani di Parte di approvare la condanna e castigo che avrebbe inflitto agli uomini del Reame di Brozzi e al loro Re che aveva mancato di rendere l'ubbidienza che si conviene all'Imperatore detto, come suddito che ha ricevuto la dignità da detto Imperatore. Et hanno fatto molte trasgressioni contro i buoni ordini, convitato a loro feste nimici dell'Imperio» (A. S. F. Capitani di Parte).

PERETOLA - *Piazza Garibaldi*

Il documento citato dimostra chiaramente la connivenza tra potenze e potere. Queste organizzazioni risalivano a tempi molto antichi: è storicizzata la data della loro presenza durante l'ultima reggenza del vicario angioino Gualtieri di Brienne, duca d'Atene – correva l'anno 1343 – ma si può presumere che queste "combriccole", in epoca volgare degenerate a delinquenza legalizzata, risalissero fino ai *Saturnalia* romani, ove, in ricordo dell'Età dell'Oro, dal 15 al 25 dicembre venivano abolite le distanze sociali fra schiavi e padroni: una bella festa di fatto cancellata con l'avvento del Cristianesimo, intorno al 360 d.C.

Il Rinascimento ha attinto facezie e novelle dal territorio brozzese, generalmente scaturite da fatti realmente accaduti o da personaggi curiosi e emblematici. Uno di questi è il misterioso Sesto Cajo Baccelli, autore di un famoso annuario, che, tanto per dare più imponenza al proprio nome, si firmava aggiungendovi d'essere fratello maggiore di Settimo Cajo, nonché nipote del grande Rutilio Benincasa.

Dalla quarta novella delle *Cene del Lasca* esce Tommaso Masini: anch'esso non contento del proprio nome, si faceva chiamare "Zoroastro da Peretola" e, come se non bastasse, figlio di un ortolano, diceva di essere figlio illegittimo di un membro della nobile famiglia dei Rucellai. Si arrabbiava molto, come dice l'Ammirato nella sua biografia, quando il popolo pronunciava male il suo altisonante soprannome. Dilettandosi in chimica, magia e negromanzia, Tommaso si era formato alla scuola di Leonardo; successivamente ne divenne il meccanico, realizzando al grande Artista le sue invenzioni, tra le quali la costruzione della macchina per volare. I due dovevano essere così convinti di questa impresa, che prima del collaudo, per i posteri, Leonardo compose questo bellissimo epitaffio riportato nei suoi scritti letterari:

> Piglierà il primo volo il grande uccello sopra del dosso del suo magno Cecero, empiendo l'universo di stupore, empiendo di sua fama tutte le scritture e gloria eterna al nido dove nacque.

Invece l'esperimento si concluse in un rovinoso ruzzolone.

Altro figlio di Peretola fu Amerigo Vespucci, che per il momento lasceremo in pace, scomodando però suo nonno che portava lo stesso nonne. Di Amerigo il Vecchio, peretolino incallito e forse anche tirchio, riportiamo una sua denuncia catastale (A.S.F.) ove piange miseria: «(1427) Sustanze una chasa nel popolo di S. Maria a Peretola luogo detto sul canto della strada che va al Motrone ... una chasetta a San Martino a Brozzi sulla via di Mezzo a' quattro Olmi» (Detto Amerigo). «Per cagione delle gravezze dishoneste et altri debiti che à avuto e à e per meno spese per non potere farlle tiene la so' dona a Pescia cholla sua famiglia e in casa la sua suocera. Nicholò e Giovanni (fratelli) sistano a Peretola e il detto Nicholò tiene a pigione una casa del Conv. di S. Pier Martire dove vende vino e fa albergo». Amerigo era un piccolo possidente; suo figlio Nastagio, padre di Amerigo il navigatore, era un notaio.

Riprendendo il filone "streghe e satanassi", Niccolò Machiavelli spedisce a Peretola un povero diavolo dell'inferno che, nella sua esperienza terrena, fugge dalla città di Firenze indebitato fino al collo. Il poveretto, che si chiamava Belfagor, come il titolo della novella, trovò rifugio nel Palazzo Del Bene a Petriolo.

Sempre restando nella novellistica, Giovanni Boccaccio ambientò negli acquitrini presso Peretola la novella di "Chichibio e la gru", una delle più gustose del *Decamerone*. Altre vi furono ambientate da Franco Sacchetti, nelle quali si ritrova l'ironia locale: l'autore, fra le varie facezie, racconta di una giostra corsa sulla piazza di Peretola da parte di alcuni fiorentini arricchiti. Una consuetudine, questa, molto diffusa nel secolo XV, in quanto i nuovi ricchi, bramosi di nobiltà e di cimentarsi in antiche tenzoni cavalleresche, si trovavano costretti ad esibirsi in periferia, per non essere dileggiati dai veri nobili, godendo invece dell'ammirazione dei popolani di paese. Ma ciò non li esentava dall'essere oggetto dei classici tiri mancini da parte dei peretolini. In una di queste manifestazioni – fatto curioso – fu fatto imbizzarrire un cavallo con un cardo infilato sotto la coda e la bestia, così stimolata, si dette ad una fuga precipitosa con il cavaliere in resta, che alla fine scese di sella mezzo fracassato.

Continuando a scavare nel tempo, fra un'inondazione ed un'invasione bellica, si arriva a quella intentata dal condottiero Castruccio Castracani degli Antelminelli, Signore di Lucca e Pisa, assai bramoso di insignorirsi di tutta la Toscana. Ma qui siamo di fronte ad un fatto storico e non ad una burla, in quanto Castruccio, con l'assedio della città di Firenze, mise seriamente in pericolo le libertà repubblicane dello stato fiorentino. L'assedio, però, si distese sulle terre di Peretola e Brozzi, ove il Castracani non poteva immaginare quale aria sbarazzina vi spirasse e come non fosse proprio il caso di tentarvi operazioni serie.

Schierato l'accampamento, Castruccio si acquartierò nel Palagio degli Spini ed, in attesa di sferrare l'attacco alla città, i suoi gagliardi sgherri si recarono sotto le mura a sbeffeggiare i fiorentini ivi rinchiusi. Non contenti si divertirono a catapultare dentro le mura animali morti in stato di putrefazione e tutte le altre porcherie che potevano reperire. Castruccio, più nobilmente, per imitare la grandezza fiorentina, volle addirittura coniare un fiorino d'oro, ma, svilito con il soprannome di "Castruccino", durò ben poco. Tanto per ingannare l'attesa, aspettando che i fiorentini morissero di fame e di peste, l'esercito lucchese organizzò tre palii che lasciamo alla penna di Giovanni Villani, storico dell'evento nelle pagine della sua *Cronica*. Correva l'anno 1325: «Il dì di S. Francesco 4 d'ottobre fece a dispetto e vergogna de' Fiorentini correre tre pali dalle nostre mosse infino a Peretola, l'uno di gente a cavallo e l'altro a piede, e l'altro a femmine meretrici». Insomma, come si direbbe oggi, un palio delle lucciole. Il giorno dopo l'Antelminelli, senza aver concluso nulla, levò le tende lasciandosi dietro le spalle le fiamme dei paesi incendiati, anche se per distruggere questi agglomerati ci voleva ben altro che il fuoco delle torce.

Un altro grande si dice abbia scorrazzato da queste parti. Passò sul dorso di un elefante e si chiamava Annibale. Quando giunse all'Osmannoro aveva perso un occhio e così Malaparte, nei *Maledetti Toscani*, storicizza il fatto: «Lo aveva perso tra Massa, Montignoso e Pietrasanta, o come altri vogliono, a Fucecchio, o nell'Osmannoro, che è la grande piana erbosa e paludosa tra Firenze e Prato: e dicono che ad accecargli l'occhio fu la malaria. Ma da quando in qua la malaria cava gli occhi alla gente? Lo perse perché qualcuno glielo levò. Senza quel brutto incontro, Annibale si sarebbe certo fermato in Toscana come poi fece a Capua, a godersi l'aria fresca. Ma se a veder la Toscana gli era costato un occhio della testa, a rivederla ci avrebbe rimesso, come dicono a Prato, l'occhio del sedere, che è un gran bell'occhio».

A proposito, non abbiamo ancora incontrato il Gatto e la Volpe, il Grillo Parlante, Geppetto e Lucignolo. Siamo sicuri che siano tutti al loro posto nel libro di Pinocchio? Sarà bene cercarli in qualche corte dei borghi, vi saranno certamente!

Il teatro d'azione di Pinocchio

Si dà per certo, anche se la cosa è molto discutibile, che il luogo di partenza della famosa favola sia il borgo di Castello e, in particolare, quella villa così ricordata dal nipote Paolo nelle sue memorie: «Nei mesi di settembre e di ottobre, dopo esser stati al mare a Livorno e qualche volta a Casciana, Paolo e sua moglie andavano in campagna in una villa che avevano presa in affitto a Castello proprio di rimpetto a quella dei Corsini» ove il Lorenzini, a quanto si apprende, non amava troppo soggiornare.

«A sette anni lo zio Paolo mi mise come interno nel collegio Cicognini di Prato, e a casa non tornavo più che durante le vacanze quando loro andavano in campagna nella villa Rapi di Castello, che all'ora avevano in affitto. Lo zio Carlo non ci restava di continuo perché ci si annoiava, ma, per accontentare la mamma, che gli raccomandava di riposarsi un poco dal suo lavoro, qualche settimana ce la passava, andando su e giù da Firenze, col tranvai a cavalli che lo scendeva proprio dinanzi alla porta della villa» (*Lorenzini Nipote*, Collodi e Pinocchio).

Da questa località di riferimento, ne consegue che lo scenario dove si svolge il racconto si amplia necessariamente nella pianura sottostante, in un'area delimitata dalle pendici di Monte Morello fino all'Arno e dalla città di Firenze fino a Calenzano.

Villa Rapi – il Bel Riposo – a Castello

Innanzitutto, come si fa per i personaggi importanti, cerchiamo la casa di Geppetto, il falegname, dove Pinocchio viene fatto nascere. L'ubicazione è vaga: «Pinocchio aveva una gran paura dei tuoni e dei lampi: se non che la fame era più forte della paura: motivo per cui accostò l'uscio di casa e, presa la carriera, in un centinaio di salti arrivò fino al paese» (cap. VI). Il paese è Castello, ma la casa non è facilmente identificabile: l'unico riferimento utile del brano sono il centinaio di salti che il burattino fa dall'imbocco della strada maestra al paese, ma non sappiamo esattamente quanta fosse la distanza della casa dalla strada principale.

Attualmente le difficoltà di lettura di quell'ambiente sono dovute agli interventi stradali realizzati presso Castello, i quali hanno sconvolto l'antica viabilità poderale e tagliato, scollegandole, le vie Collodi e Carlo Lorenzini. A questo stato di cose vanno aggiunti anche gli ampliamenti effettuati sulla ferrovia Firenze-Bologna. Fra le villette di recente costruzione in Via Collodi sopravvive negli abitanti la memoria di una casetta che fu demolita, anche se i particolari della casa-bottega di Geppetto descrivono una tipologia ben diversa. Ma entriamo in quella casa assieme al Lorenzini: «La casa di Geppetto era una stanzina terrena che pigliava luce da un sottoscala» e «Nella parete di fondo si vedeva un caminetto» (cap. III). Da questi elementi si deduce trattarsi di una cucina illuminata dalla porta di ingresso, diretta sull'esterno e generalmente dotata di una

La casa di Geppetto a Castello

controporta a vetri comunemente detta paravento. Il finestrino, tipico
di questo tipo di cucina, alto dal pavimento, aveva funzioni di scolma-
fumo e, cosa piuttosto insolita, dal cap. VII si apprende come fosse privo
dell'inferriata, visto che Geppetto, all'occorrenza, entrava nella sua
stanza proprio attraverso quest'apertura.

È quella di Geppetto la porzione di una casa tipica della pianura fio-
rentina, assai comune nei borghi che dalla Porta al Prato, lungo l'antica
Strada Maestra Pistoiese, si susseguivano da Peretola a San Piero a
Ponti.

In questo caso l'ubicazione della casa non corrisponde alla descrizione, e ci dà subito l'idea dell'elasticità, con la quale il Lorenzini usò il
territorio che andremo man mano scoprendo. Comunque la nostra attenzione resta per la casa colonica appena fuori del borgo e separata da
questo dalla ferrovia Firenze-Bologna, per altro già tracciata quando il
Lorenzini scrisse *Pinocchio*. La presenza della ferrovia non è estranea al
racconto. La troviamo in riferimento alla voracità del pescecane che: «ha
una boccaccia così larga e profonda, che ci passerebbe comodamente
tutto il treno della strada ferrata colla macchina accesa» (cap. XXIV).

Osserviamo ora i primi passi del burattino.

La prima uscita dalla bottega di falegname viene ostacolata dai carabinieri e si conclude con l'arresto di Geppetto. Dopodiché Pinocchio
affronta un'area territoriale più vasta e da questa comincia a scoprire a

proprie spese il mondo circostante: esce quindi dalla casa paterna ed inevitabilmente viene attratto da quell'ambiente che per colore, folclore e dimensione edilizia costituisce l'ideale palcoscenico per realizzare i suoi desideri avventurosi di ragazzo. La prima scoperta avviene così: «gli parve di sentire in lontananza una musica di pifferi e di colpi di gran cassa: pì-pì-pì, pì-pì-pì, zum, zum, zum, zum. Si fermò e stette in ascolto. Quei suoni venivano di fondo a una lunghissima strada traversa, che conduceva ad un piccolo paesetto fabbricato sulla spiaggia del mare. Detto fatto, infilò giù per la strada traversa, e cominciò a correre a gambe. Più correva e più sentiva distinto il suono dei pifferi e dei tonfi della gran cassa: pì-pì-pì ... zum, zum, zum, zum. Quand'ecco che si trovò in mezzo ad una piazza tutta piena di gente, la quale si affollava intorno a un gran baraccone di legno e di tela dipinta di mille colori» (cap. IX).

Pinocchio, seguendo i suoni di pifferi e gran casse, era sceso sulla strada maestra che da Firenze conduce a Sesto. La lunghissima ed unica strada, che allora attraversava la pianura fiorentina, è da identificarsi nella Via del Termine nel suo vecchio tracciato, oggi sconvolto dall'ae-

Pinocchio in piazza ... a Peretola! (elaborazione grafica dell'autore)

roporto Amerigo Vespucci. Questa strada da Castello conduceva dritta a Peretola, ove sulla vasta piazza, sotto il monumento a Garibaldi, fino a cinquant'anni or sono, si fermavano burattinai, saltimbanchi e mangiatori di fuoco.

La spiaggia del mare è naturalmente il greto dell'Arno, che, come avremo modo di rilevare in seguito con maggiore precisione, è riconducibile al tratto di fiume in località la Nave a Petriolo e al territorio ad esso attiguo, denominato Le Piagge.

Pinocchio rimane tutta la notte con i burattini del teatrino e solo il giorno dopo viene chiamato dal burbero Mangiafoco. Scongiurato il pericolo di essere bruciato come legna da ardere, per cuocere la cena del burattinaio, finalmente è libero e si rimette in viaggio per tornare a casa

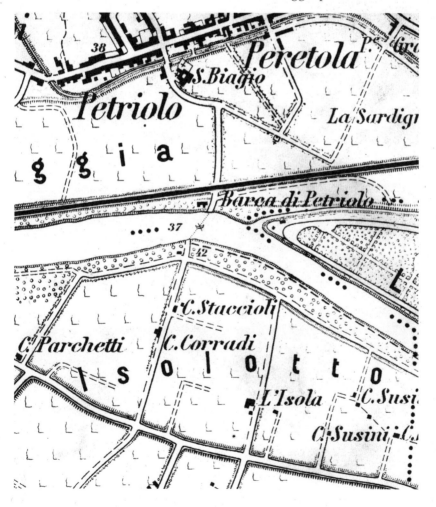

Petriolo - Una veduta sull'Arno

con cinque zecchini d'oro in tasca, regalati dal commosso Mangiafoco. «Ma non aveva fatto ancora mezzo chilometro, che incontrò per la strada una Volpe zoppa da un piede ed un Gatto cieco da tutt'e due gli occhi, che se ne andavano là là, aiutandosi fra di loro ... » (cap. XII).

Pinocchio, diretto verso la casa paterna a Castello, si accinge a rifare la strada percorsa, cioè la Via del Termine, ma, come si legge nel racconto, si ferma a mezzo chilometro dal carrozzone dei burattini in piazza di Peretola. La distanza indicata per l'incontro con il Gatto e la Volpe corrisponde al piccolo borgo del Motrone, il quale costituisce l'ultimo gruppo di case prima di attraversare la pianura che lo separa da Castello.

Nella tipologia umana dei borghi di Peretola e Petriolo, fino all'ultimo dopoguerra, sopravvivevano ancora degli strani personaggi che, buffi nell'aspetto, pare si divertissero a raccontare e combinare cose ancora più buffe e stravaganti. Alcuni addirittura facevano indossare le calze ai ciuchi, naturalmente una diversa dall'altra. E il Gatto e la Volpe, come "il Cieco e la Bellona", escono da questo contesto: il buffo-grottesco è spinto al limite, la loro palesata invalidità tocca le peculiari caratteristiche del duetto concertato per fare ridere il prossimo ... alla Volpe è negato il correre ed al Gatto la vista.

Oltre ciò, gli incontri di Pinocchio con i due compari avvengono sempre nell'ambito della riva dell'Arno-mare, e, per meglio puntualizzare, sempre ai margini dell'abitato. E non può essere che altrimenti, in quanto, come tutti i malandrini che si rispettino, i due lestofanti, per effettuare indisturbati furti, aggressioni e truffe, si appostano lontano da occhi indiscreti. In compagnia del Gatto e la Volpe, candidamente conversando, Pinocchio continua la sua strada, fin tanto che i due non trovano l'espediente per derubarlo dei cinque zecchini d'oro.

«Erano giunti più che a mezza strada, quando la Volpe, fermandosi di punto in bianco disse al burattino» (cap. XII).

Finalmente la Volpe inventa con furbizia l'imbroglio per non fare rientrare Pinocchio a casa, ovvero gli propone il Campo dei Miracoli, che si trova nel paese dei Barbagianni. Il paese dei Barbagianni, un po' come quello della cuccagna, rientra nella tradizione popolare, come un paese di gente sciocca. In questo caso specifico può essere riferito a quella Toscana fedele al granduca Canapone, che spesso, sia per il suo aspetto fisico sia per la sua semplicità, veniva paragonato ad un barbagianni. Nel Lorenzini, deluso dall'unità d'Italia, riemerge sempre il rimpianto della Firenze granducale, da lui strenuamente combattuta, ma evidentemente troppo legata alle sue esperienze giovanili per essere dimenticata.

«Cammina, cammina, cammina, alla fine sul far della sera arrivarono stanchi morti all'osteria del Gambero rosso» (cap. XIII). Si era fatta sera e il terzetto aveva camminato molto, da quando Pinocchio aveva lasciato il teatrino sulla piazza di Peretola. Dopo aver cenato e dormito un po', Pinocchio esce a mezzanotte dall'osteria per recarsi al Campo dei Miracoli. Così è descritto il luogo dove si trova l'osteria: «Nella campagna all'intorno non si sentiva alitare una foglia. Solamente alcuni uccellacci notturni, traversando la strada da una siepe all'altra, venivano a sbattere

Osteria del Gambero Rosso ... a Travalle

le ali sul naso di Pinocchio, il quale, facendo un salto indietro per la paura, gridava: – Chi va là? – e l'eco delle colline circostanti ripeteva in lontananza: Chi va là? chi va là?» (cap. XIII).

Il luogo dell'osteria del Gambero Rosso, come apprenderemo di seguito, è a 15 Km dal Quercione delle Cascine. Dunque, seguendo la strada intrapresa dal burattino, da Via del Termine deviando poi insieme ai due malandrini verso la strada maestra per Prato, è ipotizzabile che la vecchia trattoria si trovi in località Travalle a Calenzano. Nel racconto si parla di un luogo buio e solitario circondato da colline, dati che sembrano corrispondere alla valletta con eco, verso la quale il terzetto si sarebbe diretto lasciando la strada maestra.

All'appuntamento Pinocchio trova ad aspettarlo il Gatto e la Volpe travestiti da assassini, intenzionati ad ucciderlo per derubarlo, ed impaurito si dà alla fuga. «Dopo una corsa di quindici chilometri, Pinocchio non ne poteva più». «Intanto cominciava a baluginare il giorno e si rincorrevano sempre; quand'ecco che Pinocchio si trovò improvvisamente sbarrato il passo da un fosso largo e profondissimo, tutto pieno di acquaccia sudicia, color del caffè e latte» (cap. XIV).

La corsa tra fuggiasco e inseguitori non indica un itinerario preciso, si parla di corsa «attraverso ai campi e ai vigneti» e solo successivamente si apprende come la direzione oltrepassata la pianura fosse Firenze.

La realtà ambientale di una pianura solcata da fossati è già presente nel capitolo IV: «quel monello di Pinocchio, rimasto libero dalle grinfie del carabiniere, se la dava a gambe giù attraverso ai campi, per far più presto a tornarsene a casa; e nella gran furia del correre saltava greppi altissimi, siepi di pruni e fossi pieni d'acqua ... ».

Il largo fosso citato al capitolo XIV è il Fosso Macinante, già all'epoca dello scrittore ridotto fogna a cielo aperto, come risulta da un contenzioso tra il Comune di Brozzi opposto al Comune di Firenze, che progettava con il piano Poggi nel 1867 di immettervi le fognature cittadine: lo stesso Comune di Firenze era disposto ad acquistare per intero il fosso, con i suoi tre mulini, al fine di realizzare il proposito. Ma non ne ebbe bisogno, in quanto il progetto fu comunque realizzzato, iniziando il processo di inesorabile degrado del corso d'acqua allora ricco di pesci (G. Poggi, *L'ingrandimento di Firenze*).

Il salto del fosso è localizzabile in uno dei tratti che costeggiano le Cascine presso la città. Nella narrazione si evidenzia anche come al tempo della pubblicazione della fiaba il Fosso Macinante fosse ancora scoperto nel tratto di Via Solferino, la cui copertura fu deliberata solo nel 1885.

Ancor prima di questa data, nel 1856, in *Un Romanzo in Vapore*, troviamo una prima descrizione di questi luoghi fatta dallo stesso Loren-

La casina della Fata alle Cascine

zini: «Il convoglio a vapore corre per brevissimo tratto al fianco del delizioso paesaggio delle Cascine, del quale si vedono ridenti e spaziose praterie, i lunghissimi viali, orlati di platani e di alberi, le decenti e bene architettate case coloniche. Sulla destra, trovasi il canale denominato Macinante, il quale staccandosi dall'Arno all'estremo della città si conduce fino al Bisenzio, dopo avere animato per via e messo in movimento diversi mulini ed opifici». Da questa prima opera del Lorenzini risulta subito innegabile la familiarità dello scrittore con le località rivierasche sulla destra dell'Arno; del resto, abitando nel quartiere di Santa Maria Novella, non poteva essere altrimenti.

Il Gatto e la Volpe, incappucciati, continuano a rincorrere Pinocchio all'interno delle Cascine ancora per due ore (cap. XV), ma prima che il burattino stremato venga acchiappato dai malandrini avviene l'episodio della "casina della fata". La casina della Fata è da identificarsi nell'antica casermetta oggi tinteggiata di rosso presso l'anfiteatro delle Cascine, piccolo edificio piuttosto strano che, nella sua apparenza architettonica consistente del solo piano terra, nasconde in realtà ben due piani superiori. La casetta, isolata ed immersa nel folto del bosco, è assai vicina alla grande quercia, il Quercione, dove sarà impiccato Pinocchio, dopo che, sfinito, viene acchiappato dal Gatto e la Volpe.

L'anima del burattino di legno, del resto, non poteva, in quanto tale, avere un riferimento cristiano nel quale credere per salvarsi, quindi lo scrittore trova genialmente il corrispettivo letterario e fiabesco nella fata, che, non a caso, ha il colore dei capelli uguale al manto della Madonna.

«Detto fatto, gli legarono le mani dietro le spalle e, passatogli un nodo scorsoio intorno alla gola, lo attaccarono penzoloni al ramo di una grossa pianta detta la Quercia grande» (cap. XV). La Quercia grande è chiaramente il Quercione, gigantesco albero che svettava al centro dell'omonimo prato delle Cascine. Fu abbattuto verso il 1935 oramai disseccato. Nel racconto ritroveremo il grande albero altre due volte.

A questo punto, con la morte di Pinocchio secondo l'intenzione del Lorenzini, il racconto pubblicato a puntate era concluso, ma le tante richieste dei lettori, quelle dell'editore, non disgiunte dalle necessità economiche dell'autore, determinarono un ripensamento, cosicché le pubblicazioni periodiche delle avventure di Pinocchio ricominciarono.

Il nuovo inizio non poteva che essere un atto di grande magia o miracolo: Pinocchio viene salvato dalla fata dai capelli turchini, che lo cura, lo consiglia e, appena ristabilitosi di salute, lo lascia libero di andare. «Pinocchio partì: e appena entrato nel bosco, cominciò a correre come un capriolo. Ma quando fu arrivato a un certo punto, quasi in faccia alla Quercia grande, si fermò, perché gli parve di aver sentito gente fra

Firenze – Contorni – Cascine – Quercione

Il "Quercione" alle Cascine ormai secco agli inizi del Novecento e ancora rigoglioso attorno al 1865 nel noto dipinto del macchiaiolo Telemaco Signorini (a lato).

mezzo alle frasche. Difatti vide apparire sulla strada, indovinate chi? ... La Volpe e il Gatto ... » (cap. XVIII).

Lì, presso il Quercione delle Cascine, i due compari ripropongono a Pinocchio il Campo dei Miracoli, che, questa volta, è ubicato nella città di "Acchiappa-citrulli", un palese riferimento alla Firenze post-capitale, a quei tempi assai corrotta. Che si tratti della città di Firenze ci viene confermato dal dialogo del burattino con i lestofanti: Pinocchio domanda al Gatto e la Volpe «Quant'è distante di qui il campo dei miracoli? Due chilometri appena. Vuoi venire con noi?» (cap. XVIII). Dal Quercione alle mura cittadine, ci sono, in effetti, circa due chilometri di distanza.

Ma, a questo punto, prima di continuare la nostra ricostruzione, riteniamo indispensabili alcune precisazioni sul metodo e sul merito adottati dal Lorenzini per la continuazione del racconto.

Con l'impiccagione di Pinocchio, finiva la prima stesura del racconto a puntate, che il *Giornale per i bambini* aveva pubblicato nel 1881. Il seguito delle avventure, che si protrarrà per ben altri due anni, si fa ricco di particolari inediti, più legati all'indole del Lorenzini ed alle sue abitudini, che ad un vero continuum con la prima parte. E molto sul proseguimento prolungato della seconda serie fu determinato, come accennato, da necessità economiche.

Da questa situazione, all'epoca ben conosciuta, scaturiscono secondo noi parti del racconto dai caratteri puramente fantastici e perciò non riconducibili topograficamente a nessun posto o luogo reale.

Le due diverse denominazioni, riguardanti la località ove doveva situarsi il Campo dei Miracoli, costituiscono sviste e contraddizioni tipiche della narrazione successiva, anche se, sia il paese dei Barbagianni sia la città di Acchiappa-citrulli hanno, agli effetti del testo, lo stesso significato: la prima è riferita al Granducato di "Canapone", con tutta la nostalgica turba di codini sopravvissuti; la seconda è riferita alla contemporanea realtà di Firenze, erede, dopo essere stata capitale d'Italia, di ogni forma di malcostume e di esperienze politiche vessatorie, consumate sempre ai danni degli sprovveduti o della povera gente.

Volendo rapportare quanto sopra al testo, si potrebbe anche supporre che il Gatto e la Volpe improvvisassero la località dove delinquere, tanto il fine era sempre quello di riuscire a derubare Pinocchio. E con una nuova denominazione del toponimo ci sarebbero certamente meglio riusciti.

Nello svolgersi delle nuove avventure, molto spazio occupano gli inserti prevalentemente fantastici: il volo sulla groppa del piccione, i morti che rivivono, il Paese dei balocchi, l'esperienza nel ventre del pescecane. Peraltro, con tutto ciò, rimane sempre palcoscenico di riferimento l'ambiente dei paesi finora descritti; in fondo, tutto in questi luoghi ci riconduce allo scenario della vicenda.

Ma rientriamo all'interno del testo dopo la necessaria parentesi esplicativa.

Pinocchio termina la sua disavventura con il Gatto e la Volpe, finendo legato al collo con una catena, con il compito di abbaiare ad eventuali ladri o malintenzionati. Tornato libero dalla condizione di cane da guardia, si avvia mesto verso la casa paterna a Castello. Di particolare riferimento ambientale è il passo seguente: «Arrivato sulla strada maestra, si voltò in giù a guardare nella sottoposta pianura, e vide benissimo a occhio nudo il bosco, dove disgraziatamente aveva incontrato la Volpe e il Gatto: vide, fra mezzo agli alberi, innalzarsi la cima di quella Quercia grande, alla quale era stato appeso ciondoloni per il collo ... » (cap. XXIII).

Nel secolo scorso la pianura sottostante a Castello era ancora lungi dall'essere saturata dall'espansione edilizia, perciò sui campi coltivati maggiormente risaltava la macchia scura del bosco delle Cascine, con al centro il suo monumentale Quercione, che per la sua altezza sovrastava tutti gli alberi all'intorno.

Pinocchio al rientro apprende che Geppetto, il suo "caro" babbo, ha preso la via del mare per cercarlo. Al colombo, in groppa al quale tenterà di raggiungerlo, Pinocchio così si rivolge: «– Quanto c'è di qui alla spiaggia? domandò Pinocchio con ansia affannosa. – Più di mille chilometri» (cap. XXIII). Questa volta, però, il riferimento al mare è diverso: si parla dell'Oceano e non del mare vicino indicato nel passo successivo.

L' "escursione" del racconto, con dimensioni e distanze immaginarie, è immediatamente ricondotta alla realtà del territorio fiorentino.

Pinocchio naufrago dopo diverse difficoltà approda ad una lingua di terra, che il Lorenzini definisce "isola". Nell'ambito territoriale della geografia riguardante i luoghi delle avventure del nostro burattino, nei secoli passati, molte furono le località della piana fiorentina appellate "Isola", tutte legate al corso dell'Arno ed ai suoi affluenti, i quali, privi di letto, nel loro libero fluire sovente diramandosi isolavano piccole porzioni di terra. Una denominazione che restava attribuita a questi luoghi, anche quando ne avevano perso la caratteristica tornando allo stato primitivo. Nel volume di Italo Tempestini, *Campi Bisenzio*, stampato nel 1890, si fa menzione di un'Isola presso le mura di Campi, toponimo che sopravviveva come "Podere dell'Isola". Allo stato attuale restano in uso i toponimi Cascine dell'Isola e Isolotto presso Firenze e Isola dei Renai a Signa.

Dunque, nell'ambito abbastanza ristretto del "palcoscenico" di Pinocchio, non mancò al Lorenzini un'isola a portata di mano, includendo così nel racconto un'espressione geografica che solo apparentemente dilata e si estranea dal territorio. L'Isola dove approda Pinocchio non ha nome, la riva è deserta: «Dopo mezz'ora di strada arrivò in un piccolo paese detto "il paese delle Api industriose". Le strade formicolavano di

persone che correvano di qua e di là per le loro faccende: tutti lavoravano, tutti avevano qualcosa da fare» (cap. XXIV). Nessun riferimento
al mare o ad altro che possa far supporre di trovarsi in un paese su
un'isola; i mestieri che Pinocchio incontra sono un carbonaio e un muratore; la merenda che viene offerta è costituita da pane con cavolfiore
condito con olio ed aceto.

Dopo tutte le dovute considerazioni di carattere geografico-morfo-
logico, nonché del logico alternarsi degli episodi sul territorio, crediamo
di poter localizzare il piccolo paese delle Api industriose nel borgo di
Capalle, circondato dalle acque del Bisenzio e della Marinella su tre lati.

L'insolito borgo al tempo del Lorenzini si trovava in un contesto agri-
colo caratterizzato da fossati e laghetti. Era una città in miniatura con i
suoi resti delle mura e la porta, la chiesa, la piazza centrale, il palazzo
residenziale dei vescovi fiorentini e le case dei pigionali, mentre quelle
agricole erano ubicate extra moenia abbastanza distanti dal borgo.

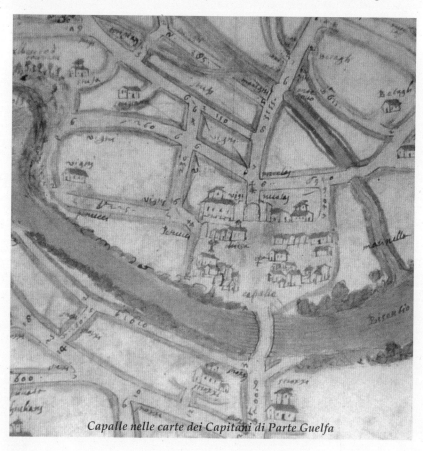

Capalle nelle carte dei Capitani di Parte Guelfa

La stessa storia di Capalle, antico feudo vescovile, ne fece un'isola nel contesto politico amministrativo comunale e granducale, una realtà di trascorso storico avvertibile ancora oggi. Alla fine dell'Ottocento al borgo facevano capo gli interessi economici dell'ubertosa campagna circostante e al suo interno vi erano svolte anche molteplici attività artigianali: tessitrici di canapa, falegnami, maniscalchi, ecc. L'animazione si completava con la presenza delle trecciaiole, intente a lavorare la paglia per i famosi cappelli, le quali, in crocchio sedute sulla porta di casa, in questo lavoro si attardavano fino alle ore della notte. Questa, così industriosa, fu appunto la realtà sociale del borgo degli ultimi decenni dell'Ottocento.

Lo svolgersi delle avventure di Pinocchio sulla base della nostra ipotizzata scenografia geografica, se visto dalla villa "Il bel Riposo" ove il Lorenzini soggiornò saltuariamente quando le scrisse, prende la forma di un ampio ovale allungato, con i lati coincidenti lungo le antiche di-

Capalle, città delle Api Industriose

rettrici stradali Firenze-Prato a monte e Firenze-Pistoia a valle. Dall'alto della sua residenza, l'autore poteva dominare tutto l'aperto territorio sottostante e, come su un grande palcoscenico, far muovere passi reali al suo immaginario burattino.

Pinocchio torna a scuola con il proposito di diventare un bravo ragazzo, ma i compagni tentano subito di distoglierlo dal buon proponimento: «– Qui nel mare vicino è arrivato un Pescecane, grosso come una montagna. – Davvero? ... Che sia quel medesimo Pescecane di quando affogò il mio povero babbo? – Noi andiamo alla spiaggia per vederlo. Vuoi venire anche tu?. – Quanto tempo ci vuole da qui alla spiaggia? – domandò il burattino. – Fra un'ora, siamo bell'e andati e tornati» (cap. XXVI).

Mezz'ora di strada è il tempo necessario per percorrere a piedi la distanza che separa il borgo di Castello dalla riva dell'Arno. Diviene così evidente che le definizioni di "mare vicino" o "mare nostro" sono riferite alla parte dell'Arno più prossima allo scenario ove si svolgono – secondo noi – la maggior parte delle azioni del racconto: la Nave di Petriolo, località che comprende sia Peretola sia le Cascine. Tre realtà territoriali tutt'oggi connaturate tra loro, ma che in passato stringevano ancora più saldi rapporti. Un riferimento implicito a questo mare locale lo ritroviamo nella consueta "battuta" del peretolino sempliciotto che, vedendo il mare per la prima volta, esprimeva con meraviglia: «Accidenti che Arnone!».

All'epoca vedere il mare non era uno spettacolo per tutti: ancora nell'ultimo immediato dopoguerra, tra i fiorentini e i paesani dei borghi circostanti la città, erano poche le persone che potevano dire di averlo fatto. Nell'immaginazione popolare il mare era solo un Arno più grande, e viceversa, l'Arno un mare più piccolo. Una visione distorta che ritroviamo espressa in un dialogo nella *Mandragola* del Machiavelli:

Ligurio – A Livorno vedesti voi il mare?
Nicia – Bene sai che lo vidi.
Ligurio – Quanto è egli maggior che Arno?
Nicia – Che Arno? Egli è per quattro volte, per più di sei, per più di sette, mi farai dire: e non si vede se non acqua, acqua, acqua.

L'escursione di Pinocchio con i compagni di scuola, al mare vicino, finisce in una furibonda rissa: Eugenio resta ferito e Pinocchio pur innocente viene incolpato. L'interrogatorio, che segue l'arrivo dei Carabinieri, si svolge in quel linguaggio tipico dell'umorismo del luogo, che gioca sull'apparenza dei fatti e sul fraintendimento che sempre si ritorce ai danni dell'innocente ... è la classica e vecchia parodia sui Carabinieri di paese. Pinocchio viene dunque arrestato, ma riesce prontamente a scappare.

«Per buona fortuna la spiaggia era ormai vicina e il mare si vedeva lì a pochi passi. Appena fu sulla spiaggia, il burattino spiccò un bellissimo salto, come avrebbe potuto fare un ranocchio» (cap. XXVIII). Il riferimento al ranocchio, tipico dei terreni acquitrinosi, conferma rafforzandola l'ipotesi territoriale dalla quale il Lorenzini trasse ispirazione.

Il racconto continua fra tante peripezie. Dopo l'avventura con il Pescatore verde, personaggio riciclato dal capitolo con il burattinaio Mangiafoco, della prima parte, Pinocchio si reca dalla Fatina, ove è precisato come la "casina", già citata prima dell'impiccagione, fosse di quattro piani (cap. XXIX).

A questo punto si apre la vicenda del Paese dei balocchi.

Fra la quarantina di personaggi che vivacizzano le avventure di Pinocchio, se ne trovano di particolari, che pur nelle loro modeste apparizioni, rimangono impressi nella mente come se fossero i principali protagonisti. Fra questi, come un grillo parlante al contrario, balza fuori, ben delineato, Lucignolo. Lucignolo, il ragazzaccio disubbidiente, parte viva della nostra infanzia, è sempre fra noi e in noi.

«Ora bisogna sapere che Pinocchio, fra i suoi amici e compagni di scuola, ne aveva uno prediletto e carissimo, il quale si chiamava di nome Romeo: ma tutti lo chiamavano col soprannome di Lucignolo, per via del suo personalino asciutto, secco e allampanato, tale e quale come il lucignolo nuovo di un lumino da notte» (cap. XXX). Questo grande amico, al quale Pinocchio – precisa il Lorenzini – «voleva un gran bene», esce di getto dal capitolo XXX. Chi era costui, così importante per Pinocchio, ma mai citato prima, nemmeno nella scorribanda al mare nostro quando Eugenio si prese una librata nella tempia?

Lucignolo, ragazzo svogliato e imprevedibile, è tipico di tutti i luoghi e di tutte le compagnie di amici. Probabilmente il Lorenzini lo aveva incontrato il giorno stesso che scrisse il capitolo, fu affascinato dal suo atteggiamento e pensò di inserirlo nella trama del racconto in fieri. Del resto chiunque può trovarsi un "Lucignolo" qualunque davanti per strada o per le scale del proprio condominio. Sempre alto e magro, furbino, convincente e coinvolgente allo svago illecito, alla stravaganza incosciente da sembrare libero, rappresenta anche una tipologia umana dei luoghi di pianura. Infatti, troviamo Lucignolo anche sotto altri nomi: Lungo, Secco, Cero, Filucchio, Cipressino, Canneto, Risucchio, Succhiello e Anguilla ... cammina qua e là, un po' riservato, sembra sempre pensoso, compare sempre di sorpresa, balza davanti all'improvviso, proprio come appare nel libro di Pinocchio.

Frugando fra gli scritti del Lorenzini, ben due volte incontriamo questo ragazzaccio, la prima risale al 1856, in *Un romanzo in vapore*: «Il ragazzo Fiorentino, è particolarmente il birichino di strada è un tipo sui generis, che meriterebbe una fisiologia a parte. Svelto, arguto, rompicollo, grazioso, caratterista per movenze e per certe scappateile originali, il birichino di Firenze rappresenta la parte viva e militante del paese. Peccato che egli si renda spregevolissimo per un turpiloquio continuo e quasi succhiato col latte».

Ancor meglio delineato lo ritroviamo nel 1881. In un racconto sempre del Lorenzini, intitolato _Il ragazzo di strada_, il personaggio Lucignolo, già delineato e in attesa di comparire a fianco di Pinocchio, è così descritto: «È una tinta forte, un tipo più canaglia, uno scolaro che bazzica unicamente la scuola della Corte d'Assise. Qualè il suo nome? Non lo sa o se l'è dimenticato, tutti i suoi compagni lo chiamano con un soprannome». «Il ragazzo di strada, perché possiate riconoscerlo alla prima e non confonderlo con i falsi ragazzi (ogni confraternita artistica ha i suoi guastamestieri), presenta questi connotati o segni particolari: mani sudice; viso sudicio; tutto il resto è sudicio». «I suoi capelli, ribelli ad ogni piega, non sopportano altra pettinatura che quella delle cinque dita della mano. È l'arte del parrucchiere ricondotta alla semplicità della prima origine». «Una trasgressione ai regolamenti municipali, per il ragazzo di strada è sempre molto più igienica e rinfrescante dell'acqua corrente». «Quanti anni ha il ragazzo di strada? Nessuno può dirlo con esattezza, e, meno degli altri, lui».

Per essere un uomo gli manca qualcosa e per essere un ragazzo ha qualcosa più del bisogno. Pinocchio e Lucignolo si incontrano nella sorte per vivere insieme una sventura; ma mentre per il primo, in quanto burattino, si realizzerà una sorta di catarsi della personalità, al secondo, ragazzo di strada in carne ed ossa, lo scrittore non concede alternativa. A questo manterrà fino in fondo il carattere disobbediente, sbarazzino, un po' selvatico, proprio per il piacere che da questa figura così ribelle intimamente ricava. Ma entriamo nel favoloso paese: «Ogni settimana è composta di sei giovedì e di una domenica» (cap. XXX) e «Questo paese non somigliava a nessun altro paese del mondo» (cap. XXXI).

Nel linguaggio popolare, il Paese dei balocchi allegorizza un contesto umano, ove i componenti, senza darsi troppo daffare, vivono non ponendosi problemi, sul futuro positivo o negativo, della propria realtà. Una definizione che ben si attaglia alla Firenze tardo-ottocentesca, la quale, dopo essersi "baloccata" a far la capitale del neonato regno, continuò per decenni una dissennata politica di spensierate demolizioni del centro storico, criticate da molti eruditi del tempo per il loro essere dannose ed inutili ... in proposito ben si espresse lo Strologo di Brozzi, sul _Sesto Caio Baccelli_, nel 1868:

E chiameratti anche l'età futura
città senza giudizio e senza mura.

Il riferimento alla città di Firenze come Paese dei balocchi nel racconto costituisce la terza definizione che l'Autore dà alla storia della Firenze del suo secolo: Paese dei Barbagianni, riferendosi ai "codini" di "Canapone"; città di acchiappa-citrulli, richiamando la transitoria Firenze capitale; Paese dei balocchi, per la fatale approssimazione con la quale veniva portato avanti un discutibile rinnovamento della città.

Per una localizzazione geografica esatta del Paese dei balocchi (cap. XXXII), ove si rifugiano Pinocchio e Lucignolo, gli elementi rilevabili dal testo del Lorenzini sono scarsi e pertanto ne va fatto tesoro.

Lo Strologo di Brozzi

La partenza per il fantastico Paese era fissata per la mezzanotte. Silenzioso arrivò un carro che trasportava già cento ragazzi di età fra gli otto e i dodici anni; era già al completo, dunque alla fine della sua retata: «Il carro correva sui ciottoli della via maestra» (cap. XXXI) – cioè sulla strada principale di Castello – ed, essendo quasi al termine della corsa, aveva già programmato l'arrivo. «La mattina sul far dell'alba arrivarono felicemente nel Paese dei balocchi» (cap. XXXI). Dalla mezzanotte, ora d'imbarco dei due monelli, all'arrivo, lumeggiava l'alba. Il grosso carico di ragazzi, la silenziosità del procedere ed una sosta accertata fanno supporre una distanza di circa dieci chilometri, da percorrere in qualche ora.

Dalla consistenza urbana del Paese dei balocchi si rilevano i dati, allorché Pinocchio disperato per la crescita delle orecchie cercava l'amico Lucignolo: «Poi uscì: si dette a cercare Lucignolo dappertutto. Lo cercò nelle strade, nelle piazze, nei teatrini, in ogni luogo: ma non lo trovò. Chiese notizie a quanti incontrò per la via, ma nessuno lo aveva veduto. Allora andò a cercarlo a casa: e arrivato alla porta bussò» (cap. XXXII). I due amici divenuti ancora più inseparabili, abitavano in due case diverse ed a quanto pare anche a buona distanza l'una dall'altra.

La dimensione del Paese dei balocchi è quella di una città, la città come la vedeva il Lorenzini, che ritroviamo "descritta" in *Un Romanzo in Vapore*: la città dei negozi, degli artisti e degli artigiani, minuziosamente elencati dall'Autore ... la sua Firenze del 1856, con alberghi, tante trattorie e ristoranti, vinai e birrerie, e con tanta burocrazia che il Lorenzini ridicolizzerà nel suo Pinocchio. La città soprattutto dei teatri, elencati dal Lorenzini con tanto di commento sulle loro caratteristiche estetiche e sulla qualità del pubblico abituale e degli spettacoli. Tante erano le ribalte nella Firenze di quegli anni: Teatro della Pergola, Teatro Nuovo, Teatro del Cocomero, Teatro Alfieri, Teatro Leopoldo già della Quarconia, Teatro Goldoni, Arena Goldoni, Teatro di Borgognissanti, Teatro Pagliano, Politeama. Il Paese dei balocchi ha anche una piazza del mercato e nella Firenze rimpianta dal Lorenzini il mercato del bestiame, ove erano offerti sementi ed attrezzi agricoli, si svolgeva ogni venerdì nel piazzale esterno alla Porta alla Croce.

È in questo tipo di mercato che l'Omino, conduttore del carro verso il Paese dei balocchi, mette in vendita i due "nuovi somari". Il ciuchino Lucignolo viene comprato da un contadino e lo ritroveremo nel capitolo XXXVI agonizzante presso Giangio, mentre Pinocchio finisce nelle mani del «Direttore di una compagnia di pagliacci e di saltatori di corda» (cap. XXXIII). La crudezza di questa avventura, inimmaginabile in un Paese dei balocchi, ove invece la tragedia del disgraziato si consuma sotto gli occhi di un pubblico becero e divertito, ben si sposa alla realtà cittadina di fine Ottocento ove si gioca, senza scrupoli, sulla pelle dei deboli e degli ingenui, trascinati fuori dalla loro Firenze assieme alle macerie delle loro case.

Questo è il paese dei balocchi!

Negli ultimi capitoli del racconto, la narrativa divenuta sporadica e svogliata, si appesantisce continuamente di fatti sbalorditivi e impossibili, dei quali l'autore probabilmente si serve per avere la possibilità di "allungare la minestra" e trarne ulteriori vantaggi economici.

Nell'esperienza vissuta con i compagni di scuola nel Paese dei balocchi, Pinocchio, diventato come gli altri un ciuchino, si azzoppa durante uno spettacolo teatrale; oramai disperato: « ... guardando, vide in un palco una bella signora, che aveva al collo una grossa collana d'oro, dalla quale pendeva un medaglione» (cap. XXXIII).

Sempre facendo riferimento alla formazione culturale di Carlo Lorenzini, il primo pensiero ci conduce all'interno del teatrino degli Arrischiati, sito sulla Piazza Vecchia di Santa Maria Novella, piccolo teatro in legno con un curioso palcoscenico a pianta triangolare, operoso fino al 1850, quando venne demolito: Carlo aveva ventiquattro anni.

Per il grande spettacolo di gala, offerto dalla Compagnia – come si legge nel cartellone – con «esercizi sorprendenti eseguiti da tutti gli ar-

Il Politeama Vittorio Emanuele II a cielo aperto (l'attuale Teatro Comunale)

tisti e da tutti i cavalli d'ambo i sessi», nel quale debutta «il famoso ciuchino Pinocchio», un normale teatrino è da escludere. Il riferimento,
unico, la presenza di palchi, altro non può essere che un politeama. Firenze ne aveva tre: L'Antiche Stinche, inaugurato il 12 giugno 1853 con
spettacoli equestri, fu successivamente acquistato da Gerolamo Pagliano, dal quale prese il nome, che fu uno dei pochi amici intimi del
Lorenzini; il Politeama di Piazza Barbano, descritto dal Lorenzini nel
suo *Un Romanzo in Vapore*:

> POLITEAMA è un'Arena assai vasta, eretta a spese di una società, nel
> nuovo quartiere di Barbano. I miglioramenti che di mano in mano vi si
> vanno facendo, la renderanno quanto prima un elegante locale. Serve,
> più che altro, agli spettacoli equestri; e in mancanza di questi, spalanca i
> suoi battenti anche ai miseri seguaci di Melpomene e Talia.

Infine, il Politeama Fiorentino Vittorio Emanuele II, inaugurato nel
1862 con lo scopo, come si apprende dallo statuto della società promo-
trice, di costruire in muratura un grande anfiteatro che potesse acco-
gliere spettacoli equestri, drammatici e d'altro genere, feste ed altro,
compatibili con la capacità dell'anfiteatro stesso. I due corrispondono
oggi ai Teatri Verdi e Comunale.

L'ultima fantasticheria, di impossibile riferimento con qualsiasi realtà,
è costituita dall'incontro fra Pinocchio e Geppetto nel ventre della balena;
dopodiché lo scrittore chiude il cerchio riportando i personaggi a casa.

Dimenticato l'Oceano, si sbarca sulle sponde del "mare nostro", con-
tornato da tutti quegli elementi ambientali già descritti e i relativi personaggi che lo popolano.

La necessità dello scrittore di ritornare negli ambienti familiari, nella
trama, fa parte della sua cultura, come ben esprime nel racconto *Gli ultimi fiorentini*: « ... basterebbe a provarlo quell'antichissimo proverbio,
giunto fino a noi, che cantava così: "il viaggio de' fiorentini arriva fino
alla Madonna della tosse". Vale a dire, venticinque o trenta metri distante dalla città. Un solo fiorentino, da quanto racconta la storia, rin-
negando gli usi e le costumanze sedentarie del suo paese, osò
avventurarsi in un lunghissimo viaggio al di là dei mari.

Le cronache del tempo, scrive il Lorenzini, ci conservano il nome di
questo grande imprudente: Amerigo Vespucci. Si ritrova anche il Grillo
parlante, a quanto pare risuscitato, a seguito della martellata che lo
aveva schiacciato come un comune scarafaggio, insomma si conclude
la vicenda nel punto dove era cominciata.

Geppetto e Pinocchio, fuggiti dal ventre della balena e aiutati da un
tonno occasionale, molto gentile, e forse ironicamente all'olio d'oliva,
riguadagnano la terra ferma. «Non avevano ancora fatti cento passi, che

videro seduti sul ciglione della strada due brutti ceffi, i quali stavano lì in atto di chiedere l'elemosina. Erano il Gatto e la Volpe» (cap. XXXVI).

È questo il terzo incontro tra Pinocchio ed il Gatto e la Volpe: il primo nel piccolo borgo del Motrone, il secondo presso il Quercione delle Cascine, il terzo, questo, a cento passi dalla riva del simbolico mare, cioè sull'Arno presso la Nave di Petriolo (sito, questo, che in passato fu anche un piccolissimo porto fluviale). Come si può rilevare, i due compari sono sempre presenti nella stessa zona.

Pinocchio e Geppetto passano oltre. « ... finché, fatti altri cento passi, videro in fondo a una viottola in mezzo ai campi una bella capanna tutta di paglia, e col tetto coperto d'embrici e di mattoni» (cap. XXXVI). Siamo presso l'abitato di Petriolo, in quella parte di campagna che separa il borgo dall'Arno. La capanna descritta è tipica della zona: si tratta di una costruzione costituita da quattro pilastri in mattoni che sostengono un tetto composto da un ordito di legno; infatti «videro sopra un travicello il Grillo parlante» coperto a campigiane o pianelle, chiamate mattoni dai non addetti ai lavori. Su questa struttura venivano distesi gli embrici, detti comunemente tegoli e i lati e le pareti della capanna, secondo disponibilità, venivano realizzati con canne o altri materiali effimeri: in questo caso erano di paglia.

In quella capanna Pinocchio domanda al Grillo parlante dove possa trovare un bicchiere di latte per il suo babbo e il Grillo gli risponde: «Tre

Silvestro Lega, Il bindolo, *1863*

Enrico Mazzanti, Pinocchio al bindolo, *1883*

campi distante di qui c'è l'ortolano Giangio, che tiene le mucche. Va' da lui e troverai il latte che cerchi» (cap. XXXVI).

Anche il bindolo al quale l'ortolano impiegherà Pinocchio è uno strumento tipico della pianura, in quanto, povera di sorgenti naturali, mediante il bindolo veniva estratta l'acqua dai pozzi.

Ne *I compagni di Firenze* Ugo Corsi, che nel 1926 abitava all'Olmatello, ricorda: «mi ricordo con sicurezza elementi della società mineraria del Valdarno, i quali passavano dai contadini e facevano la proposta di portargli la luce elettrica in casa, di portare gli impianti fino al pozzo, che era alimentato allora dal famoso bindolo (un pozzo attorno al quale ruotava un ciuco bendato per tirare sù l'acqua), di fargli degli sconti sui motori, ecc.».

Con la casa dell'ortolano siamo già all'interno dell'abitato di Petriolo, ove nelle Sciabbie o in località Torcifera si ritrova intatto il clima e la dimensione ambientale del racconto. Nei borghi di Peretola e Petriolo, con la metamorfosi pedagogica del burattino di legno, trasformato in un ragazzo in carne ed ossa come tutti gli altri, si chiude il sipario delle avventure di Pinocchio.

Ultima ipotesi, che non omettiamo, anche se azzardata, potrebbe essere fatta sull'ubicazione della casa dell'ortolano, identificabile nella casa Gonfiantini presso il ponte di Petriolo. Già ai tempi del Lorenzini e fino agli anni Cinquanta del Novecento, in quella casa si tenevano mucche per la vendita del latte e si coltivavano piante di frutta.

Tornando alla capanna, la sua posizione fra l'Arno e l'abitato ci viene riconfermata in questo ultimo passo: «Aveva comprato al vicino paese per pochi centesimi un grosso libro» (cap. XXXVI).

Si conclude così questo excursus riguardante i luoghi ove, come su un grande palcoscenico, Lorenzini mosse le avventure di Pinocchio. Il tutto può essere discutibile e modificabile, di fatto restano le distanze, precisate dall'autore con le precise indicazioni di tempi di percorrenza, passi e chilometri, dandoci così la dimensione del suo palcoscenico, grande quanto l'occhio dell'autore poteva abbracciare dalle finestre della villa posta alle pendici del borgo di Castello.

Un palcoscenico che comprende l'intera pianura fiorentina: una storia ambientata in un territorio reale.

Carlo Lorenzini raffigurato dal Tricca insieme a Telemaco Signorini ed altri amici sul Ponte Santa Trinita a Firenze (l'antiquario Tommaso Parigi è ritratto di spalle)

Un cenacolo per Pinocchio a Firenze. Il Comitato Carlo Lorenzini

125

UN CENACOLO PER PINOCCHIO A FIRENZE
IL COMITATO CARLO LORENZINI

Roberto Giacinti

Un cenacolo di studiosi

Un cenacolo di studiosi ed appassionati[1], ha recentemente promosso la nascita di enti non profit dedicati alla valorizzazione di personaggi che, parzialmente dimenticati, hanno rappresentato importanti momenti nella splendida storia della città di Firenze.

Sono studiosi che collaborano con la grandi biblioteche Fiorentine: Nazionale, Laurenziana, Riccardiana, Marucelliana, Archivio di Stato, custodi di documenti autentici e fonti preziose inerenti ai riferimenti storici inoppugnabili che servono a far emergere la vera identità degli autorevoli personaggi, talvolta svalutata e travisata nel tempo.

Il Comitato ha interesse ad affermare la valenza educativa svolta dalla città di Firenze e dei luoghi ove Carlo Lorenzini è nato e vissuto e quivi si è ispirato per le sue opere conosciute in tutto il mondo, con particolare riguardo al burattino Pinocchio.

Presieduto dal Prof. Massimo Ruffilli, si è costituito il 7 luglio 2010, in memoria del 7 luglio 1881, data nella quale venne pubblicata la prima puntata delle avventure di Pinocchio sul giornale per i bambini di Ferdinando Martini, con il titolo "La storia di un burattino".

Il grande lavoro editoriale sul burattino ha prodotto l'effetto di suscitare nuovi interrogativi circa la posizione di Lorenzini scrittore nel suo secolo, e sollecitare nuove indagini sulla sua biografia, cultura e posizione politica e ideologica di fronte ad eventi importanti sia della storia della Toscana sia di quella nazionale che l'Autore si trova a vivere: talvolta in prima persona, talvolta come testimone diretto e interessato, altre volte come giudice e critico nelle pagine della sua opera giornalistica e narrativa o teatrale.

Il Comitato, in collaborazione con altri studiosi e altre associazioni culturali[2], si prefigge il desiderio di far riemergere all'attenzione gli spe-

---

1   Gianpiero Alfarano, Silvano Berlincioni, Duccio Brunelli, Sonia Ciaranfi, Marco Conti, Bruno Dei, Domenico De Martino, Wanny Di Filippo, Aldo Fittante, Luigi Formicola, Laura Gensini, Roberto Giacinti, Eugenio Giani, Roberto Fabrizio Gori, Sandra Logli, Franco Lucchesi, Marco Mazzoni, Giorgio Moretti, Massimo Pezzano, Massimo Ruffilli, Lella Smith, Viola Spadolini, Girolamo Strozzi, Riccardo Zucconi.

2   Tra le innumerevoli associazioni che si occupano del burattino e dell'autore, oltre al Comitato Carlo Lorenzini – Firenze, con sede nella Villa Il Bel Riposo, presieduto da Massimo Ruffilli, ricordiamo la Fondazione Collodi, con sede a Pescia, presieduta da Vincenzo Cappelletti e l'Associazione Pinocchiohome con sede a Firenze, presieduta da Monica Baldi.

cifici caratteri che hanno contraddistinto Carlo Lorenzini. Non si può ben comprendere l'ultimo Lorenzini, ovvero l'autore per l'infanzia, senza tornare alle origini dello scrittore, alla sua esperienza professionale e politica.

Questa breve analisi, senza costituire uno studio scientifico, potrà far emergere con maggiore precisione lo scopo e le finalità tutte che il Comitato Carlo Lorenzini vuole percorrere sempre, ripetiamo, privilegiarne la fiorentinità a favore della città di Firenze.

Ogni fiorentino è di diritto scrittore

Carlo Lorenzini nasce il 24 novembre 1826 (morirà a Firenze il 26 ottobre 1890), per cui si trova ad avere venti anni quando per la relativa mitezza del suo apparato repressivo, il Granducato di Toscana è divenuto il centro della stampa clandestina liberale[3].

L'elezione di Pio IX, l'azione riformatrice, le disposizioni sulla stampa, accelerano il fenomeno di liberalizzazione, aprendo parecchie brecce nella censura.

I fatti del 1848 portano ad un secondo grosso fiorire di giornali, il primo era stato il periodo della Rivoluzione francese. In quest'epoca il linguaggio cerca di farsi meno dottrinario, più diretto, più rapido, si usano il dialogo e le caricature per una maggiore presa sull'opinione pubblica: ed è in questo contesto che Carlo Lorenzini diviene giornalista.

D'altronde la lingua toscana, e quella fiorentina in particolare, ha sempre facilitato lo scrivere: «Ogni fiorentino – proclama ironicamente proprio Lorenzini in Un romanzo in vapore – è di diritto scrittore».

Condanna il dilettantismo letterario dilagante di coloro che, «non essendo passati agli esami di fattorino della posta o di collettore delle tasse, si buttano per disperazione a scrivere una commedia o un dramma». È il giornalista teatrale più conosciuto e popolare in quel tempo a Firenze.

Carlo Lorenzini esordisce su Il Lampione, trisettimanale politico illustrato "per tutti", che vede la luce il 13 luglio 1848. Il "neofita" Lorenzini, anti-codino e anti-crociato, garantisce, in qualità di articolista e direttore, l'indipendentismo laico de Il Lampione che, in data 24 luglio 1848, riconosce come unico mezzo per «assicurare stabile felicità alla Toscana» quello di «dotarla di istituzioni democratiche». Tuttavia, l'11 aprile 1849, l'intervento della censura leopoldina, non tanto tenera e remissiva come si è soliti credere, impone silenzio a questo foglio "risorgimentale". Passa ad altre collaborazioni finché, reduce dalla seconda guerra d'indipendenza, tre mesi dopo il congedo dal Reggimento Cavalleggeri di

---

3   In Toscana dal 17 maggio 1847 (promulgazione della legge sulla stampa) al 6 maggio 1852 (abolizione dello Statuto), si contano più di un centinaio di testate.

Novara, scrive su *La Nazione*, il foglio politico quotidiano voluto da Bettino Ricasoli, il "barone di ferro", dopo l'imprevista, amara vicenda di Villafranca[4], come "cronista settimanale" dal novembre 1859[5]. Doveva «tessere, o bene o male, la storia delle cose più rilevanti, esclusa la politica, accadute nel corso della settimana», secondo quanto leggiamo nell'appendice del 12 dicembre 1859, ma anche gli argomenti occasionali, che si direbbero fuori campo, cioè le feste, i concerti, la letteratura, i fatti di costume, sotto la sua penna difficilmente riescono ad evitare la tentazione ed il risvolto politico.

Con animo caldo e commosso, l'annessionista Carlo Lorenzini annuncia l'esito trionfale del plebiscito, la notte di giovedì 15 marzo 1860.

Il mestiere del giornalista, del pubblicista umoristico, Carlo Lorenzini lo esercita per trentacinque, quarant'anni sulle colonne di una decina e oltre di fogli. Ma la storia del giornalista moderato, non iscrivibile politicamente nelle file di alcun partito o corrente determinata, anche se a certi princìpi d'indipendenza e unità d'Italia, libertà, giustizia, dignità della persona umana, rimane sempre fedele, non si ferma al 1860.

Lo straripamento continuo di leggi obbligatorie

Nonostante tanto convincimento per l'annessione, lo spirito libero e critico di Lorenzini ritorna con la coniazione del verbo "piemontizzare", ovvero con il processo che vede prevalere elementi piemontesi, codici giudiziari, quadri della gerarchia burocratica e militare, durante il Risorgimento. E così lo troviamo contestare la deprecabile tassa sul maci-

---

4   L'armistizio di Villafranca, concluso da Napoleone III di Francia e Francesco Giuseppe d'Austria l'11 luglio 1859, pose le premesse per la fine della seconda guerra d'indipendenza, preparandone le condizioni di pace. Fu la conseguenza di una decisione unilaterale della Francia che, in guerra a fianco del Piemonte contro l'Austria, aveva la necessità di concludere la pace per il pericolo che il conflitto si allargasse all'Europa centrale. L'armistizio di Villafranca causò le dimissioni del Presidente del Consiglio piemontese Cavour che ritenne l'intesa una violazione del trattato di alleanza sardo-francese.

5   Le due edizioni a stampa de *Gli amici di casa*, edite a distanza di sei anni, dimostrano così il percorso dell'autore, che è quello di una più consapevole partecipazione al rinnovamento della produzione teatrale italiana, i cui compiti si erano andati definendo, almeno in via teorica, nella ricercata e ritrovata unità nazionale. Sui principi ispiratori di questa nuova vita teatrale si esprime con il riacceso *Lampione*, soprattutto con interventi di critica teatrale. Abbiamo riscontri che ci inducono a credere che il Lorenzini fosse molto informato sul teatro transalpino, soprattutto nel periodo in cui il teatro e le compagnie italiane erano presenti in Francia e autori francesi risiedevano in Italia (si pensi a Dumas), nel periodo che precede e segue immediatamente il 1859, quando stretta era la collaborazione politica tra Piemonte e Francia. Nel 1853, Antonio Lanari, agente teatrale, aveva chiesto al Lorenzini di fondare un giornale che si occupasse esclusivamente di teatri, assegnandogli la carica di direttore. Accettata l'incombenza, Carlo Lorenzini aveva dato il via a *Lo Scaramuccia* (con testata ripresa da un'operetta comica dei fratelli Ricci, allora in voga). Oltre a lavorare su *Lo Scaramuccia*, del quale divenne proprietario nel 1855, il Lorenzini collaborò a *La Scena*, foglio umoristico, artistico e teatrale, e soprattutto a *L'Italia musicale*, edita a Milano da Francesco Lucca, giornale d'ambiente "scapigliato", al quale, del periodo 1854-1859, inviava da Firenze assidue e qualificate corrispondenze.

nato che, introdotta nel gennaio 1869, provocò gravi danni: «viva il papa e gli austriaci!» gridavano i contadini.

Le contestazioni furono gravi anche perché si sommavano al risentimento verso il governo nazionale, colpevole di non aver aiutato il municipio di Firenze a sollevarsi dai debiti contratti durante gli anni della capitale provvisoria.

L'istruzione fu uno dei temi che lo videro difensore. Ricordiamo ne *Gli ultimi fiorentini*[6], una lettera semiseria, copia conforme all'originale, che il giornalista Lorenzini, «per urgenza, e in cinque minuti di buon umore», scrive al Signor Michele Coppino, ministro dell'Istruzione pubblica, appena sente «baluginare che meditava» una legge sull'istruzione obbligatoria:

> Eccellenza! Se qui non mettiamo un tappo alla rotta dell'argine, con tutto questo straripamento continuo di leggi obbligatorie finiremo un giorno o l'altro coll'affogare la nostra vantata libertà, quella libertà che ci costa tanti quattrini e che ancora, Dio ci liberi tutti, non è finita di pagare.
> Guardi che litania prolissa!
> Obbligatorio il far da giurati, obbligatorio il servizio militare, obbligatorio il pagamento delle tasse, obbligatorio il far da membro, frase indecorosa e quasi avvilitiva, nelle Commissioni di sindacato, e per giunta, obbligatoria anche l'istruzione elementare.
> Che si celia!
> In mezzo a tutta questa farraggine d'obblighi, è grazia di Dio se al libero cittadino rimangono appena cinque minuti di tempo per fare una gita alpinistica sul Monte di Pietà.

Dopo la protesta contro i troppi "obblighi", la tela verbale della parodia collodiana passa alla magniloquente, amara difesa di "poveri analfabeti".

> Eppoi ci sia lecito domandare: perché usare questa prepotenza sui poveri analfabeti?
> Perché i popoli possano godere della libertà, bisogna istruirli, bisogna emanciparli dall'ignoranza.

Lorenzini non scriverà più una riga di politica sul *Fanfulla*, malgrado le insistenze degli amici. Cessa così la combattiva azione pubblica del cinquantenne Lorenzini, italiano unitario deluso.

Lorenzini educatore

Nel 1875 aveva già tradotto *I racconti delle fate*, destinati ai ragazzi, e nel 1877 e nel 1878 scriverà *Giannettino* e *Minuzzolo*, due felici libri per la scuola.

---

6   Fu lo stesso Lorenzini, ne *Gli ultimi fiorentini*, a raccogliere alcuni brevi testi sui fiorentini, scritti per essere pubblicati su alcuni giornali.

Non appartenendo a classi privilegiate – era figlio di un cuoco – si trovò di fatto ad essere il primo scrittore italiano che seppe vestire i panni dell'intellettuale moderno.

Lorenzini, da educatore, ci presenta un mondo ideale nel quale l'Italiano nuovo, sia appartenente alla borghesia che non, dovrebbe mirare ad educarsi ed istruirsi. Del resto era stato Giuseppe Mazzini a parlare di dovere sociale, di un'educazione che si indirizzasse appunto all'istruzione. Lo scrivere per i bambini nasce, dunque, coerentemente nell'ambito di un impegno totale dell'intellettuale Carlo Lorenzini, come manifestazione di cura sociale, tutta laica, volta alla formazione di un cittadino nuovo.

Non a caso nel *Pinocchio* è trasparente la satira nei confronti delle magagne della società: l'ingiustizia che premia i colpevoli, la miseria, ecc.

Pinocchio: una bambinata

"La storia di un burattino", titolo originario del racconto, uscito a puntate sul *Giornale per i bambini* – settimanale che si stampava a Roma per conto del gruppo editoriale del *Fanfulla* – nel primo numero del 7 luglio 1881, successivamente, nel 1883, venne pubblicata in volume dai Fratelli Paggi di Firenze.

Le vicissitudini romanzate del burattino sono interpretabili in vari modi, anche riduttivi, se si sostiene sia semplicemente «una bambinata», come lo definì lo stesso Lorenzini, cioè una fiaba scritta per esser letta per puro divertimento.

Eppure il libro di Pinocchio è diventato parte dell'immaginario collettivo nella formazione dei fanciulli di ogni paese, come è avvenuto a pochi altri libri, fatto salvo forse *Alice nel paese delle meraviglie*[7]. Pinocchio è un caso letterario ancora aperto: non si può archiviare la vicenda di uno dei libri più fortunati del mondo, senza domandarsi il perché di tanta fortuna[8].

Pinocchio ha avuto e continua ad avere il successo mondiale, di critica e di lettori, che tutti conoscono. E la critica, i tanti critici, l'hanno potuto leggere in cento modi diversi; e ancora continua a parlare e a far parlare di sé.

Per la gran parte dei lettori, Lorenzini è Pinocchio e Pinocchio sembra un libro senza tempo, un universo senza data, uno di quei libri che pos-

---

7   Il 4 luglio 1865 il reverendo Charles Lutwidge Dodgson, userà lo pseudonimo di Lewis Carroll per pubblicare il libro. Forse non avrebbe mai sognato di ottenere tanto successo con una fiaba per bambini, anche perché tra le sue innumerevoli attenzioni vi erano la matematica, la fisica e la letteratura, campi molto più seri della leggiadria del fiabesco.

8   Le interpretazioni critiche di *Pinocchio* si sono moltiplicate, lungo le più varie dimensioni, a partire dal fondamentale saggio di Paul Hazard del 1914, ove riconobbe in Pinocchio una nuova "maschera" italiana, come quella del fiorentino Stenterello e le altre della commedia dell'arte.

sono esser letti da chiunque ed a qualsiasi età. O, forse, si tratta di un testo che è possibile leggere in modi diversi, del quale sono consentite fruizioni differenziate per età, cultura, interessi e differenti posizioni in campo estetico o ideologico.

A differenza di *Cuore* o di altri testi per l'infanzia di quegli anni, questo libro, che certo ha una sua direttrice educativa, può anche essere letto dimenticando questo fondo.

I luoghi "pinocchieschi"

Rivivono in *Pinocchio* i luoghi fiorentini, meritevoli di essere considerati scenografia naturale di quella che è stata definita la «più favola di qualsiasi favola».

Il viaggio, tra realtà e leggenda, alla ricerca dei luoghi pinocchieschi, può prendere idealmente le mosse da Villa Il Bel Riposo[9], a Castello, residenza estiva di Paolo Lorenzini, direttore dell'Antica Manifattura Ginori di Doccia, e anche di suo fratello Carlo. Ed è proprio per essere Castello allora frazione della Comunità di Sesto Fiorentino che, secondo lo studioso Nicola Rilli, il nostro si ispirò per i personaggi ed i luoghi a gente e località della zona.

Lo scorso anno, in occasione della proiezione del suo documentario, *Pinocchio, il pescecane e il mare dell'Osmannoro*[10], il regista Leandro Giribaldi ebbe modo di sottolineare: «Forse non tutti sanno, che il Paese dei Balocchi era la Fiera di Sesto, che l'Osteria del Gambero Rosso si trovava in fondo al vialone della Villa Reale di Castello, che Giovanna Ragionieri era la fatina dai capelli turchini, che tra Peretola e l'Osmannoro c'era il mare dove nuotava un terribile Pesce-cane».

Ma l'intuizione del Rilli (approdata alla pubblicazione – postuma, del 1994 – *Da Firenze a Sesto Fiorentino. Pinocchio in casa sua. Realtà e fantasia di Pinocchio*), che lo condusse a comprendere quanto i luoghi percorsi dal burattino fossero reali e non frutto di fantasia, non ebbe un corretto prosieguo per aver fatto leva sulla centralità di Sesto Fiorentino nella trama del racconto. Lo esplicano i seguenti passi di *Pinocchio* ...

L'Osteria non è in un paese, bensì in aperta campagna:

> Ma si può dire che partisse a tastoni, perché fuori dell'osteria c'era un buio così buio, che non ci si vedeva da qui a lì. Nella campagna all'intorno non si sentiva alitare una foglia. Solamente alcuni uccellacci not-

---

9   Qui, nell'aprile del 2007, è stata apposta una lapide a memoria della presenza del giornalista e fervente patriota che combatté per l'unità d'Italia, volontario del contingente toscano nel 1848 a Curtatone e Montanara e nel 1859 con l'esercito piemontese nella seconda guerra d'indipendenza.
10 Il documentario è stato proiettato il 12 aprile 2010, presso la sede di Mediateca Toscana Film Commission, mettendo in risalto tutti i luoghi di Firenze e dintorni che sono entrati a far parte della fiaba più famosa al mondo.

turni, traversando la strada da una siepe all'altra, venivano a sbattere le ali sul naso di Pinocchio, il quale, facendo un salto indietro per la paura, gridava: – Chi va là? – e l'eco delle colline circostanti ripeteva in lontananza: – Chi va là? Chi va là? Chi va là? (Cap. XIII).

L'Osmannoro, allo stato attuale, risale al risanamento del XVII secolo ed è molto più probabile che la spiaggia di Pinocchio sia quella dell'Arno a Petriolo, raggiungibile in mezzora di buon passo da Castello:

– Quanto tempo ci vuole di qui alla spiaggia? – domandò il burattino. – Fra un'ora, siamo andati e tornati (Cap. XXVI).

Il Paese dei Balocchi è una città e non una fiera paesana:

Prese un gran berretto di cotone, e, ficcatoselo in testa, se lo ingozzò fin sotto la punta del naso. Poi uscì: e si dette a cercar Lucignolo dappertutto. Lo cercò nelle strade, nelle piazze, nei teatrini, in ogni luogo: ma non lo trovò. Ne chiese notizia a quanti incontrò per la via, ma nessuno l'aveva veduto (Cap. XXXII).

Tra verità storiche e leggende popolari – scrive sempre il Giribaldi a proposito del suo documentario – alcune testimonianze ricostruiscono la storia di Pinocchio e di Geppetto, della Fata e del Paese dei Balocchi, ambientando le avventure del burattino nella piana tra Firenze, Peretola e Sesto Fiorentino, attribuendo l'identità di persone realmente esistite ad alcuni personaggi del capolavoro di Carlo Lorenzini.

Di sicuro sappiamo che Lorenzini visse sempre a Firenze e abitò per qualche tempo a Castello, presso il fratello Paolo, che, dirigente alla Ginori, conosceva bene questi luoghi e che aveva una mente fervida e bizzarra.

Tenace, profondo, quasi fisico, il suo amore per Firenze, al punto da non decidersi – narra il nipote di Carlo – a lasciarla «nemmeno d'estate, quando il sole picchiava sodo».

I racconti tratti dalle interviste riassumono un clima fantasioso e popolare, popolato di strani personaggi, il più delle volte poveri in canna, che restituiscono il clima e lo spirito dell'autore, con una dote fondamentale e tipicamente toscana: l'ironia.

I doveri dell'uomo

Le avventure del burattino Pinocchio, svoltesi fra i borghi, le campagne, i boschi e le spiagge del "mare" di Toscana di fine Ottocento, hanno avuto una continuazione di altro genere nel campo delle illustrazioni e delle traduzioni di un libro presto divenuto famoso.

L'autore di Pinocchio fu uomo di passioni civili e di lotta politica, polemista di successo, mazziniano fervente: ha riversato il suo acre umore di sentimenti e di risentimenti politici anche nella fiaba, trasferendo o proiettando in essa le sue passate malinconie di ragazzo povero, figlio di umile gente, le sue speranze deluse di antico combattente, le sue pungenti osservazioni di commentatore politico.

Il burattinaio Mangiafuoco, il giudice gorilla, il Gatto e la Volpe, l'Omino di burro, il vorace Pescecane: ad essi egli contrappose, con un guizzo felice di genialità narrativa, l'immagine radiosa di salvezza della Fatina dai capelli turchini che gli mostra la via da percorrere, che è quella mazziniana dei "doveri dell'uomo".

> Fin da domani tu comincerai con l'andare a scuola [...]
> Poi sceglierai a tuo piacere un'arte o un mestiere [...]
> Che cosa brontoli fra i denti? domandò la Fata con accento risentito [...]
> L'uomo, per tua regola, nasca ricco o povero, è obbligato in questo
> mondo a far qualcosa, a occuparsi, a lavorare (cap. XXV).

Il lento sopravvivere della Città amata

Il "Comitato Carlo Lorenzini – Firenze", costituendosi, si è prefisso di far emergere la reale figura dell'autore di *Pinocchio*, così come è stato davvero, con i forti legami con la sua città.

«Il segno più caratteristico del vero» cittadino di Firenze – scrive ne *Gli Ultimi fiorentini*, è la sua «tradizionale antipatia per i viaggi, e in particolare per i lunghi viaggi». Il fiorentino – commenta – è un «vegetabile», che nasce e fiorisce «abbarbicato fra le fessure del lastrico e dei marciapiedi della sua città», il suo mondo finisce «alle mura cittadine» e «quattro passi» più in là comincia per lui «l'ignoto, il meraviglioso, il paese della favole e della leggenda».

Lorenzini, polemista politico del *Lampione*, de *La Nazione*, del *Fanfulla*, sottolinea il lento sopravvivere della città natale. L'aspirazione di Firenze a diventare una grande capitale europea pesa sulla città sul finire dell'Ottocento, chiusa ancora tra le mura, indebitata. Una città che si accinge a vivere l'importante momento storico ed a proiettarsi nel futuro senza le soffocanti censure piemontesi. Eppure Firenze si adegua e così Lorenzini, abbandonata la graffiante penna, si dedica allo scrivere fiabesco.

Ma la sua penna continua a parlare e lo spinge a costruire personaggi e storie, con le quali il dovere e la voglia di ribellione all'ingiustizia ed alle prevaricazioni, insieme al forte desiderio di libertà, continuano a convivere, ed a legare la sua vita a quella dell'amata città.

Ecco perché il Comitato vuole mantenere forte il rapporto tra Firenze ed il mondo, fruendo anche di Pinocchio e delle sue peripezie, quale testimone di tanti significati.

Balatri Luigi, Pianta della città di Firenze, *1846*
... la vecchia Firenze del giovane Lorenzini

PINOCCHIO, SEMPRE PINOCCHIO

Marco Conti

Il racconto *Le avventure di Pinocchio* si può affermare abbia fatto il giro del mondo, in quanto – si dice –tradotto in tutte le lingue dell'umanità, opera che tutt'oggi continua ad essere stampata con molta frequenza. Il viaggio nell'oceano immaginario del burattino si è con il tempo trasformato in realtà, solo che nella sua città natale, il capolavoro non ha riscontri fisici degni del successo riportato. La memoria in Firenze dedicata a Carlo Lorenzini si limita a due lapidi commemorative e due denominazioni stradali in periferia.

Un degno risveglio si è registrato in occasione del centenario del 1981, quando uno dei maggiori pittori fiorentini – come Lorenzini, fiorentino incallito – dedicò al racconto due grandi cartelle formato cm 50x70 e cm 35x50, contenenti 30 tavole a colori e 30 di commento con molta libertà dell'artista, ad esprimere quello spirito ineguagliabile che ha sempre caratterizzato la cultura fiorentina. L'opera editoriale si intitola *Omaggio a Pinocchio nel Centenario (1881-83 1981-83). Trenta scene eseguite e commentate da Vinicio Berti* (Firenze, 1981). Sulla scia di questa ricorrenza – il centenario non si spense il giorno dopo, come generalmente accade – uscì successivamente un libro di grande formato (cm 36x50), a forma triangolare, come il naso di Pinocchio; un'iniziativa nata dalla volontà di Fabrizio Gori, con progetto grafico dell'architetto Lapo Binazzi. Con le cartelle di Vinicio Berti, le due opere editoriali costituiscono le edizioni più prestigiose dedicate al *Le avventure di Pinocchio*. Il testo del volume triangolare è corredato da 62 illustrazioni disegnate da un gruppo di pittori, gravitanti, diciamo così, nell'area Berti, poiché il carattere di Vinicio era ben lontano dall'erigersi a maestrino. Il volume è illustrato da Vinicio Berti, Liberia Pini, Paolo Favi, Fabrizio Gori ed Enrico Malenotti.

Ma la storia continua.

Le avventure di Pinocchio (La storia di un burattino) di Carlo Collodi. Scene e regia di Vinicio Berti (Firenze, 1992) è un altro grande volume dove il racconto è realizzato a fumetti, mirabilmente disegnati, come recita il titolo, dall'autore. Non si sa bene se la continuazione delle manifestazioni commemorative sia dovuta allo spirito del Berti o a quello di Pinocchio.

Nel 1995 nacque la manifestazione *Mangiafoco in Piazza Garibaldi a Peretola*, la storica piazza dove è comunemente concordata la presenza del teatrino di Mangiafoco. L'evento, ripetuto per otto anni consecutivi, fu organizzato da Fabrizio Gori e Marco Conti e si articolava con il seguente programma: Teatro dei Burattini sulla piazza, dove si sono avvicendate le compagnie I Pupi di Stac, Maninalto e Buratta la Luna. Per le mostre di pittura, altro punto cardine del programma, allestita una galleria, *La Stanza di Geppetto*, vi esposero: Silvio Loffredo, il vignettista Giuliano, Vinicio Berti, Dorothy Phenale Renzi, Fabrizio Gori, Paolo Favi, Emilio Malenotti. Nell'edizione del 2001 venne presentato un volume di grande formato *Da Burde - un secolo a tavola*, testo di Marco Conti e progetto grafico di Fabrizio Gori. Altra iniziativa, nel 2007, è stata organizzata dal Consiglio di Quartiere n. 5 in collaborazione con il comune di Sesto Fiorentino, con l'installazione di dodici cartelli indicativi nei luoghi della piana fiorentina ove il Lorenzini dette vita al suo Pinocchio. Insomma un centenario che non si spegne, come dimostra anche la presente pubblicazione.

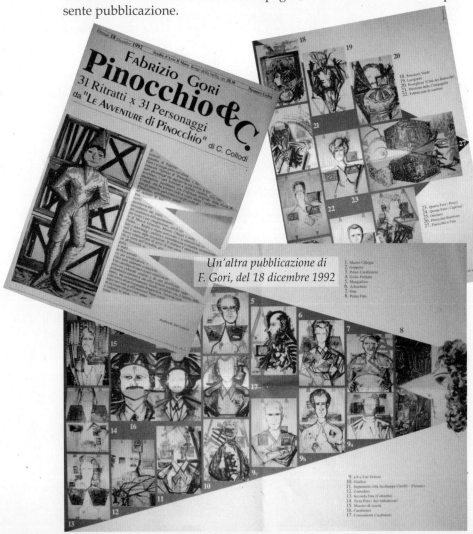

Un'altra pubblicazione di F. Gori, del 18 dicembre 1992

PINOCCHIO, OLTRE LA FIABA

Fabrizio Gori

Il mondo conosce la storia di Pinocchio come una fiaba e il personaggio Pinocchio come paradigma del bugiardo o, al meglio, burattino/umano dalle infinite sfaccettature e riflessi come in un brillante. Pinocchio è sicuramente tutto questo e, quindi, risulta opportuno scegliere un angolo di lettura attraverso il quale poterlo approfondire.

Pinocchio, come Umberto Eco, insegna, è un iperteso, ovvero uno di quei capolavori letterari, nei quali si possono scavare vari strati come in uno scavo archeologico. Partiamo col dire che Pinocchio non è un bugiardo: le sue sono tutt'al più trasgressioni. In tutto il racconto il naso del burattino si allunga due sole volte: una prima, quando dice alla Fata di aver perduto le monete d'oro mentre le ha sotto la lingua, e una seconda, quando dice, verso la fine del libro, di non conoscere un bambino con quel nome; questa volta quando sente il naso allungarsi dice la verità.

Ho scelto come soggetto dei miei disegni Pinocchio nella sua veste di eroe tragico, che vive secondo il suo libero arbitrio e per questo motivo è destinato a soccombere: è il Pinocchio che, come ben sappiamo tutti, nella stesura iniziale finiva i suoi giorni impiccato ad una quercia. Con la morte del burattino si concludeva la narrazione pubblicata a puntate dal 7 luglio al 27 ottobre 1881 sul *Giornale per i bambini*, con il titolo "La storia di un burattino"; tuttavia, a seguito del grande successo ottenuto, dal 16 febbraio 1882 al 25 gennaio 1883 riprese la pubblicazione, sempre sul *Giornale per i bambini* e sempre a puntate, ma con titolo diverso: *Le avventure di Pinocchio*, che poi divenne il titolo dell'edizione onnicomprensiva del 1883, mentre *Storia di un burattino* ne costituì il sottotitolo.

Fu, quindi, l'intervento dell'editore e questo ampio successo di pubblico ad indurre il Lorenzini a continuare il suo racconto. In tale frangente appare la Fata "deus ex machina", ad accompagnare e proteggere il burattino nel difficile cammino verso la maturità. La Fata, con il suo agire quasi divino, da dea che discende dall'Olimpo quando l'eroe posto sotto la sua protezione si trova in difficoltà e, una volta risolto il problema, fa ritorno all'empireo, conferma l'intenzione dell'autore di fare della sua opera una sorta di tragedia classica. Il classicismo, che in questo tipo di analisi impernia Pinocchio, è facilmente ricollegabile alle radici storiche romane di Firenze, a palese conferma del loro perdurare nel tempo.

In summa l'angolazione di lettura proposta nei disegni qui pubblicati è questa. Sono, infatti, presenti personaggi ed animali afferenti alla mitologia antica, che circostanziano il legame fra Pinocchio e la tragedia greca: il carabiniere/guerriero greco preposto alla cattura di Pinocchio, quando fugge da casa, il Mercurio in sostituzione del falco incaricato dalla Fata/dea di controllare se Pinocchio sia ancora vivo, il Pegaso/unicorno che, al posto del piccione, conduce Pinocchio alla ricerca del padre, il ciclope Polifemo che si sostituisce al pescatore verde.

Altrove si aprono spunti non propriamente inerenti al mondo tragico della classicità, bensì mutuati da altri linguaggi tragici: Giona che si fa balena/pescecane e, nel momento di massimo climax discendente, Pinocchio/ciuchino che precipita in una dantesca burella per essere successivamente salvato dai pesci, emissari della Fata/dea, ed iniziare così la sua risalita verso la maturità.

I disegni, inoltre, hanno precisi riferimenti a luoghi reali, al territorio nel quale il Lorenzini ambienta la travagliata storia della sua fantastica creatura; in primis Firenze – la città di «Acchiappacitrulli» – tenendo ben presente la lettura d'impronta politico-sociale dell'intero romanzo; è la Firenze appena divenuta Capitale del Regno d'Italia, che subisce una profonda, radicale trasformazione ed è interessata da un'intensa speculazione edilizia che ne snatura l'essenza storica; è la città dove Pinocchio denuncia di essere stato derubato e per questo viene incarcerato e successivamente liberato dopo essersi dichiarato criminale, in un evidente capovolgimento di prospettive fra il giusto e l'ingiusto sottolineato dall'autore.

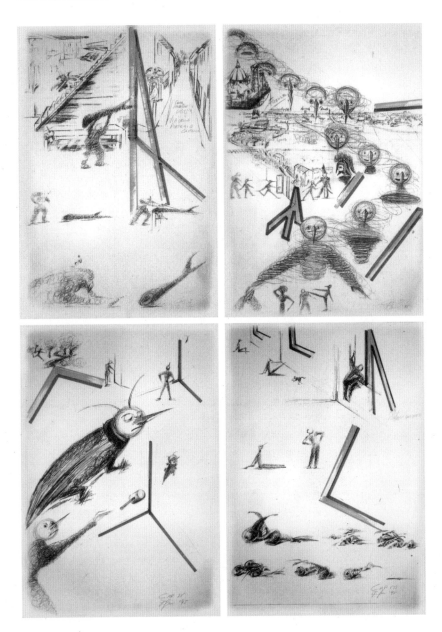

Capitoli I, III, IV, VII

Capitoli IX, X, XI, XII

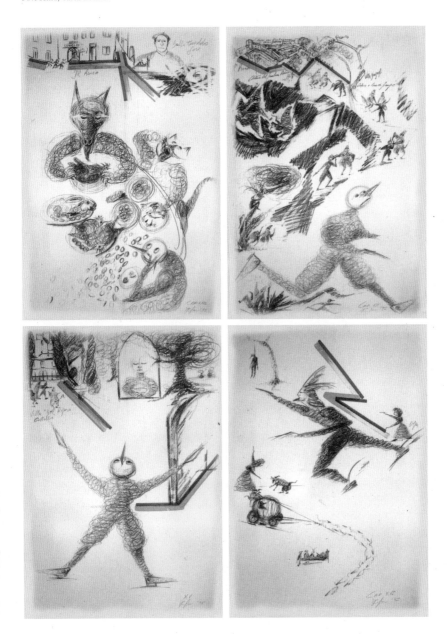

Capitoli XIII, XIV, XV, XVI

Capitoli XVII, XVIII, XIX, XXII

Capitoli XXIII, XXIV, XXV, XXVI

Capitoli XXXIII, XXXIV, XXXV

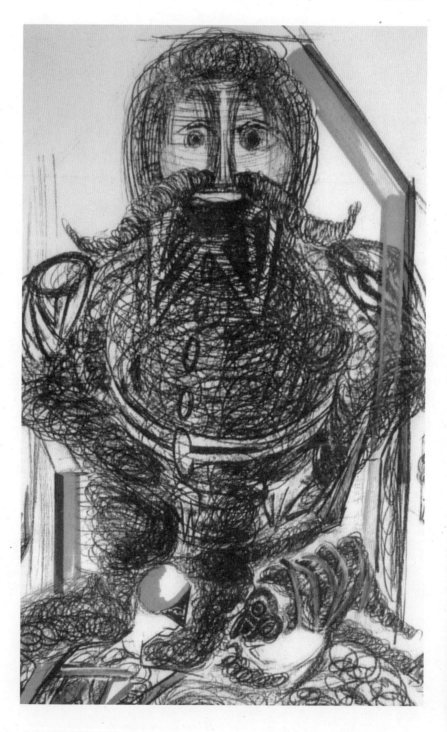

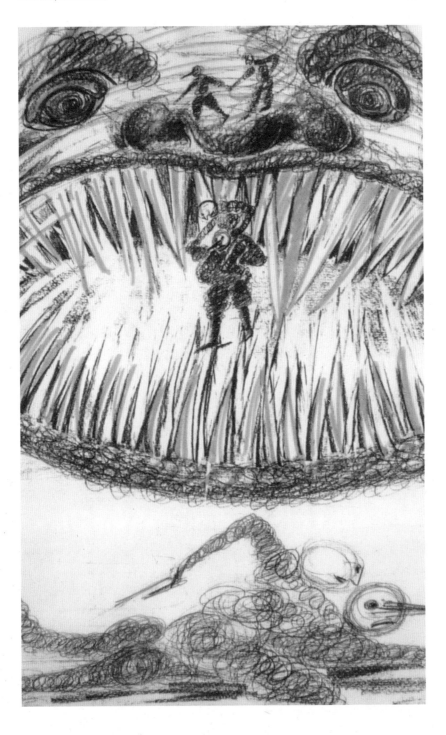

LORENZINI E PINOCCHIO
Comunanza fra le esperienze reali dell'autore e le fantastiche del burattino

Marco Conti

La frase conclusiva «oramai è fatta», pronunciata da Geppetto a conclusione della fabbricazione del burattino, denuncia la ritrosità naturale del Lorenzini alla paternità ed alla famiglia. Tale sentimento è riconducibile alla situazione familiare dell'autore, angustiato dalla miseria economica e dai difficili rapporti fra i genitori. Tali rapporti non tardarono ad evidenziarsi agli occhi del piccolo Carlo, che ad un anno di età si trova separato dal padre e condotto a Collodi dalla madre, che ritorna alla casa paterna.

Pinocchio appena scolpito esce in strada e viene subito separato dal padre arrestato dai carabinieri. Per tutta l'infanzia, Carlo e Pinocchio resteranno alla ricerca del proprio padre. Nella crescita di Pinocchio non è scandito il trascorrere del tempo: gli eventi si susseguono al di fuori del tempo. Nel capitolo IV il burattino ha l'impatto con le prime nozioni d'insegnamento, il Grillo parlante lo pone di fronte al problema della scuola e Pinocchio reagisce violentemente esprimendo subito riottosità contro quella istituzione. Come per Carlo, che per miseria si trova a Collodi presso i nonni materni, anche Pinocchio vive immerso in questo problema: fame e freddo sono la costante delle due realtà.

Ma il babbo torna e Carlo con la mamma torna a Firenze: la famiglia Lorenzini sembra ricompattarsi e nascono i fratellini. Così torna Geppetto dalla prigione, rifà i piedi a Pinocchio e lo sfama. Si evidenzia nuovamente l'incubo della scuola verso la quale Pinocchio è restìo. Carlo vede la scuola dell'obbligo come una forzatura alla natura dei ragazzi ... prima dello studio vanno risolti i bisogni materiali – «imperiosi e urgentissimi bisogni fisici» – come afferma in una lettera scritta al Ministero della Pubblica Istruzione: «secondo me finora abbiamo pensato più al cervello che allo stomaco delle classi bisognose e sofferenti. Pensiamo ora un po' allo stomaco». D'altronde il dramma di Pinocchio di fronte alla scuola è lo stesso vissuto dal piccolo Carlo, che, dopo i primi insegnamenti presso la scuola di Collodi, si vede imprigionato nel seminario vescovile di Colle Val d'Elsa per volontà del marchese Ginori, che si eleva a protettore del ragazzo. Ma Carlo, nel quale si è già evidenziata la coscienza della sua appartenenza sociale e la sua natura anticlericale, alla prima occasione abbandona il seminario e il marchese Ginori lo iscrive agli Scolopi a Firenze, tanto che in età matura rinfaccerà al Ginori il triste proposito di averlo voluto indirizzare alla vita ecclesiastica.

L'infanzia di Pinocchio è ambientata in un paesaggio che lascia completa libertà di movimento: l'incontro con Mangiafoco è il primo evento drammatico nella vita del burattino. Di fronte al pericolo si fa maturo, prima timoroso della morte diventa poi ardimentoso per salvare la vita all'amico Arlecchino: è questo il primo incontro di Pinocchio con la morte, il quale nelle sue avventure la "incontrerà" ben sette volte. Carlo, che vive in famiglia con i numerosi fratellini, ha sedici anni quando la mamma lascia nuovamente il marito Domenico per tornare dai genitori, che gli garantiscono la sussistenza: è il 1839. Nel 1841 la famiglia Lorenzini si riunisce di nuovo, ma nel 1844 Domenico Lorenzini, per motivi di salute, abbandona la famiglia ritirandosi nella natia Cortona, ove muore nel 1848: Carlo ha 22 anni ed ha già visto morire ben cinque fratelli ed il padre, e solo due anni dopo morirà anche il fratello Giuseppe.

Dal 1844 Carlo lavora presso la libreria Piatti, ove ha ottenuto i primi guadagni. Anche Pinocchio cerca di guadagnare investendo le monete regalate da Mangiafuoco, ma l'investimento finirà in modo tragico. Finisce qui *La storia di un burattino*, corrispondente all'attuale capitolo XV.

Carlo parte volontario per Curtatone: è il 1848, un anno fondamentale nella sua vita. Gli anni vissuti a Firenze hanno visto una lenta e, purtroppo, inesorabile trasformazione della città che è andata modificandosi nella rete urbana e nell'aspetto esteriore, con una situazione politica sempre più calda. Nel 1837 si sono inaugurati i due ponti di ferro sull'Arno, nel 1840 si sono scoperti gli affreschi giotteschi nel Bargello ove si è identificato il vero ritratto di Dante e nello stesso 1848 in Santa Croce vengono in luce gli affreschi di Giotto, contemporaneamente all'elevazione del bel campanile neogotico progettato da Gaetano Baccani. Ma l'evento più importante di quell'anno è la inaugurazione della ferrovia Leopolda, la Firenze-Livorno, sulla quale Carlo scrive *Un Romanzo in Vapore*. I tempi prendono la rincorsa. "Canapone" fugge a Gaeta e la Toscana si affida ad un governo provvisorio formato dal triumvirato Mazzoli-Montanelli-Guerrazzi.

Veduta di Piazza del Granduca attorno al 1850

«Chiuse gli occhi, aprì la bocca, e tirò le gambe e, dato un grande scrollone rimase là intirizzito». Cap. XV, Pinocchio è morto.

Il successivo ritorno del Granduca, agli occhi di Carlo, impiegato ed impegnato dal governo provvisorio, sarà sembrato un periodo di regressione e, per motivi politici, nel 1852 perde il posto di lavoro. In questi anni è andato distrutto il Teatrino degli Arrischiati sulla Piazza Vecchia di Santa Maria Novella: era il teatrino del quartiere, o meglio del borgo, dove Carlo era nato, una ribalta che certamente fu lo stimolo allo scrivere alcune commedie teatrali.

Il decennio successivo – gli anni '50 – vede Carlo dirigere alcuni giornali locali e stampare qualche pubblicazione, ed è proprio nel 1859 che usa per la prima volta lo pseudonimo Collodi. Il 27 aprile cade il granducato e si chiude per sempre un mondo; nel 1860 è manifesto il plebiscito toscano, nel 1861 è proclamato il Regno d'Italia e nel 1865 Firenze diviene capitale del nuovo regno. Occasioni, opportunità, portaborse, ruffiani e imbroglioni si muovono nella nuova realtà politica cittadina ... Pinocchio, abbindolato dal Gatto e la Volpe, tentando nuovamente di investire le sue monete nella città di Acchiappacitrulli – Firenze capitale d'Italia – perde tutto. Il precedente tentativo doveva essere fatto nella città dei Barbagianni, chiaro riferimento alla Firenze granducale governata da "Canapone", spesso ridicolizzato, brutto e rimbambito come lo troviamo nelle poesie di Giuseppe Giusti.

Nel 1864 Carlo ottiene un posto di impiegato presso la prefettura di Firenze, ma resta costante la sua mediocre attività di giornalista ed ancor peggio di scrittore per ragazzi. Le delusioni politiche si fanno subito cuocenti, particolarmente legato com'è sempre stato alla cultura fiorentina, non avvezzo a maneggi e sotterfugi, tipici invece dei nuovi arrivati piemontesi; più volte nei suoi scritti rimpiange la sua Firenze che va fisicamente scomparendo; continua a chiamare Piazza del Granduca l'odierna Piazza della Signoria, scrivendo essere gli sciocchi ad usare la nuova denominazione. In una lettera al Ministro della Pubblica Istru-

zione, nel rimpiangere il passato, premette «non essere codino». Questo sbandamento lo ritroviamo in Pinocchio, il quale, ingiustamente arrestato, una volta liberato non trova più la precedente realtà ed invano cerca la fatina ed il padre, quel babbo che come per Carlo non è mai stato goduto e disperatamente cercato. Momenti difficili per Carlo e per Pinocchio.

Un gruppo di giovani si riuniscono al Caffè Michelangiolo, in Via Larga: sono per la maggioranza pittori, che per il loro stile antiaccademico, in senso dispregiativo, sono stati appellati "Macchiaioli". Carlo frequenta quel Caffè, dove tra il fumo dei sigari toscani, bevute e risate, si parla di rinnovamento culturale e si criticano aspramente i progetti di rinnovamento, in realtà di distruzione, del centro cittadino e il progetto per la facciata del Duomo. Indubbiamente Carlo in quel contesto deve sentirsi pienamente a suo agio, in quanto può tirare un sospiro di sollievo sfuggendo alle spire di una mamma ossessiva, che non vede che il suo Carletto, e del fratello Paolo, intelligente, bramoso di affermazione sociale, con idee borghesi assai lontane da quelle di Carlo. La mamma e Carlo vivono nel bell'appartamento di Via Rondinelli, ospiti di Paolo, che pretende da Carlo correttezza di comportamento e prestigio letterario, che gli faccia fare bella figura quando, nella sua qualità di direttore della manifattura Ginori di Doccia, invita i clienti a casa propria ... Solo in età matura Carlo si libererà di questa zavorra.

Nel 1871, dopo poco più di un lustro, la capitale viene spostata a Roma e a Firenze restano i debiti con le lacerazioni urbane e del tessuto sociale: alle Cascine hanno bruciato un principe indiano, evento insolito che scandalizza il Fucini, che non vuole più, cosa impossibile, la piena dell'Arno, e da Piazza della Signoria viene tolto definitivamente il David di Michelangiolo.

Pinocchio sempre più disperato alla ricerca del babbo, con Lucignolo approda al Paese dei Balocchi, realtà fatta di strade, piazze e teatrini, come la Firenze post-capitale, ove imperversa la speculazione edilizia: la città, in balìa degli opportunisti, viene svuotata dei suoi veri abitanti, sostituiti da una classe borghese faccendiera senza scrupoli. E per un fiorentinaccio come il Lorenzini la nuova realtà altro non può essere che negativa.

La pubblica amministrazione lascia libertà alla Società Fondiaria, che procede alla distruzione del centro cittadino: i Macchiaioli contestano questa scellerata scelta urbanistica, considerando il progetto la più grossa asineria che si possa fare, tanto che il popolare Sesto Caio Baccelli, nell'edizione del 1868, ha lasciato ai posteri una nota sentenza, come già riportato a p. 116 di questo volume.

Troviamo espressa in vari scritti la disapprovazione alla politica fiorentina della seconda metà dell'Ottocento e il nefando operato del Ministro della Cultura è così sintetizzato: «Da San Firenze si è sentito un
raglio, era un sospiro del ministro Broglio» (sulla scia delle orecchie di
ciuco o di asino scorre l'ironia contestataria!). Nel 1855, l'entrata in Firenze di papa Pio IX in carrozza con il granduca viene commemorata
da Vincenzo Salvagnoli con questi versi:

Esempio di virtù sublime e raro
Entrò Cristo in Sion su di un somaro
Per imitarlo il nostro Padre Santo
Entrò in Firenze col somaro accanto.

Carlo Lorenzini è figlio di questo mondo che si esprime attraverso
una scontentezza ironica. Con Diego Martelli, noto teorico del movimento dei Macchiaioli, si forma una coppia di eruditi moderni, che ri-
fiutano assurdità urbanistiche e architettoniche come la nuova facciata
del Duomo di Firenze: l'Ottocento toscano, culturalmente, è occupato
dai romantici, che imperversano in tutte le attività del pensiero ... dilaga
il Neogotico, si abbattono le antiche torri del centro cittadino in nome
di un falso risanamento che copre solo intenti speculativi, nelle lettere
trionfa il romanzo storico, nella musica è l'esaltazione della lirica. La
nuova facciata di Santa Maria del Fiore rientra a pieno titolo in questa
concezione estetica: la sua realizzazione si è trascinata per secoli e solo

Il Cav. Emilio de Fabris,
vincitore nel 1870 del concorso
per la realizzazione della facciata
di Santa Maria del Fiore,
qui ritratto da Egisto Sarri nel 1899
(Museo dell'Opera del Duomo di Firenze)

il periodo romantico favorisce questa opportunità, sulla quale Diego Martelli tuona:

> Un turbinio di tabernacoli offende la vista del pubblico come una ridda fantastica di cose strane e volgari nel tempo stesso [...] al rinnovarsi di generazioni che speriamo nell'avvenire gagliarde ed intelligenti, la miseria e la mostruosità di questa escara paolottesca germinata sul tempio massimo della libertà fiorentina, apparisca tale, che per decreto del Popolo e del Comune non ne resti pietra sopra pietra e delle porte nemmeno un nottolino. Così vedremo scoperta la schematica muraglia sulla quale il sole, che illuminò gli ultimi raggi della libertà, tornerà ad illuminare il sereno aspetto di quel tempio». Sullo stesso argomento, il Lorenzini si esprime con un ironico giochetto di parole: «Prima della capitale provvisoria Firenze somigliava, per il suo fabbricato, alla Firenze falsa dei nostri giorni salvo che aveva un mercato inutile di meno ed un duomo senza facciata in più.

La spensieratezza, l'incoscienza e l'ignoranza producono a Pinocchio ed a Lucignolo le orecchie d'asino fino ad arrivare alla completa trasformazione dei due amici nell'animale ragliante e ricalcitrante.

L'allegoria delle orecchie di ciuco o di asino sembra rimbalzare di getto dalla cultura greco-romana in quella toscana: re Mida e Lucio di Apuleio hanno subito tale metamorfosi.

Per Pinocchio e Lucignolo sembra giunta la fine, difficile potrà essere il riscatto da questo stato di cose; è la realtà culturale fiorentina dalla quale si levano le urla dei Macchiaioli.

Diego Martelli
immortalato in una fotografia
dei primi del Novecento
(Biblioteca Marucelliana - Firenze)

Lucignolo muore ciuco; Pinocchio si riscatta? Cosa diventa? Al Lorenzini quando gli viene domandato perché Pinocchio, con tutte le sue esperienze, diventi un bambino come tutti gli altri, egli risponde di non ricordare questo finale: aria di pentimento o forse ondata di perbenismo? Oppure, come si maligna, il finale lo scrive l'editore per dare un taglio ai rapporti con l'autore del racconto, costantemente in bolletta e sempre a chiedere quattrini?

Pinocchio e Lucignolo
in attesa della carrozza
che li condurrà
al Paese dei Balocchi e ...
Pinocchio-burattino
di fronte a
Lucignolo-ciuchino
morente per il duro lavoro:
i disegni sono di Carlo Chiostri
(Firenze, 1902)

Giovanni Fattori
ritratto nel suo studio agli albori del Novecento
(Biblioteca Marucelliana - Firenze)

LORENZINI MACCHIAIOLO

Marco Conti

La lentezza dei ritmi di vita del passato dava maggiore stabilità alle stagioni dell'estetica e si ebbero così lunghi periodi, che favorirono l'allineamento totale delle arti e delle scienze. Le cose cambiarono nell'Ottocento, i ritmi di vita si fecero più frenetici, molte correnti pittoriche a malapena sconfinarono nella scultura o nell'architettura. Fra queste ultime è il movimento toscano dei Macchiaioli, che si formò a Firenze all'interno del Caffè Michelangiolo in Via Larga, vivendo intensamente una stagione che coprì l'intera seconda metà del XIX secolo.

Nonostante il successo locale dei Macchiaioli, le loro concezioni estetiche appena sconfinarono nella scultura e il resto delle arti restò indifferente al movimento teso verso la ricerca del vero naturale.

Un'occhiata alla produzione letteraria toscana del periodo non risulta esaltante: ebbe modo di trionfare il romanzo storico, legato ancora a schemi imbevuti di romanticismo o dell'Arcadia; nessuna opera letteraria può dirsi considerevole. In Toscana spopolava Francesco Domenico Guerrazzi e alla sua ombra, ma più vicini alle nuove ricerche estetiche, scrivevano Giuseppe Giusti e Renato Fucini di cultura pisana. Su questi gravitava un personaggio che non riusciva a sfondare: si chiamava Carlo Lorenzini, che più tardi avrebbe adottato lo pseudonimo di "Collodi"; i suoi articoli giornalistici, di scrittore di romanzi "ad usum delphini", proposti al ceto medio, risultarono piuttosto mediocri.

«Mi sono interessato anche di mettere sulla tela le sofferenze fisiche e morali di tutto quello che disgraziatamente accade». La frase è di Giovanni Fattori: basterebbe sostituire «sulla tela» con «nel libro» per definire il libro di Pinocchio; il parallelo calza a pennello, Fattori e Lorenzini vissero lo stesso mondo e la stessa condizione di miseria economica, che peraltro penalizzò molti esponenti del gruppo.

Nell'arco della produzione letteraria del Lorenzini emerge qualcosa del suo spirito popolare, ma resta lontano dalle sue abitudini e concezioni estetiche: un conflitto che si sarebbe risolto solo nella maturità.

«C'era una volta … – Un re! – diranno subito i miei piccoli lettori. No ragazzi, avete sbagliato. C'era una volta un pezzo di legno»: l'introduzione al Pinocchio è già un programma. «Pi-pi-pi … zum-zum-zum-zum. Si fermò e stette in ascolto». Con gli starnuti di Mangiafoco, la cui intensità esprime la commozione, sono le pennellate a macchia della raffigurazione letteraria, pennellate che ritroviamo nell'intero racconto. L'ambiente dove si muove l'eroe-burattino è quello dei campi coltivati, dei filari carichi di uva, delle grandi querce dei boschi, delle fosse e dei capanni fino al bindolo di Giangio: potrebbero essere i titoli di tavolette dipinte! È questo l'ambiente e la dimensione che caratterizzò l'opera dei Macchiaioli.

Carlo Lorenzini, scrittore macchiaiolo, è stato l'unica voce letteraria di questo movimento artistico (per la prima volta il racconto di Pinocchio è stato "inserito" nella corrente figurativa dei Macchiaioli oltre dieci anni fa dallo scrivente, in *Etruria OnLine*, n. 8, novembre 2000, p. 33).

Alcune acqueforti di Telemaco Signorini, realizzate nel 1874: vi sono raffigurati scorci del centro storico di Firenze, con i suoi angusti e oscuri vicoli, illuminati appieno solo con la luce meridiana estiva.

IL QUARTIERE DI CARLO LORENZINI: SAN LORENZO

Alessandro Del Meglio

Carlo Lorenzini è ormai conosciuto come Carlo Collodi dallo pseudonimo che si scelse iniziando la carriera di giornalista; fu un riferimento alla frazione di Pescia, da dove proveniva sua madre, figlia del fattore della Villa Garzoni, ubicata proprio in quella località.

Cosa lo spinse effettivamente nella scelta di questo nome non lo sappiamo, ma è probabile si tratti di una dedica, di un segno di affetto verso sua madre che tanto aveva sofferto nel crescerlo, date le condizioni disagiate nelle quali si ritrovò, dopo che ebbe seguito il marito Domenico a Firenze: benché istruita e proveniente da una famiglia allora benestante, dovette accettare di condurre una vita di stenti. Quindi, lo pseudonimo forse fu un consapevole segno di rivalsa di Carlo sui primi anni della sua vita condotti a Firenze, fra mille difficoltà, con genitori "sottomessi" a una potente famiglia; forse non voleva rendere palese la provenienza da una famiglia di poveri domestici, ma rifarsi alla parte più presentabile, più "nobile", quale era la famiglia materna. In questo modo, come in una commedia di teatro, con l'omicidio-rimozione di suo padre "Stenterello", rimuove superficialmente le sofferenze patite.

«Vi sono le bugie che hanno le gambe corte, e le bugie che hanno il naso lungo: la tua per l'appunto è di quelle che hanno il naso lungo … » … Carlo è fiorentino di nascita e crebbe intellettualmente in questa città, nonostante le speculazioni commerciali che sono state fatte e tuttora si attuano sul suo personaggio più famoso, cui ha dato vita: Pinocchio.

Carlo Lorenzini nacque in una parte della città, che fin dai tempi più antichi aveva rappresentato il cuore pulsante di Firenze. In epoca romana, fuori dalla porta nord detta ad Aquilonem, posta sul cardo che conduceva verso gli Appennini, si era venuto a costituire un borgo con predominanti funzioni di mercato (ancor oggi, in qualche modo, sussistenti): brulicavano i mercanti intenti giornalmente alla gestione indaffarata del commercio e numerosi erano i depositi di mercanzie d'ogni sorta. Nei secoli la vocazione di questa zona si è perpetuata fino ai giorni nostri attraverso il Medioevo, che vide la costruzione della basilica di San Lorenzo, ed il Rinascimento, con quella di Palazzo Medici.

Il quartiere è dislocato nell'antica trama urbana di Firenze in un quadrilatero, i cui vertici possono essere individuati facilmente in Santa Maria Novella, Duomo, San Marco e Fortezza da Basso. Come già accennato da chi mi ha preceduto, Carlo Lorenzini nacque in una casupola (di proprietà, assieme a scuderie e fondaci circostanti il palazzo, della famiglia Ginori) posta in Via Taddea, poco più di un vicolo fra Via de' Ginori e Via Panicale (Panicaja), un proseguimento di Via del Bisogno: mi sento di ribadirlo per la mia diretta conoscenza di queste insule urbane e delle viuzze che ancora le separano, in virtù del fatto di appartenere al medesimo quartiere del Lorenzini, ricco di una storia millenaria.

L'intero quartiere era costellato di abitazioni povere e disagiate, nelle quali per recarsi agli ultimi piani bisognava non salire, bensì "arrampicarsi" su ripide e anguste scale, ove a stento si riusciva a passare. I vicoli erano maleodoranti ed umidi, come attestato dalla loro toponomastica dell'epoca, in parte abbattuti nel 1870 per la costruzione del Mercato Centrale: Via Troiaja, la già citata Via del Bisogno, Via Romita. L'unico a portare un nome luminoso era Via Chiara (già Marmerucole, nome che deriva da "marruca", arbusto spinoso e selvatico), posta alle spalle dell'abitazione dei Lorenzini ed oggi prospiciente alla Piazza del Mercato, ove ebbe i natali un altro grandissimo fiorentino: Benvenuto Cellini.

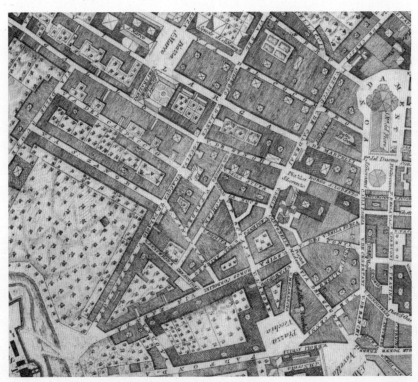

Il quartiere di San Lorenzo in uno spezzone di una pianta di Firenze risalente al 1837

Ad ogni buon conto, il quartiere era frequentatissimo e pullulante di vita e vi trovavano spazio numerose botteghe di umili artigiani, quali falegnami, fabbri, verdurai, friggitori. È facile immaginare quanto potesse esser fastidioso il rumore continuo e diffuso, soprattutto le grida dei frequentatori delle bettole e delle locande equivoche e quello dovuto al traino dei "barrocci" atti al trasporto delle merci per i fondaci e alla fornitura di legna e carbone per i palazzi aristocratici posti attorno alla Basilica, in Via de' Ginori, Via Larga (oggi Cavour) e Via della Stufa. E non si dimentichi la presenza in loco della Manifattura Tabacchi, istituita nel 1810, ove, per produrre il famoso sigaro "toscano", si spandeva sempre ed ovunque l'odore acre delle foglie di tabacco poste a fermentare nelle vasche.

Il Lorenzini fu battezzato nella stessa Basilica di San Lorenzo – con i nomi di Carlo, Lorenzo, Filippo, Giovanni – tenuto al fonte battesimale dalla marchesa Marianna Ginori. A Carlo seguirono, con cadenza nemmeno biennale, altri figli: in tutto Angiolina, nell'arco di sedici anni, ne ebbe addirittura dieci! Di costoro, però, rimasero in vita solo cinque, uno stillicidio di tragedie familiari che ebbe luogo in un periodo difficile e triste, quando, forse a causa della tubercolosi, furono falcidiati gli altri cinque.

Durante i suoi anni di infanzia Carlo visse e giocò in quella casupola e in quei vicoli sporchi e malsani, infestati da topi ed insetti, quali blatte e grilli domestici (l'Acheta domestica e non il Gryllus campestris), abituali frequentatori dei luoghi umidi.

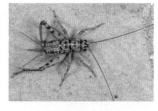

Il grillo, quindi, quale emblema di un palese degrado urbano, ebbe un proprio lascito nel subconscio di Carlo, tanto che ebbe il posto dovuto nel suo Pinocchio, sia come richiamo alla miseria sofferta da piccolo, sia come espressione tangibile dell'etica proletaria di allora, votata alla sopportazione "cristiana" degli insulti della vita. Pinocchio lo uccide, ma anche dopo morto il grillo tornerà a dettargli i suoi consigli, quasi a ribadire che gli insegnamenti imposti, fin dalla tenera età, rimarranno per sempre nella testa degli adulti. Con l'uccisione del grillo parlante Pinocchio rispecchia lo spirito ribelle del suo creatore e, nello stesso tempo, l'autore si riscatta dalla disagiata vita dell'infanzia, in una società nettamente divisa, in modo ancor più manifesto rispetto ad oggi, fra miseria e nobiltà, povertà e ricchezza.

Certamente i primi anni vissuti in Via Taddea e nei vicoli circostanti, sporchi e male illuminati (erano in uso i lampioni ad olio!), dovettero incidere moltissimo sull'animo di Carlo, così da infondere nel suo intimo il tanto accarezzato anelito di libertà, inseguito per tutta la vita in ogni modo, sia con le armi sia con la penna.

Sicuramente nella sua formazione caratteriale incisero anche i ricordi della piccola casa affollata di bambini, delle morti di molti fratellini, del chiasso delle bettole fino a tarda notte, delle risse per strada fra ubriachi e malviventi, dei frequenti litigi fra moglie e marito. E gli sarà di certo rimasta impressa la condizione servile in casa Ginori e in altri palazzi nobiliari con tante livree diverse a rappresentare l'appartenenza, spesso gualcite, forse l'unico abito da poter indossare: tanti "stenterelli" indaffarati a fare la spesa e le faccende domestiche, non di rado intenti a malignare sui padroni.

Di gendarmi neppure l'ombra. Quando si accendeva una lite o era compiuto un atto criminoso, intervenivano se richiamati, ma essendo adusi ad una cieca obbedienza, accadeva spesso che arrestassero un innocente al posto del colpevole, come succede a Pinocchio nella sua storia.

I vicoli, che s'incuneavano nel quartiere di San Lorenzo, riecheggiavano quanto ebbe modo di annotare Leopardi durante il suo soggiorno a Firenze ... «questi viottoli che si chiamano strade mi affogano, questo sudiciume universale mi ammorba»: questa trama urbana, assieme alle persone che ebbe modo di frequentare da piccolo, influì sulla formazione psicologica del Lorenzini nella sua infanzia. Da qui le oggettiva-

*Stenterello è l'unica maschera
del Carnevale e del Teatro fiorentino.
Fu ideata dal brillante commediografo fiorentino
Luigi Del Buono (1751-1832),
dall'aspetto simile al suo personaggio:
magro, sparuto, gracilissimo,
come colui «che pare cresciuto a stento».
Giunse all'apice del successo fondendo
in un'unica figura tutti i suoi personaggi,
che il popolo chiamò scherzosamente "Stenterello".
E tutti gli Stenterelli successivi furono sempre
mingherlini come era stato lo stesso Del Buono.*

zioni espresse nel suo lavoro, quali, oltre al grillo parlante, la fata turchina, miscela fra la madre e la madrina Marianna Garzoni, che lo aveva
preso a benvolere, essendo il primo figlio della sua fida amica e inser-
viente Angiolina, ma anche confidente perché istruita, che aveva seguito
la nobildonna dopo che questa si era sposata con Lorenzo Ginori. Fra
gli altri personaggi, in qualche modo appartenuti al vissuto di Lorenzini,
si possono annoverare le squallide figure del gatto e la volpe, a rappresentare i loschi individui che sicuramente si aggiravano e si annidavano
nei recessi di quel quartiere degradato.

L'Osteria del Gambero Rosso, seppur individuata effettivamente
nella campagna a monte di Calenzano, richiama alla mente le numerose
bettole del centro di Firenze, frequentate in gran parte da perditempo e
malavitosi. Il pescecane è, forse, la proiezione della famiglia Ginori, che
aveva "ingoiato" la flebile figura di suo padre Domenico-Geppetto: la
miseria ben può essere rappresentata dal tozzo di pane nella bottega del
falegname, così come la pera raccattata forse nelle cucine Ginori. Anche
la vendita dell'"abbecedario" può alludere benissimo alla rinuncia al seminario di Colle Val d'Elsa, dove sempre i marchesi Ginori lo avevano
inviato per gli studi.

La vita di Carlo Lorenzini ebbe, quindi, sempre il suo baricentro in
San Lorenzo, fatta eccezione per i cinque anni trascorsi a Colle.

Tornato a Firenze, riprese ad abitare con i genitori e lo zio Giuseppe,
fratello di sua madre, che l'aveva seguita dopo che per un certo periodo
era rientrata alla casa natale a Collodi, per liberarsi in qualche modo
dalla miseria e dalle malattie che stavano conducendo alla morte le sue

Piazza Maria Antonia attorno al 1860

creature. Suo zio, pittore, guadagnava bene e per questo lui e sua sorella avevano preso in affitto un appartamento all'angolo fra Via Sant'Apollonia (oggi XXVII Aprile) e Piazza di Barbano (oggi Indipendenza, già Maria Antonia), sulla sinistra procedendo verso la Fortezza da Basso. Per Carlo si trattò di nuova vita: questa piazza con la sua "vastità" erbosa rappresentò per lui il Paese di Bengodi, l'essenza stessa della libertà, una sorta di giardino privato, ove poter passare ogni ora del giorno assieme a brigate di ragazzi che facevano capriole, giocavano a rincorrersi o si dedicavano a partite di tamburello, per le quali il giovane Lorenzini aveva una grande passione.

Per volontà dello zio frequentò presso gli Scolopi un corso di retorica e filosofia, ma poi, finiti gli studi superiori, non volle iscriversi all'Università, forse anche per non gravare oltre sulle spalle del congiunto: scelse la via dell'indipendenza! Qualche tempo più tardi fu assunto

come stipendiato nella libreria Piatti in Via Vacchereccia, a due passi da Palazzo Vecchio, ove ebbe una certa frequentazione con letterati di estrazione mazziniana, che lo convinsero nel 1848, assieme a suo fratello Paolo, a partire per combattere gli austriaci a Curtatone e Montanara. La povera madre Angiolina ne fu disperata, se si considera che, oltre alla partenza per la guerra di suoi due figli maschi, anche suo marito Domenico, malato, se n'era andato dal fratello a Cortona per tentare di rimettersi in salute, ove però morì nel settembre dello stesso anno, un mese dopo il ritorno dei figli.

Carlo nel 1850 prese a fare il giornalista e i proventi dei suoi articoli, ben remunerati, gli aprirono le porte ad una vita sicuramente più agiata. Frequentò il Caffè Michelangelo, appena aperto in Via Larga (oggi Via Cavour), ritrovo di letterati ed artisti richiamati a Firenze, da tutta la penisola, per la politica liberale di Leopoldo II. Intanto suo fratello Paolo, nominato direttore della fabbrica di porcellane di Doccia, avviò al Collegio delle Poverine (l'accademia militare granducale) il fratello minore Ippolito e decise di cambiare alloggio, per trasferirsi con la mamma, lo zio Giuseppe e Carlo, in un appartamento al primo piano del fiorentino Palazzo Ginori in Via Rondinelli.

Avvenne però che Paolo prese moglie e a quel punto, nonostante la casa fosse molto grande, Carlo sentì il bisogno di potersi isolare quando aveva da scrivere. Se ne andò e fu ospitato dal prete Zipoli, docente di latino e greco al Liceo di Via Martelli, residente in Via degli Alfani; vi rimase per diversi anni e grande fu la loro amicizia, tanto che non era raro vederli in compagnia al caffè o a teatro, in quanto ambedue amanti della musica, o dal "Paoli", trattoria ancora oggi esistente in Via dei Tavolini davanti a Orsanmichele, a mangiare il caviale con i fagioli o lo stufatino con le fette, trattenendovisi, da buontemponi, fino a notte inoltrata. Strana coppia di amici! Un mangiapreti di piglio militaresco, con gli stivali e l'aria scanzonata, e un prete vestito ancora da vecchio abate, con i calzoni al ginocchio, la redingote, il tricorno e il bastone da passeggio.

Gli anni fra il 1854 e il 1859, quelli che condussero all'epilogo del governo granducale, furono quelli tra i più scapigliati e sbrigliati dell'esistenza del Lorenzini. Nel 1855 rilevò da Antonio Lanari, impresario teatrale, il giornale *Lo Scaramuccia*, foglio di teatro sul quale intendeva condurre critiche e polemiche battagliere. Stabilita la direzione del giornale in due stanze a terreno al civico 5 di Via del Melarancio (strada retrostante alla Basilica di San Lorenzo), la testata gli procurò l'amicizia, forse non proprio disinteressata, di molti grandi artisti e di molte donne, oltre all'ingresso gratuito in tutti i teatri di Firenze. Ma tale occupazione fu di breve durata.

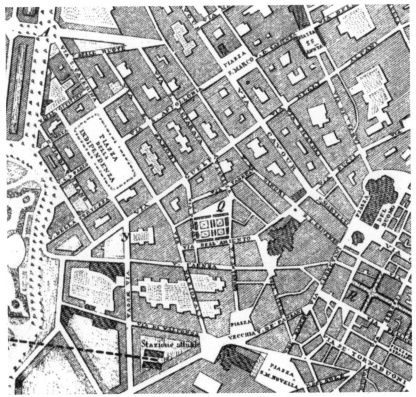

Il quartiere di San Lorenzo in uno spezzone di una pianta di Firenze risalente al 1865

Non si comprende perché, arrivato ad avere una vita agiata ed una discreta fama, abbia venduto il giornale e si sia recato in Piemonte per arruolarsi volontario nell'esercito, nelle cui file combatté in qualità di cavalleggero a Custoza nel 1859. Ritornò a Firenze nel 1860 e fu accolto da sua madre nelle tre stanze, che il figlio Paolo le aveva destinato, nel grande appartamento, questa volta al secondo piano, di Via Rondinelli.

Carlo in quei tempi, con grande dispiacere dei suoi familiari, iniziò una vita sregolata, concedendosi troppo al bere e al gioco d'azzardo, contraendo cospicui indebitamenti. Tuttavia, la sua vita ebbe una svolta allorché suo fratello gli procurò un posto come impiegato in Prefettura.

Nel 1890 morì per un fulminante aneurisma al rientro a casa in Via Rondinelli. Dunque, Carlo Lorenzini più che "Collodi" si sarebbe dovuto chiamare "di Firenze", dal momento che tutta la sua esistenza, se si eccettuano le brevi parentesi del collegio a Colle e del servizio militare, fu incentrata nella "città del fiore" , in particolare nel quartiere di San Lorenzo, cui era morbosamente affezionato: i suoi spostamenti più importanti, come abbiamo potuto vedere, furono Via Taddea, Via Sant'Apollonia - Piazza di Barbano, Via Borgo San Lorenzo, Via Rondinelli, Via Alfani, Via del Melarancio, non allontanandosi quasi mai da questa cerchia urbana.

Anche il suo animo ironico è tipicamente fiorentino, come ben si può evincere dal testo di una sua preghiera che recitava spesso e che rappresenta la summa del suo modo di essere:

> Signore, preservami da un ricco rovinato, da un povero arricchito, da un usuraio, dagli equivoci dei farmacisti, da coloro che ascoltano la Messa tutti i giorni, e da quelli che giurano sulla loro coscienza e sul loro onore.

A seguito del risanamento effettuato dall'urbanista Giuseppe Poggi, compiuto nella seconda metà dell'Ottocento allo scopo precipuo di conferire a Firenze l'aspetto di una grande città europea, nell'area occupata fino al 1870 dai "Camaldoli di San Lorenzo", quartieri antichissimi, ma come abbiamo detto malsani, ubicati nel quadrilatero tra Via dell'Ariento, Via Panicale, Via Chiara e Via Sant'Antonino, fu costruito il Mercato Centrale. Per decisione di un'apposita commissione nominata nel 1869, da subito si lavorò strenuamente di piccone, abbattendo una schiera di case per ciascuna strada, in modo che fra le quattro schiere superstiti si aprisse un'ampia piazza destinata ad ospitare un mercato al coperto, una specie di grande capannone costruito con i materiali più innovativi dell'epoca: ghisa, ferro e vetro. I lavori iniziarono nel 1870 e si conclusero nel 1874 con un evento straordinario: l'Esposizione Internazionale d'Orticoltura fu ospitata nel nuovo edificio. Il mercato vero e proprio sarebbe entrato in funzione solo due anni più tardi.

Il "nuovo" Mercato Centrale fiorentino, appena realizzato

La ridefinizione del quartiere non sollevò troppe critiche, al contrario di quanto avvenuto per Piazza della Repubblica. Nessuno rimpianse le degradate schiere di casupole abbattute, mentre le quinte superstiti di Via Sant'Antonino e Via Panicale venivano nobilitate dall'inserimento di portici intonati all'architettura del Mengoni, artefice del progetto del mercato, e anch'essi occupati da negozi e banchi vendita che sussistono tutt'oggi.

Lorenzini fece in tempo a vedere queste trasformazioni, ma non sappiamo quali di queste incontrarono il suo favore. Un dato è certo: il nuovo mercato divenne centro di aggregazione e mutò l'area in una specie di teatro spontaneo quotidiano, pulsante di vita, con qualche riferimento (chissà!) ad un "paese dei balocchi".

Carlo Lorenzini riposa nel cimitero di San Miniato e da quell'altura ha la possibilità di "guardare" la sua Firenze e non la Villa Garzoni di Collodi. Nonostante tutto la città si è evoluta ed è oggi invasa da frotte di turisti, che visitano sì i quartieri medicei di San Lorenzo, ma non sanno – non essendoci traccia di cartelli indicatori – che in quelle stradine, all'ombra di Palazzo Medici Riccardi e della Basilica di San Lorenzo, è nato e cresciuto il creatore dell'universale ed immortale Pinocchio, che tanto ha divertito e fatto sognare.

È venuto il momento di restituire Pinocchio a Firenze e non farlo più rimanere in esilio, di restituirgli il vicolo dove è nato, vicino al gatto e alla volpe ma anche alla bella fatina dai capelli turchini.

L'INDISCIPLINATO CAVALIERE

Marco Conti

Aggiungerò in seguito qualche altra osservazione in proposito, ora mi limito ad osservare, caduto il fascismo, e proclamata la Repubblica, furono cambiati nomi a piazze e strade, ora intitolate a sconosciuti, divenuti illustri ... per reazione, ma nessuno ha pensato a dare ad una via fiorentina il nome del Lorenzini, repubblicano mazziniano, soldato dell'indipendenza, e legittimo orgoglio di Firenze. Voglio augurarmi che queste mie righe non siano state scritte invano, e che qualcuno finisca con l'interessarsi sul serio per richiamare alla mente dei reggitori del Comune di Firenze il nome di Carlo Lorenzini ingiustamente messo nel dimenticatoio.

Con questa nota amara, Paolo Lorenzini (1876-1958) conclude una pubblicazione riguardante ciò che ricorda dello zio Carlo; quando morì Paolo aveva sei anni, e tutto ciò che venne a sapere lo sentì raccontare in famiglia. La pubblicazione dalla quale sono tratti gli aspetti più caratteristici di Carlo Lorenzini è intitolata *Collodi e Pinocchio*, nella prima edizione del 1954. Paolo, nella sua attività di scrittore per ragazzi, si firmava «Collodi Nipote», figlio di Ippolito ultimo dei nati da Domenico Lorenzini e Angiolina Orzali. Paolo nipote porta lo stesso nome di un altro zio, Paolo direttore della manifattura Ginori di Doccia. Lo zio Carlo chiamava il nipote Paolino.

Carlo, come si deduce dal suo Pinocchio, amava stare fra la gente comune, fu restìo all'etichetta, alla boria ed ai titoli. «Nel 1878 e proprio il 9 aprile gli fecero il brutto scherzo di nominarlo cavaliere per motivi d'ufficio»: Carlo fu intenzionato a respingere la nomina, ma decisamente si oppose il fratello Paolo già nominato commendatore. Il cavalierato gli era insopportabile tanto che non vedeva l'ora di andare in pensione per uscire dall'ambiente impiegatizio della prefettura di Firenze: solo così si sarebbe sottratto ad essere appellato con quel titolo.

A coloro che gli esprimevano la soddisfazione di essere giunto alla pensione rispondeva: «Potrà essere un bel giorno per chi ha sgobbato per tanti anni, ma non per me, che non ho mai fatto nulla, è un giorno come gli altri».

– Pietà, signor Mangiafoco!
– Qui non ci sono signori! – replicò duramente il burattinaio.
– Pietà, signor cavaliere! ...

– Qui non ci sono cavalieri!
– Pietà, signor commendatore!
– Qui non ci sono commendatori!
– Pietà, eccellenza!
A sentirsi chiamare eccellenza il burattinaio fece subito il bocchino tondo.

Una nota importante nella vita di Carlo fu l'amicizia con il prete Zi-poli, con il quale andò a convivere in un appartamento in Via degli Al-fani. Questa nuova famiglia elettiva si componeva dello Zipoli, la perpetua Agatina, Carlo, che successivamente accolse il fratello Ippolito, e la cagna Annunziata.

> Carlo e lo Zipoli rimasero insieme per anni. Non era raro vederli in com-pagnia, anche al caffè, al teatro e dopo dal Paoli a mangiare il caviale con i fagioli e lo stufatino con le fette, trattenendosi fino alle ore piccine.

Un giorno Carlo, passando insieme allo Zipoli «dinanzi alla botte-ghina di un famoso buzzurro che stava scodellando una enorme pattona di farina dolce», domandò al prete se ne volesse mangiare un ventino; lo Zipoli assentì, la fetta pesava circa un chilo ... «La faresti una replica? Chiese Carlo – Eccome! volentieri! – ». Dopo la replica lo Zipoli ordinò cinquanta centesimi di pattona da portare all'Agatina ed alla cagna An-nunziata. Quando la cagna voleva uscire, svelta andava in strada; Carlo di volata scendeva le scale e dalla strada, ad alta voce, chiamava l'Aga-tina che dalla finestra gli gettasse il collare dell'Annunziata, ironizzando così sulla prestigiosa onorificenza sabauda.

La convivenza con lo Zipoli fu una parentesi e Carlo, che sempre aveva vissuto in famiglia, rientrò. Il fatto che non si volesse sposare de-stava preoccupazione alla madre ed a Luisa, sua cognata, moglie di Paolo, che gli disse: «Era l'ora che la finisse di fare lo scapato, e pensasse a formarsi una posizione solida come aveva fatto suo fratello Paolo». «Sposarmi io? – le rispose – non farei mai una simile bestialità».

Passava Carlo un periodo difficile, la famiglia intuiva qualche diffi-coltà supponendo anche un dispiacere sentimentale, ma Carlo non si esprimeva. «Non era più del suo umore di una volta, appariva chiuso, taciturno, malinconico. Aveva momenti nei quali sembrava colto da una mania di persecuzione e teneva sempre il suo revolver di ordinanza a portata di mano: così armato faceva il giro della casa prima di andare a coricarsi e scrutava in ogni possibile nascondiglio quasi temesse di es-sere aggredito improvvisamente da qualche nemico.

Iniziò a bere ed a giocare, rincasava tardi ed a volte non era presente alla cena. Accusò anche disturbi fisici, causati anche dal troppo fumare; fumava il sigaro toscano, una brutta abitudine che contrariava Paolo, fumatore di avana, il quale non sopportava l'odore dei toscani. Quando

Carlo fumava in casa, infatti, Luisa chiamava immediatamente le cameriere per fare aprire le finestre.

> Da quel giorno la Luisa si impegnò in un'accurata lotta di astuzia e di furberia: Carlo non teneva più il fiasco sul comodino, ma nascondeva quello e le bottiglie nei luoghi più impensati: sotto il letto, dietro i molti libri che aveva in due grandi librerie, nel cestino della carta straccia, sotto mucchi di giornali, tra la biancheria nel cassettone. Ma la Luisa aiutata dall'Angiolina, riusciva a trovarlo e sequestrarlo.

Con il fratello Paolo, Carlo non andava tanto d'accordo. Quasi tutti gli anni Paolo prendeva in affitto per il periodo estivo una villa a Castello, di proprietà Rapi, detta del "Bel Riposo". A questa villeggiatura Paolo invitava la mamma, ma ella accettava solo a condizione che anche Carlo accettasse l'invito, che assentiva solo per far piacere alla mamma.

Il soggiorno alla villa di Castello si limitava ai mesi di settembre e ottobre, dopo che Paolo e Luisa erano stati al mare. Racconta il nipote Paolo:

> Lo zio Carlo non ci stava di continuo, perché si annoiava, ma per accontentar la mamma, che gli raccomandava di riposarsi un poco dal lavoro, qualche settimana ce la passava, andando su e giù da Firenze col tranvai a cavalli che lo scendeva dinanzi alla porta della villa.

Nonostante i brevi soggiorni in villa, i rapporti tra i due fratelli restavano esasperati; a questi si aggiungevano le ossessive premure della mamma e quelle di Luisa, cognata ficcanaso e – come racconta il nipote – piuttosto ignorante e maleducata.

Nei ricordi del nipote è sottolineato un diverbio fra i due fratelli, causato da un ritardo di Paolo all'ora di pranzo. La cosa esasperò Carlo che, peraltro, quel pomeriggio aveva deciso di recarsi a Firenze. Paolo, che era stato trattenuto nella manifattura dal marchese Ginori e dal marchese Torrigiani, si scusò con i familiari. Ecco alcune frasi del bisticcio:

> – Padroni un corno! Vuoi fatti servitore umilissimo? E dov'è la tua dignità di uomo?
> – Ma Carlo, pensa a che cosa hanno fatto i Ginori per noi.
> Lui batte il pugno sulla tavola, poi contenendosi:
> – Per noi?! Di me volevano fare un prete. Bel servizio, perdinci! Per fortuna sono riuscito da me a far capire loro che volevo essere libero di far di me quel che volevo.

La circostanza mette in luce il carattere di Carlo, matrice de "La storia di un burattino", capolavoro dell'ingiustizia sociale.

> Lo zio Carlo da un poco si agitava e si era fatto rosso in viso; in un impeto di collera del quale non lo credevo capace, balzò in piedi e gridò: – Che se ne vadano al diavolo tutti i padroni e tutta la nobiltà!

A proposito della nobiltà, Carlo la pensava così:

Arrampicatevi su un albero genealogico di una famiglia patrizia fiorentina, e arrivati in vetta all'albero ci troverete quasi sempre una matassina
di seta, o un ciuffetto di lana o un frammento di cambiale firmata a favore
di qualche re o Repubblica a corto di quattrini.

Con gli anni Carlo «precocemente calvo, per nascondere la lustra cer-
vice che i capelli rimastigli sulle tempie e sulla nuca non riuscivano a
coprire nonostante sapienti pettinature, aveva preso l'abitudine di portare sempre il cappello in testa. Si diceva per burla che doveva tenerlo
anche a letto. In realtà lo portava anche in casa, nel suo studio, quando
non lo sostituiva con una berretta nera che gli aveva fatta la mamma. In
ufficio non si scopriva mai dinanzi a nessuno e diceva, da buon repubblicano, che non si sarebbe levato il cappello nemmeno dinanzi al re».
Carlo il cappello non se lo toglieva nemmeno in cucina quando si di-
lettava a preparare pranzi e cene per gli amici più cari. Le poche volte
che si recava in chiesa, tanto era il disagio di stare a capo scoperto che
non riusciva mai ad arrivare al termine della funzione.

Il cappello per Collodi, più che un indumento di prima necessità, era un
barometro che segnava la pressione del suo umore. Quando era burrasca
glielo vedevi tirato sugli occhi, quando si rasserenava, se lo buttava al-
l'indietro sulla nuca, quando gli si vedeva sulle ventitré si era certi che
era in vena di celiare.

Quando scriveva e non gli venivano le frasi giuste, alzava la mano e
colpiva il cappello con una pacchina.
Paolo e Luisa alla villa a Castello «vi erano andati anche in quel fu-
nesto 1890, e Carlo se ne era rimasto solo a Firenze, felicissimo di poter
trascorrere quasi due mesi a modo suo. Forse in quei giorni abusò delle
sue forze provocando quel malore che lo colse e lo uccise». «Alla sua
morte il fratello Paolo rinvenendo le carte che aveva lasciato trovò una
quantità di lettere che aveva gelosamente conservate».
Paolo incaricò il Rigutini, vecchio amico di Carlo e grande compagno
di bevute, di visionare gli scritti. Furono salvati solo due racconti:

Tutto il rimanente, per il buon nome del Collodi scrittore, era meglio di-
struggerlo, e lo zio Paolo lasciò che andasse a finire in minutissimi pezzi
nel cestino tutto quello che il Rigutini aveva giudicato come scarto. Dio
lo perdoni del male commesso!

L'EMIGRANTE PINOCCHIO

Marco Conti

Il grande successo di Pinocchio è dovuto a ciò che il lettore, nel racconto, ritrova della sua incomprensibile o inconfessabile natura. In *Pinocchio* ce n'è per tutti: è questa la chiave della sua immortale popolarità.

Considerando il racconto autobiografico del Lorenzini, viene da pensare come l'interiorità di un uomo possa racchiudere così tanti aspetti e sfaccettature ... evidentemente è proprio così!

Carlo Lorenzini scrive il suo racconto in età matura, quando, sentendosi intimamente fallito nelle sue aspirazioni giornalistiche e letterarie, butta fuori tutto se stesso con la rabbia di aver vissuto in una società profondamente ingiusta; non ne fa un'analisi politica, ma fra le righe del suo scorrevole narrare inquadra l'ingiustizia, con grazia e naturalezza, come la cosa più naturale del mondo.

Con questa breve premessa vorrei introdurre alcuni documenti giornalisti dell'anteguerra, dove sono espresse molte perplessità sul fatto che Pinocchio abbia varcato l'Atlantico e che, certamente, tornerà a casa.

Da alcune riviste specializzate di ambito cinematografico degli anni Trenta si apprende della produzione tutta italiana di un cartone animato

Gli studi C.A.I.R. nel 1935

che titola proprio *Le avventure di Pinocchio*, per il quale riportiamo l'inserzione pubblicitaria apparsa nel mese di dicembre 1935 sull'*Eco del Cinema*, cui fa seguito l'anno successivo (settembre 1936) una diffida della casa cinematografica produttrice del film – C.A.I.R. – a trattare l'argomento.

In questo contesto non potevamo esimerci dalla citazione hollywoodiana, con un articolo pubblicato su *Cinema* il 10 maggio 1939 in merito alla produzione della Walt Disney. Il risultato del cartone animato disneyano lo conosciamo tutti, anche troppo; un successo che ha messo in ombra larga parte della trama originale: un Pinocchio "arrotondato", ben vestito e privo delle spigolosità tipiche dell'affamato, con le mani ed i piedi di Topolino, che va incontro alle sue avventure in un ambiente tirolese. Come nel mito, Pinocchio, partito povero per l'America, fa ritorno ricco in patria: la solita americanata, edonismo e basta!

Un'immagine tratta dal cartone animato di Pinocchio

ECO DEL CINEMA

dicembre 1935

ECO DEL CINEMA

settembre 1936

TIMORI
PER PINOCCHIO

CHE AVVERRÀ DI PINOCCHIO NEI CARTONI DI WALT DISNEY?

NOTIZIE da Hollywood informano che Walt Disney e il suo stato maggiore hanno trovato di loro massimo gradimento la trama e le vicende di Pinocchio. Il burattino di Collodi si sta dunque preparando a fare, come Biancaneve, il suo ingresso nel mondo cinematografico.

Quando qualcuno ti ripete in un orecchio un nome a te caro, fa sempre cosa grata; così la notizia della promozione di Pinocchio a divo dello schermo non può essere accolta che con soddisfazione. Accanto a questa soddisfazione v'è una gioia istintiva, un certo male nostalgico comune a tutti gli uomini, quando venga loro richiamata a mente la migliore infanzia, quella delle favole, dei racconti fantastici e delle meravigliose avventure. E fu proprio questo, a mio avviso, il primo motivo che dopo aver richiamato tanta gente a veder sullo schermo la notissima fiaba dei fratelli Grimm, ne decretò il trionfo unanime e incondizionato.

Tuttavia, quando qualcuno si provò, dopo il primo momento d'entusiasmo, a far passare la fiaba narrata nel linguaggio cinematografico dal potere del sentimento a quello della riflessione, dovette notar con una certa amarezza che Biancaneve indossava per l'occasione vesti non troppo sue, non del tutto nuove, non troppo geniali.

Se Biancaneve fu un personaggio caro alla nostra infanzia, Pinocchio per tantissime e ben definite ragioni, tiene il primo posto nel novero di questi affetti. Troppe cose ci legano a lui; una familiare intimità; una cameratesca compagnia nei banchi della scuola; un fondo di umana natura che, pur chiusa nel corpo di legno, fa l'animo di Pinocchio simile a quello di ogni ragazzo; e infine un comune paese d'origine.

Tutti questi motivi mi sembrano sufficienti a destare in noi il più vivo interesse per quella che sarà la sorte del burattino di Collodi, già prima che venga lanciato dai troppo incauti americani in un'avventura cinematografica. E prima d'ogni altra cosa vorremmo renderci conto dei criteri che guidano Walt Disney nella scelta dei temi da affrontare, se, a un esame anche sommario, lo spirito della favola dei Grimm, la prima opera di grande impegno tentata dal creatore di Topolino, è così strano, direi all'altro polo, rispetto a quello del Pinocchio.

Da questa incomprensibile disparità di fonti quasi siamo indotti a pensare che ai comuni criteri d'ispirazione che informano il lavoro di ogni artista, Disney preferisca ragioni di opportunità, derivanti soprattutto dalla vasta notorietà dei racconti ch'egli si pone a narrare nel linguaggio cinematografico. È quello dell'americano come un sicuro partire da una cosa già passata attraverso il generale consenso, per presentarla nelle sue colorate invenzioni, anch'esse di sicuro e provato successo. Ma questa volta, ripeto, la cosa c'interessa troppo da vicino per applaudire con lo stesso slancio sentimentale e istintivo con cui gridammo «evviva» al primo apparire di Biancaneve.

La vecchia abitudine americana a travisare lo spirito delle cose, l'avventatezza per cui (esempio Cecil de Mille) i nostri costumi, le nostre virtù, e la nostra stessa storia subiscono le più caparbie e insensate trasformazioni, ora ci pongono in sospettoso timore per la sorte riservata a Pinocchio. Per questo motivo, uno studio del libro di Collodi ai fini di un adattamento cinematografico, noi lo vorremmo inteso, da coloro che sempre hanno dimostrato di darsene poca cura, come ricerca di valori morali e psicologici, prima che di quegli altri i quali riguardano la forma, l'architettura, il fantasioso e geniale svolgersi dei fatti che tanto impressionano la sensibilità dei fanciulli. È da tener presente che la storia del burattino di Collodi è, oltre che la divertente e bizzarra

Magazzino vestiario (Ufa)

CINEMA – maggio 1939, pp. 290-291

avventura d'un pezzo di legno vivente, anzitutto la storia di tutti i bimbi del mondo, agitati tra le lusinghe della poltroneria e del godimento inoperoso e infruttuoso, e le continue promesse d'un'infanzia obbediente, assennata e proficua.

È la debolezza dello spirito di fronte alle tentazioni, e la ribellione dello spirito stesso che riesce a trovare negli ammaestramenti della vita la forza di reagire e di farsi buono. In altri termini in Pinocchio è rappresentata nel modo più semplice, nel suo primo stadio, la immane lotta che per tutta l'intera vita dell'uomo si agiterà nel suo cuore: la lotta tra il bene e il male. Ma il dramma collodiano, in quanto si svolge per intero nell'animo del burattino, pur essendo quello comune a tutta l'umanità dubbiosa e incostante, è rappresentato sotto l'aspetto di dramma intimo e soggettivo.

Pinocchio, piccolo espiatore delle debolezze di ogni ragazzo, commette delle colpe, paga le sue mancanze, ricade più volte, espia ancora, e infine, a prezzo dei suoi molti sacrifizi, si conquista il premio di diventare un fanciullo di carne e ossa. E in questo suo graduale perfezionarsi è una continua coscienza di sè e delle sue azioni, anche quando egli fosse indotto ad agire per difetto di volontà.

Ora, espressi in forma visiva quale è quella del cinematografo, i valori essenziali del Pinocchio sono di difficile rappresentazione se non addirittura impossibili a rendersi. Abbiamo altre volte accennato alla necessità della maschera umana, la sola capace di esprimere moti di animo, dubbiosi pensieri, intime gioie e segrete sofferenze. Crediamo per nostra personale veduta che tali fatti siano altresì esprimibili in un miracolo di pittura o di disegno, il quale sostituisca l'elementare illustrativo disegno degli attuali cartoni animati. Ma è nei mezzi figurativi del Disney, intendo dire in quelli che tutt'oggi vengono da lui usati, una forza espressiva assolutamente inadatta a significare passioni vive e frementi, e particolari stati d'animo che quasi nessuna possibilità hanno di esprimersi in modo fisico.

Ora se nella fiaba di Biancaneve, coi suoi personaggi senza nessun carattere preciso, inconsci strumenti di segrete forze, non esisteva la necessità di un lavoro di natura psicologica e direi introspettiva, per il nostro Pinocchio la cosa muta aspetto.

Nella storia dei fratelli Grimm abbiamo veduto come la vicenda si determina interamente per il concorso d'un soprannaturale potere che punisce la Regina cattiva e salva miracolosamente Biancaneve dal di lei maleficio. Quindi nessuna attiva partecipazione dei personaggi al determinarsi degli avvenimenti. Il senso è tutto nell'azione; la stessa morale, che è quella di una vittoria del bene sul male, si ricava in conseguenza dello svolgersi fatale delle cose, indipendentemente da qualunque umana volontà.

Ma che avviene d'un Pinocchio cui si neghi tutta l'importanza della sua volontà nel suo dramma, per farne un burattino inconscio che vive soltanto le sue strabilianti avventure, come un automa? Basterà una semplice catena di fatti a dire tutto quanto è

nello spirito di quel capolavoro della nostra letteratura infantile? E che sarà allora delle ansie di Geppetto? E della subdola falsità dell'omino « untuoso come una palla di burro » che porterà i fanciulli al Paese dei Balocchi?

Gli episodi più belli, come quello in cui Pinocchio vende l'Abbecedario, e l'altro in cui prende la purga, e il dramma della metamorfosi in asino, non si svuoteranno inevitabilmente di senso, se non saranno addirittura omessi? La storia di Pinocchio col grillo parlante « dove si vede come i ragazzi cattivi hanno a noia di sentirsi correggere da chi ne sa più di loro », non avrà ragion d'essere; così tante altre cose belle e essenziali alla comprensione dello spirito collodiano dovranno lasciare il campo alla fantasia di Disney, persa in sollucchero dietro i grossi Picchi, gli uccelli che mangeranno il lungo naso del burattino, e dietro l'avventura della balena, presa non nella sua essenza di profonda umanità, ma nella piacevolezza della sua esteriore genialità. E a quante bizzarrie non può prestarsi, pur con digressioni che nulla abbiano a vedere col racconto, l'avventura del Paese dei Balocchi?

In questo la maestria di Walt Disney sarà cosa senza dubbio eccellente; ognuno di noi gli accorda fiducia, e c'è da aspettarsi di veder superato in estrosità lo stesso Collodi; ma alla resa dei conti chi sa che non risulti per noi un notevole disavanzo.

La notizia giunta da Hollywood che la trama è stata trovata ottima ci fa pensare che l'unica cosa a interessare gli americani siano gli spunti delle estrose avventure capaci di suggerire i più impensati voli alla loro fantasia. La nostra attesa si fa piena di ansie, nel timore che dal suo viaggio transoceanico ci venga restituito un Pinocchio burattino, solo burattino, senza il suo animo, che ne è la cosa più preziosa.

DOMENICO PURIFICATO

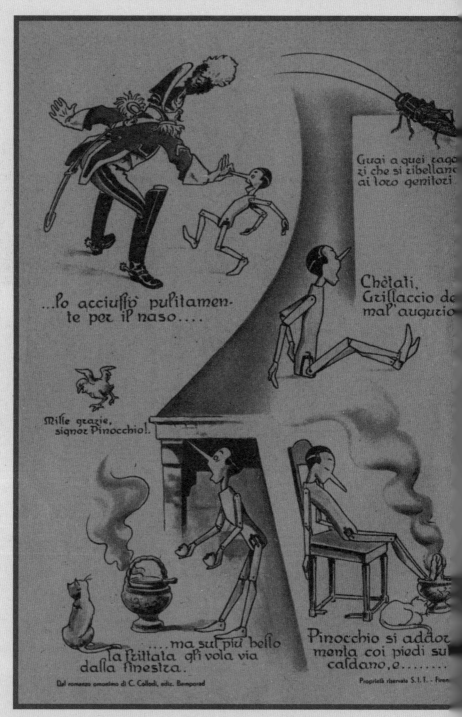

Copertina di un quaderno degli anni Trenta, usato in questo caso per appunti ... cinematografici.

Le avventure di Pinocchio

Maestro Ciliegia regala un pezzo di legno al suo amico Gepetto, il quale lo prende per fabbricarsi un burattino maraviglioso, che sappia ballare, tirar di scherma e fare salti mortali.

Cinéma

...ma più lo ritagliava, e più quel naso impertinente diventava lungo.

Quaderni di Cinéma

Cinéma

...senti arrivarsi un calcio sulla punta del naso.

...infilata la porta di casa, saltò nella strada...

Un burattino di nome Pinocchio, *lungometraggio di animazione prodotto in Italia nel 1971, è l'opera più nota del grande animatore Giuliano Cenci, per il quale si ispirò soprattutto ai modelli classici di Attilio Mussino, con l'intento principe di dar vita ad una versione del capolavoro di Lorenzini quanto più possibile vicino all'originale.*

Nella sua realizzazione Cenci profuse più di sette anni di lavoro, supportato da un'equipe specializzata di cinquanta fra artisti e tecnici.

Presentato in anteprima da Corrado Mantoni, il film trovò l'interessamento del produttore Goffredo Lombardo, direttore della Titanus, per il suo lancio a livello mondiale.

Al Pinocchio di Cenci presero parte attori del calibro di Renato Rascel, autore con Vito Tommaso della colonna sonora, e vi presero parte pure gli eredi di Carlo Lorenzini, i nipoti Mario e Antonio in qualità di consulenti, che reputarono questa versione animata l'unica ad aver rispecchiato perfettamente lo spirito dell'autore.

Pagina a cura di Aldo Fittante, docente di Diritto d'Autore presso l'Università degli Studi di Firenze

Questo particolare paesaggistico della Natività *di Alesso Baldovinetti (convento della SS. Annunziata a Firenze) ritrae con tutta probabilità la fertile piana, rigogliosa in ogni sua parte, tra Firenze e Prato: ciò che qui è scrutato sarà dopo quattro secoli il teatro d'azione di Pinocchio, fra le stesse case coloniche e gli stessi filari arborati.*
Oggi un parco tematico ad hoc nell'area di Castello è un traguardo più che auspicabile per rendere giusta memoria all'universale burattino.

IL PARCO DI PINOCCHIO
L'avventura della sostenibilità

Duccio Brunelli

Si estende nella piana fiorentina, dall'Osmannoro a Castello, dalle pendici di Monte Morello alle sponde dell'Arno, il mondo di Pinocchio. Le uniche, rare tracce rimaste a testimoniare che proprio qui Lorenzini condensò la ruralità toscana ottocentesca, sfondo delle avventure del suo burattino, sono poche parole incise sulle lapidi degli edifici antichi e le fragili memorie, già eredità dalle generazioni precedenti, degli abitanti più anziani.

I luoghi geografici, un tempo riconoscibili attraverso elementi fisici – un albero, una bottega artigiana, un gruppo di case in mezzo alla campagna – e che gli abitanti nominavano, creando una mappa del territorio attraverso punti di riferimento visibili, sono oggi diluiti in un'urbanizzazione continua, dove le uniche cesure sono rappresentate da vie di scorrimento veloce, quali l'autostrada, la ferrovia, l'aeroporto. I luoghi di Pinocchio, oggi così difficili da rintracciare, sono senz'altro la testimonianza di un un'epoca di antropizzazione rarefatta, come lo era ancora il secondo Ottocento.

È in quest'ottica che la creazione di un parco tematico su Pinocchio diventa un'esperienza evocativa, un percorso di ricerca e di stimolo all'immaginazione, specialmente se per la sua collocazione verrà scelta l'area della piana fra Arno e Bisenzio, luogo di delicati equilibri e grandi interessi.

A differenza dai parchi tematici esistenti nel mondo, ubicati in grandi aree esclusivamente dedicate a questo genere di attrazione (è il caso di Orlando, in Florida, che ospita Walt Disney World, Universal Studios con il nuovissimo parco Harry Potter, Island to Adventure, Sea World, solo per citare i più conosciuti), un Parco di Pinocchio ubicato nella piana fiorentina occidentale diventa un mezzo per preservare la memoria del territorio e per ricostruire legami con luoghi veramente esistiti ed oggi scomparsi, o semplicemente nascosti da nuove emergenze urbane.

I circa sette ettari ipotizzati per Pinocchio, personaggio toscano di fama universale, rappresentano, per Firenze ed i comuni della piana, un'opportunità ineguagliabile per l'introduzione di elementi di rilancio economico sostenibile, che allo stesso tempo preservino l'area e contribuiscano a diffondere i valori della sostenibilità stessa.

Le attrazioni del parco, da non intendersi tanto come montagne russe o ruote panoramiche, ma piuttosto come il reinserimento nell'area di attività tipiche dell'epoca di Pinocchio, visitabili e aperte alla didattica diffusa, possono così diventare un'occasione di divertimento e riflessione sull'equilibrio un tempo esistente fra territorio ed economia. Si pensi, ad esempio, ai falegnami: Mastro Ciliegia e Geppetto, oltre il loro pseudonimo letterario, rappresentano gli artigiani che, fino a non molti decenni fa, lavoravano fra Castello e Sesto Fiorentino a servizio delle grandi ville della zona, costituendo un paradigma di sostenibilità economica con indubbi risvolti ambientali; si tratta di quell'attività che, con un'espressione dei nostri giorni, viene definita "a chilometro zero". Un ragionamento analogo può essere applicato a tutti i cibi – e sono tanti! – citati nella narrazione: conigli e pollame, verdure e frutta, burro, pane, intingoli, da quelli serviti all'Osteria del Gambero Rosso alle pere che Geppetto porta all'affamato Pinocchio, erano sicuramente prodotti, diciamo oggi, di "filiera corta"; ancora un esempio di economia, stavolta agricola, integrata al territorio.

Quale migliore pubblicità potrebbe allora esserci, per un parco tematico, di quella di potersi fregiare di servire, nei punti ristoro predisposti in loco, solo prodotti di filiera corta, provenienti dai terreni limitrofi, o di utilizzare, per la manutenzione del parco e delle sue attrazioni, artigiani e tecnici, ospitati, con le loro botteghe, nel parco stesso?

Per tornare al paragone con i parchi tematici esistenti, non si tratterebbe quindi di un traino per lo sviluppo locale, introdotto brutalmente in una tabula rasa, ma della riproposizione di un modello funzionante, su piccola scala, dell'economia (eco) sostenibile che caratterizzava un tempo l'area, rimodulato sulle esigenze contemporanee.

Se quanto detto finora va nella direzione di una sostenibilità complessiva molto ampia, anche a livello tecnico e progettuale il parco in sé, inteso come insieme di vari edifici, attrazioni, aree verdi e zone attrezzate, deve essere esempio di eco-sostenibilità applicata. Dall'impiego di fonti energetiche rinnovabili alla progettazione con materiali e tecniche eco-compatibili, ogni aspetto costruttivo, gestionale e di fruizione deve essere orientato all'obiettivo della sostenibilità ambientale.

La sfida più ardua, a questo punto, non si rivela però l'applicazione dei principi di sostenibilità, quanto piuttosto la capacità del parco stesso di comunicarli, e di farsi strumento di diffusione di buone pratiche. Se ormai, infatti, una trasversale sensibilità ambientale porta a dare quasi per scontato – purtroppo non sempre a ragione – che quanto viene costruito di nuovo oggi sia rispettoso delle esigenze ambientali, molto più raro è reperire esempi di sostenibilità in grado di comunicare le proprie caratteristiche. Per fortuna, nel nostro caso, la natura stessa del parco

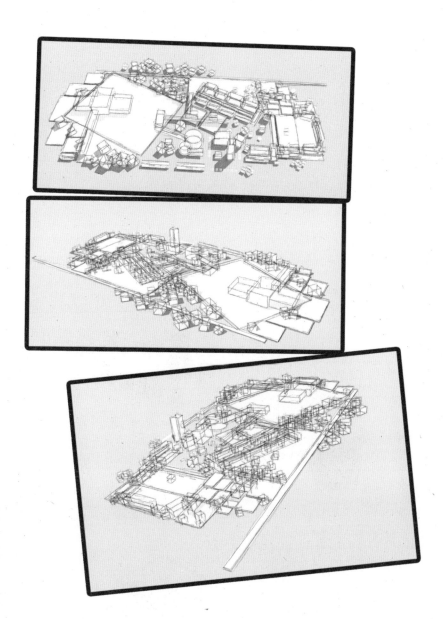

I Luoghi Della Storia

Attraverso le avventure che Pinocchio affronta si possono osservare elementi che non sono semplicemente relegati nel mondo di una storia fantastica, bensì realtà appartenenti al territorio e alla vita quotidiana della Piana fiorentina ottocentesca.

Il paese, la bottega artigiana, le zone palustri di Peretola, la piazza, le osterie, diventano gli elementi necessari per creare un parco che racconti una duplice storia: quella di Pinocchio e quella di Firenze.

La Gra

"Detto fa
mani die
satogli u
torno all
penzolon
grossa pi
Grande."

L'osteria Ga

"Cammina cammi
cammina, alla fin
far della sera arr
stanchi morti all
del Gambero Ros
"Fermiamoci un
disse la Volpe, t
mangiare un boc
per riposarci qua
ora. A mezzanott
ripartiremo per
domani, all'alba
Campo dei mirac

Il Paese

"Si fermò e stette in ascolto. Quei suoni venivano di fondo a una lunghissima strada traversa, che conduceva a un piccolo paesetto fabbricato sulla spiaggia del mare."

Il Circo

"Le gradinate del Circo formicolavano di bambini, di bambine e di ragazzi di tutte le età, che avevano la febbre addosso per la smania di veder ballare il famoso ciuchino Pinocchio."

Bottega Artigiana

"Non so come andasse, ma il fatto gli è che un bel giorno questo pezzo di legno capitò nella bottega di un vecchio falegname, il quale aveva nome mastr'Antonio, se non che tutti lo chiamavano maestro Ciliegia, per via della punta del suo naso, che era sempre lustra e paonazza, come una ciliegia matura."

"...ed era già
fuori dall'acc
testa di most
come una vor
bero fatto pa

a
le
as-
in-
arono

ercia

Il Campo dei Miracoli

"Detto fatto traversarono la città e, usciti fuori dalle mura, si fermarono in un campo solitario che, su per giù, somigliava a tutti gli altri campi."

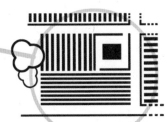

La città di Acchiappa-citrulli

"In mezzo a questa folla di accattoni e di poveri vergognosi passavano di tanto in tanto alcune carrozze signorili con dentro o qualche volpe, o qualche gazza ladra o qualche uccellaccio di rapina."

Il Mare

uando ecco uscir
ntro una orribile
bocca spalancata,
di zanne che avreb-
e dipinte."

Il Parco:schemi progettuali

Durante l'analisi dell'oggetto Parco a Tema sono emerse alc
caratteristiche fondamentali necessarie per la sopravvivenza
dello stesso: un confine netto, intrattenimenti meccanici e perc
primari e secondari.

Il caso di Pinocchio e' pero' unico nel suo genere.

Racconta una storia che non ha bisogno di un recinto chiuso
anzi: più il confine sara' labile, più il racconto della Piana
Firenze sarà verosimile, intrecciandosi con la riscoperta de
memoria di un territorio che rischia di andare persa.

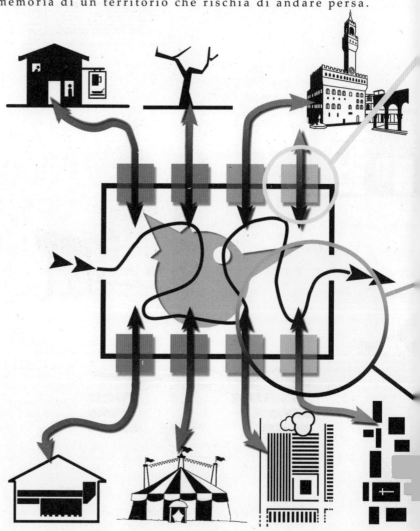

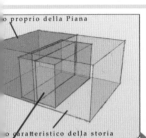

o proprio della Piana

o caratteristico della storia

In questo stadio si possono compiere delle scelte architettoniche: il dualismo Piana/Parco prende la forma di una struttura a doppia facciata, dove ciascun fronte presenta diverse caratteristiche formali.
All'esterno del parco l'architettura racconta la storia ottecentesca della Piana, cercando i caratteri più fedeli alla tradizione
All'interno del parco viene utilizzato il linguaggio ell'architettura sostenibile contemporanea per creare quel "mondo di fantasia" necessario per 'immedesimazione delle piu svariate fasce d'età.

mune, che permette di riconoscere logie tra la storia e la Piana, rendendo vero e proprio museo vivente della ocentesca fiorentina.

costitutivi del parco, necessari per rac- vola, diventano vere e proprie porte esenti sia nelle avventure di Pinocchio moria storica della Piana.

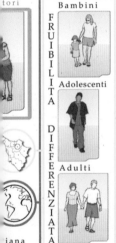

Bambini: le strutture concepite per questa fascia d'età rac- contano la storia della Piana attraverso le avventure di Pinocchio.

Adolescenti: il parco oltre a proporre intrattenimenti di tipo meccanico, è integrato da strutture per varie attività, accessibili anche oltre gli orari di apertura.

Adulti: il racconto di Pinocchio narrato negli spettacoli permette di approfondire la conoscenza delle realta' cittadine dell'area fiorentina.

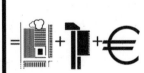

Abitanti Piana: le attrazioni diventano motore per lo sviluppo ed il rilancio di attività storiche che rischiano di andare perse, come le piccole botteghe artigiane, la lavorazione del cuoio, la ceramica e l'agricoltura, trasformando il parco in una connessione tra un territorio in rapido mutamento e la sua storia.

Il Parco: la localizzazione

Tra gli obiettivi di questa proposta c'e la sosteniblità ambientale del parco.
Oltre alla scelta dei materiali, alle scelte tipologiche e all'attenzione al risparmio energet
anche la localizzazione diventa un fattore fondamentale per la sostenibilità: favorire il
trasporto pubblico rispetto a quello privato nell'accesso al Parco di Pinocchio e' un tragu
possibile con un'analisi delle vie di comunicazioni fiorentine esistenti e in progetto.
Dopo questa considerazione la scelta e' stata semplice: la linea 2 della nuova Tramvia di
Firenze si presta perfettamente per lo scopo.
Il capolinea presso l'areporto di Peretola permetterà di raggiungere rapidamente la zona
progetto.

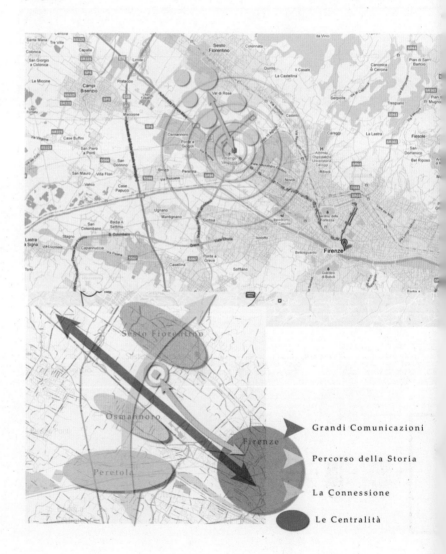

Grandi Comunicazioni

Percorso della Storia

La Connessione

Le Centralità

Parco:la progettazione

ure di Pinocchio, se osservate al di
avola, possono essere catalogate in
pirati dalla realtà che circondava
nella seconda metà dell'ottocento

è schematizzata l'area di progetto
ttari) nei "paesaggi" che
inocchio hanno attraversato.
ddivisione non e' legata soltanto
di del racconto, ma prende in
zione dei veri e propri paesaggi
nici presenti sulla Piana.

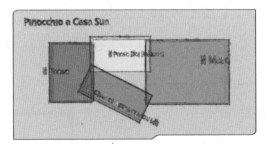

di progetto":

configura come l'elemento fondamentale per riconoscere la Piana all'interno della Storia ed è quindi
a tutti gli ambiti, fantastici e reali, necessari a creare questo legame.

cchiappacitrulli: Firenze dell'Ottocento e Firenze contemporanea, messe a confronto.

Balocchi: l'elemento di fantasia, con intrattenimenti meccanici e spettacoli, costituisce il settore del parco
classico parco a tema.

ogo dove la realta' della Piana e il Pescecane della storia si incontrano, come simbolo della volontà di
tra fantasia e realta presente in tutto il progetto.

Il Parco: planimetria

In seguito all'individuazione delle macro zone, si procede alla costruzione degli episodi della Storia in chiave critica, garantendo un continuo dialogo con l'intorno. Le premesse fatte sull'integrazione del parco con i valori della Piana e con il racconto di Firenze, si trasformano qui in realta' progettuali basate sui canoni che ogni particolare paesaggio offre.

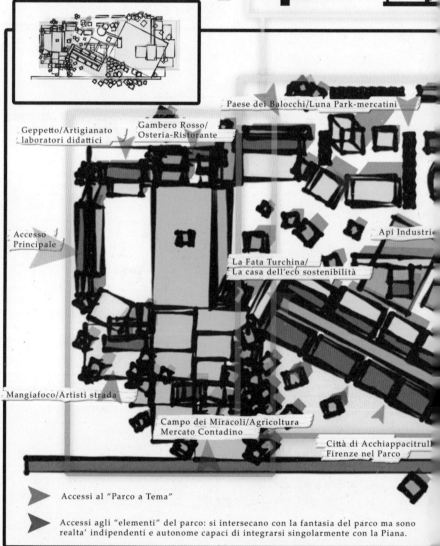

Paese dei Balocchi/Luna Park-mercatini

Gambero Rosso/
Osteria-Ristorante

Geppetto/Artigianato
laboratori didattici

Accesso
Principale

Api Industri

La Fata Turchina/
La casa dell'eco sostenibilità

Mangiafoco/Artisti strada

Campo dei Miracoli/Agricoltura
Mercato Contadino

Città di Acchiappacitrul
Firenze nel Parco

Accessi al "Parco a Tema"

Accessi agli "elementi" del parco: si intersecano con la fantasia del parco ma sono realta' indipendenti e autonome capaci di integrarsi singolarmente con la Piana.

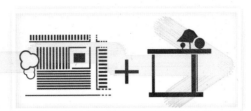

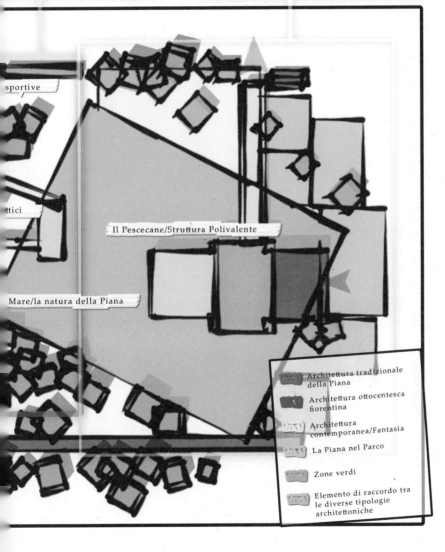

sportive

tici

Il Pescecane/Struttura Polivalente

Mare/la natura della Piana

Architettura tradizionale della Piana

Architettura ottocentesca fiorentina

Architettura contemporanea/Fantasia

La Piana nel Parco

Zone verdi

Elemento di raccordo tra le diverse tipologie architettoniche

Il parco di Pinocchio. L'avventura della sostenibilità

203

tematico può portare soccorso, ed aiutare nel compito. Le attrazioni, ad esempio, così come ipotizzabili percorsi tematici, si prestano ad un'attività laboratoriale che coinvolga i visitatori, sia con scopi di intrattenimento sia di didattica sulla sostenibilità. Queste iniziative, unite alla comunicazione delle pratiche più ampie già ricordate sopra, possono essere in grado di coinvolgere ospiti di tutte le fasce d'età, facendo leva su diverse esigenze, ma ottenendo lo stesso risultato di ampia sensibilizzazione ambientale, giungendo al risultato atteso di "comunicare la sostenibilità" del luogo e dell'intervento.

Lo studio preliminare degli scenari progettuali possibili è stato affrontato, attraverso un workshop tenuto nel 2010, dagli studenti del Corso di Laurea Magistrale in Design di Calenzano, nell'ambito della cattedra di Concept Design del Prof. Massimo Ruffilli.

Affiancati dai docenti e da rappresentanti del Comitato Carlo Lorenzini - Firenze, gli studenti hanno prodotto tavole di analisi e proposte suggestive sul tema del Parco di Pinocchio. Gli elaborati richiesti agli studenti sono stati un concept, cioè una tavola di ispirazione, dalla quale trarre indicazioni di carattere formale ed estetico per lo sviluppo successivo del progetto, ed una pianta complessiva della struttura del parco, con gli elementi, reperiti nel racconto, ritenuti migliori per tracciare uno o più percorsi di visita.

Guidati da una moodboard e da un esempio di planimetria forniti dai docenti, gli allievi del Corso di Disegno Industriale hanno prodotto suggestioni utili a proseguire il lavoro. In particolare risultano interessanti gli schizzi e gli scorci di studio che rappresentano le aree paesane e rurali, tratteggiate con fantasia ma senz'altro improntati alla toscanità propria del romanzo collodiano; la scelta degli episodi da contemplare come tappe del parco, reperiti tra i meno ricordati, nel tentativo di svincolarsi dall'esistente Parco di Pinocchio michelucciano di Collodi; gli studi "di prodotto" ispirati alle forme del burattino per l'inserimento di elementi utili alla fruizione del parco.

Partendo da questa analisi, lo sforzo del gruppo di lavoro successivamente costituitosi si è focalizzato sugli aspetti non trattati dagli studenti. La riflessione è perciò ripartita da quello che, in senso lato, potrebbe essere definito il legame del parco con il territorio. Particolare attenzione è stata quindi posta ad una valorizzazione delle eventuali tracce ancora realmente esistenti nell'area di interesse, direttamente legate alla favola di Pinocchio e alla vita dello scrittore.

Questo approccio costituisce la chiave che permette alla progettazione di produrre, come risultato, un parco tematico esclusivo ed indissolubilmente legato alla piana fiorentina occidentale, impossibile da riproporre identico altrove senza privarlo del suo valore intrinseco. In sostanza, oltre ad intervenire delicatamente nella direzione della valorizzazione delle memorie territoriali e sociali, il parco si potrebbe trasformare in una protezione nei confronti della trasformazione sfrenata delle aree e costituire un invito alla riflessione sugli equilibri altri possibili. Il fatto di riuscire ad inglobare nel parco tematico le tracce esistenti, o almeno alcune, costituirebbe il primo passo del percorso di compenetrazione del territorio con il parco stesso: è necessario che esso non venga imposto come un'entità aliena, racchiuso da cancelli ed orari invalicabili, ma che stimoli e mantenga un dialogo con il luogo e la popolazione; un dialogo da rafforzare attraverso alcune azioni forti, che esulano dalla progettazione tecnica, ma che costituiscono le scelte di base che informino il complesso del parco: la creazione di aree specifiche (si potrebbero ipotizzare al limitare dei confini del parco, una sorta di cerniera con il mondo reale), dedicate alle attività economiche che lavorano per il parco ma contemporaneamente per l'esterno.

Hanno partecipato allo studio ed al progetto
per BBA-Architetti Associati
Amina Mauro, Fabio Paoli, Sabine Di Silvio.

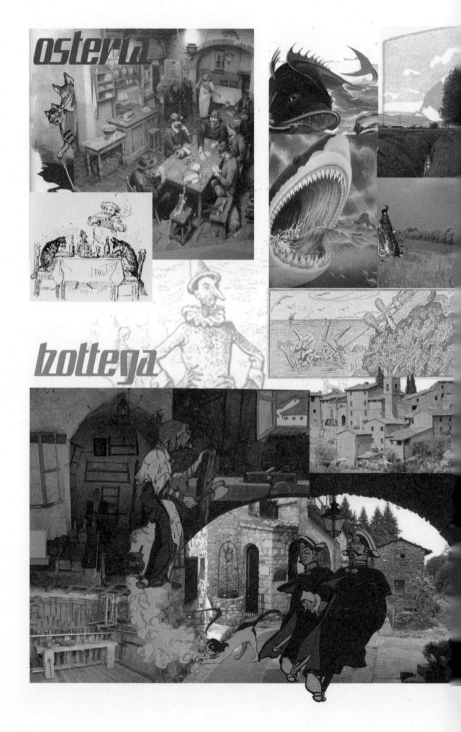

mare

campagna

ese

città'

casa

Laurea Magistrale in
DESIGN UNIFI
Prof Massimo Ruffilli - Prof Duccio Brunelli

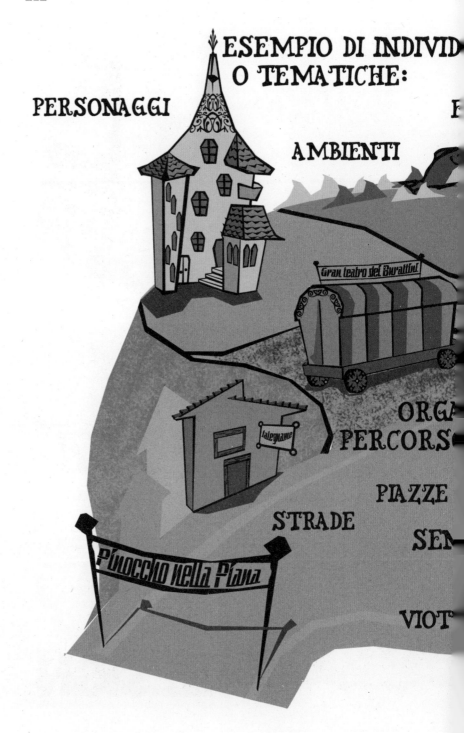

ESEMPIO DI INDIVID
O TEMATICHE:

PERSONAGGI

AMBIENTI

Gran teatro dei Burattini

ORGA
PERCORS

PIAZZE

STRADE

SEN

falegname

Pinocchio nella Piana

VIOT

IE DI EMERGENZE

LUOGHI

IONE DEL
ITA AL PARCO:

Laurea Magistrale in
DESIGN UNIFI
Prof. Massimo Ruffilli - Prof. Duccio Brunelli

IL PARCO DI PINOCCHIO A FIRENZE

L'esperienza progettuale degli studenti
della Laurea Magistrale in Design dell'Università di Firenze

Luigi Formicola

Gli abitanti del borgo fiorentino di Castello hanno sempre saputo, attraverso i racconti dei loro nonni, che le fantastiche avventure di Pinocchio si intrecciavano con i fatti e le cronache della loro città.

Carlo Lorenzini, l'autore del celebre *Le avventure di Pinocchio*, e che prese lo pseudonimo di Collodi dal nome del paese natale di sua madre, era nato a Firenze in pieno centro, in Via Taddea, presso il mercato centrale nel tardo novembre del 1826.

Ma fu a Villa Rapi, oggi di Giorgio Moretti, chiamata anche il "Bel Riposo", al quadrivio delle quattro strade sopra il borgo di Castello, che il Lorenzini trovò l'ispirazione al racconto.

Le avventure di Pinocchio sono narrate in trentasei capitoletti con una struttura narrativa molto semplice. In chiave realistica, il romanzo può essere letto come la storia di un ragazzo povero della provincia italiana dell'Ottocento, le cui disavventure hanno sempre un senso domestico e vicino.

Il romanzo, scritto nel 1881, è ambientato nella Toscana contadina, fra Firenze, Castello, Sesto Fiorentino e la piana fiorentina, presumibilmente anche in epoca ancora granducale.

E sono proprio i luoghi di Pinocchio il punto di partenza dell'esperienza progettuale portata avanti dagli studenti del laboratorio di Concept Design del Corso di Laurea Magistrale in Design dell'Università di Firenze, tenuto dal Professor Massimo Ruffilli nell'A.A. 2009-2010.

Tema del laboratorio, affidato agli studenti, è stato il progetto del Parco di Pinocchio, che, prendendo spunto dal romanzo del Lorenzini, doveva essere concepito come un parco tematico dei divertimenti, all'interno del quale dovevano essere riprodotti scenari e spettacoli a tema.

I risultati sono stati assolutamente positivi e di grande interesse.

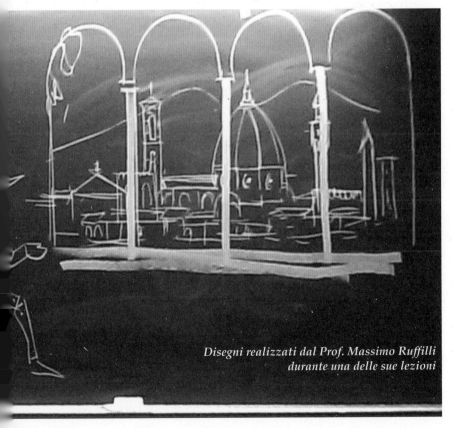

Disegni realizzati dal Prof. Massimo Ruffilli durante una delle sue lezioni

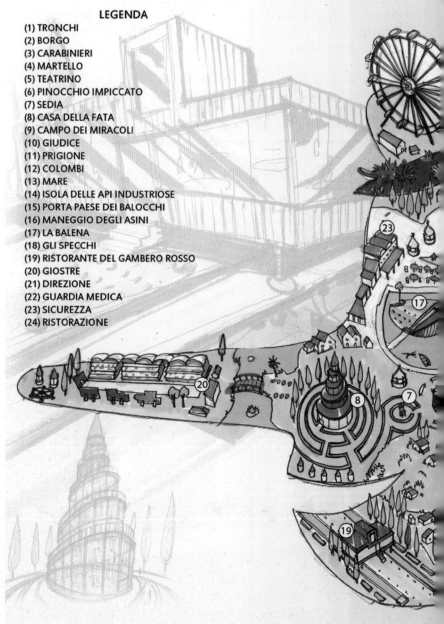

LEGENDA
(1) TRONCHI
(2) BORGO
(3) CARABINIERI
(4) MARTELLO
(5) TEATRINO
(6) PINOCCHIO IMPICCATO
(7) SEDIA
(8) CASA DELLA FATA
(9) CAMPO DEI MIRACOLI
(10) GIUDICE
(11) PRIGIONE
(12) COLOMBI
(13) MARE
(14) ISOLA DELLE API INDUSTRIOSE
(15) PORTA PAESE DEI BALOCCHI
(16) MANEGGIO DEGLI ASINI
(17) LA BALENA
(18) GLI SPECCHI
(19) RISTORANTE DEL GAMBERO ROSSO
(20) GIOSTRE
(21) DIREZIONE
(22) GUARDIA MEDICA
(23) SICUREZZA
(24) RISTORAZIONE

Parco di Pinocchio

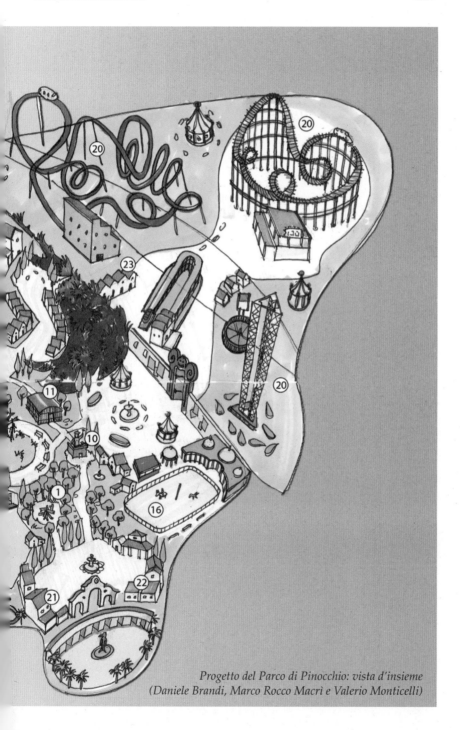

*Progetto del Parco di Pinocchio: vista d'insieme
(Daniele Brandi, Marco Rocco Macrì e Valerio Monticelli)*

Progetto del Parco di Pinocchio: particolare del Pesce-cane/Bookshop
(Daniele Brandi, Marco Rocco Macrì e Valerio Monticelli)

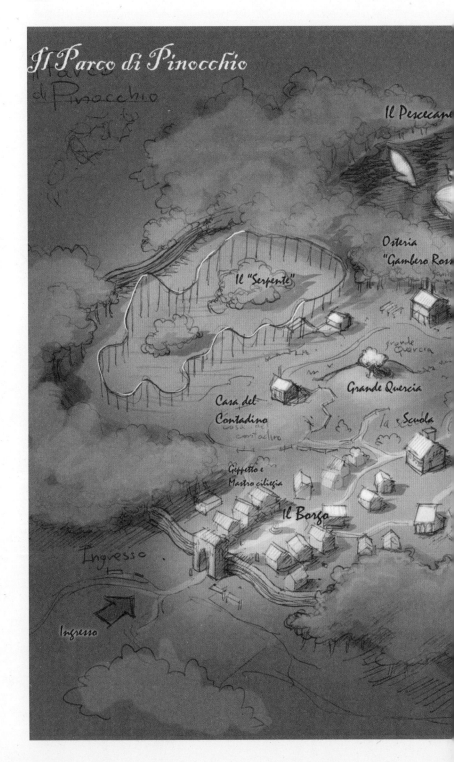

Progetto del Parco di Pinocchio: vista d'insieme
(Nello Fontani, Matteo Iori)

*Progetto del Parco di Pinocchio: particolare del Paese delle Api Industriose
(Nello Fontani, Matteo Iori)*

Progetto del Parco di Pinocchio: particolare dell'ingresso e della piazza
(Grazia De Carlo, Serena Petrella)

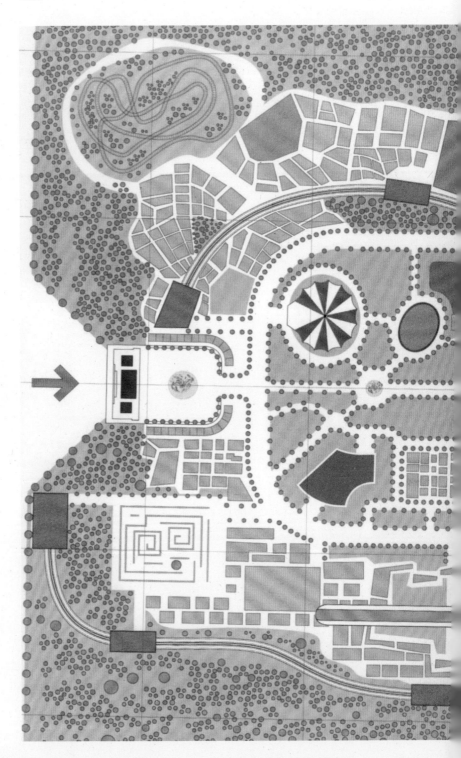

Progetto del Parco di Pinocchio: vista d'insieme
(Epifanio De Grazia)

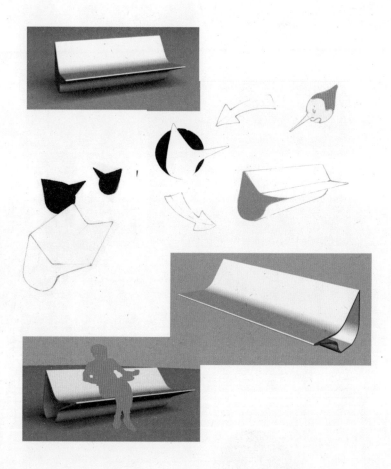

*Progetto del Parco di Pinocchio: particolare di una panchina per il parco
(Valentina Mazzanti, Cristina Tambellini)*

I giovani progettisti, difatti, individuando alcuni macrotemi della storia, hanno definito la struttura principale del Parco di Pinocchio, completandola, poi, con lo studio di un percorso narrativo, lungo il quale sono state collocate le strutture fisiche che ospitano alcune delle attività d'intrattenimento.

Ciascun macrotema è stato definito partendo dall'analisi storica dei luoghi originari, che a suo tempo ispirarono il Lorenzini, e progettato in chiave contemporanea per essere ricollocato all'interno di una nuova geografia funzionale.

Villa Il Bel Riposo, il luogo dove Carlo Lorenzini ebbe modo di soggiornare e dalla cui torretta avrebbe visto la "Grande Quercia", diviene il punto di partenza di un nuovo racconto, punto di contatto tra fantasia e realtà.

Il paese del burattino si posiziona nel parco come punto di aggregazione ed informazione e la sua definizione formale si ispira alle case del borgo di Castello, così come la scuola marinata dal burattino si ridisegna con le fattezze della vecchia scuola comunale, che, prima di essere demolita (1927), era frequentata dai bambini di Quarto, Castello e Quinto.

Il tema del mare si ricollega al tema del fiume, dell'Arno, presso le cui sponde, in località Peretola, Lorenzini prendeva il traghetto (il pescecane) per attraversare il fiume.

Un'ipotetica ricostruzione antecedente alla presente risale al 1994, quando uscì lo studio di Nicola Rilli, *Pinocchio a casa sua*, dove l'autore per la prima volta intuisce essere il racconto ambientato in un territorio reale, al di là delle divergenti ipotesi successive. Si precisano, a tal proposito, due esempi di localizzazione narrativa operati dal Rilli: l'Isola delle Api Industriose (Santa Croce all'Osmannoro) e il Paese dei Balocchi (la fiera annuale di Sesto Fiorentino, che si teneva a fine agosto e durava una settimana, fino ai primi anni del Novecento).

Tutti i concept elaborati dagli studenti, ma più in generale l'esperienza progettuale condotta dal Prof. Massimo Ruffilli, costituiscono un patrimonio di conoscenze da non disperdere e sicuramente utili, al fine di valorizzare e rendere note a tutti le località fiorentine che ispirarono il Lorenzini-Collodi per il suo romanzo.

"Collodi Nipote" si presenta qui nelle vesti di Direttore del Topolino *della Nerbini*

LA FAMIGLIA LORENZINI

La famiglia Lorenzini abitava a Firenze in Via Taddea, in una casa del marchese Ginori. Nel 1842 si trasferì in Via Santa Apollonia, all'angolo di Piazza Barbano, assieme a Giuseppe fratello di Angiolina, pittore copista di galleria. Il nucleo familiare si componeva di:

- Domenico Lorenzini (Cortona, 1793 – 1848).

- Angela di Giovanni di Bernardo Orzali (13 agosto 1800 – 1886).

- Carlo Lorenzo Filippo Giovanni (24 novembre 1826 – 26 ottobre 1890).

- Marianna (19 gennaio 1828 – 13 settembre 1829).

- Paolo Lodovico Ermenegildo (13 aprile 1829 – 1891).

- Maria Adelaide (6 agosto 1831 – 1870).

- Marianna (19 novembre 1832 – 20 dicembre 1838).

- Giuseppina (25 dicembre 1834 – 1850).

- Paolina Antonietta (18 aprile 1836 – 28 gennaio 1839).

- Giovannina Letizia (24 giugno 1837 – 18 febbraio 1839).

- Lorenzo (18 novembre 1838 – marzo 1839).

- Ippolito (3 agosto 1842 – post 1890).

CRONOLOGIA BIOGRAFICA

1826, 24 novembre   Nasce Carlo, madrina di battesimo la marchesa Marianna Ginori Garzoni Venturi.

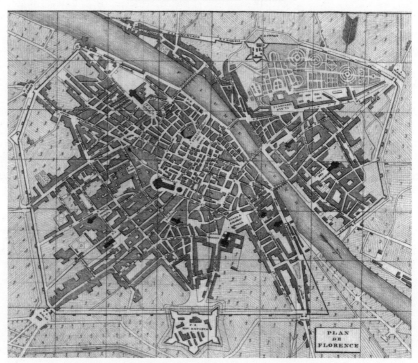

*La pianta di Firenze di Antonio Campani, risalente al 1822,
presenta la città e il quartiere di San Lorenzo poco prima che Lorenzini vi nascesse*

1828, 19 gennaio   Nasce Marianna.

1829, 13 aprile   Nasce Paolo Lodovico Ermenegildo.

1829, 13 settembre   Muore Marianna.

1829   Angiolina con i figli va a Collodi presso i genitori.

1829   Carlo frequenta la scuola di Collodi.

1831, 6 agosto   Nasce Maria Adelaide.

1832, 19 novembre   Nasce Marianna (il nome viene dato per la seconda volta a distanza di tre anni dalla morte della sorella).

1834, 25 dicembre	Nasce Giuseppina.
1836, 18 aprile	Nasce Paolina Antonietta.
1837, 24 giugno	Nasce Giovannina Letizia.
1838, 18 novembre	Nasce Lorenzo.
1838, 20 dicembre	Muore Marianna
1839, 28 gennaio	Muore Paolina Antonietta.
1839	Angiolina, angustiata dalla miseria, lascia il marito a Firenze e si ritira a Collodi presso i fratelli.
1839, 18 febbraio	A Collodi muore Giovannina Letizia.
1839, marzo	A Collodi muore Lorenzo.
1839	Carlo fa ingresso nel seminario vescovile di Colle Valdelsa.
1841	La famiglia Lorenzini si riunisce di nuovo a Firenze.
1842, 3 agosto	Nasce Ippolito.
1842	Giuseppe, fratello di Angiolina, entra nella famiglia Lorenzini. Trasferimento in Via Sant'Apollonia a Firenze.
1842	Carlo ha 16 anni, lascia il seminario e va agli Scolopi.
1844, settembre	Lavora presso la Libreria Piatti in Vacchereccia.
1844	Domenico per motivi di salute si ritira a Cortona.
1845, ottobre	Carlo in qualità di recensore di libri ottiene l'autorizzazione a leggere i libri proibiti. Scrive articoli non firmati.
1848	Muore Domenico a Cortona.
1848	Carlo, con il fratello Paolo e l'editore Giulio Piatti, parte volontario per Curtatone.
1848, 13 luglio	Fonda il giornale *Il Lampione*.
1848, 2 agosto	Ottiene l'incarico di messaggero del senato toscano.
1849, 11 aprile	Subisce la censura granducale.
1849	È Ufficiale di prima classe del governo provvisorio toscano.

1850, 23 dicembre	Ottiene l'impiego di archivista e bibliotecario del senato toscano.
1850	Ippolito viene messo nel Collegio Militare Generale detto delle "Poverine" a Firenze.
1850	Paolo si trasferisce con la famiglia in Via Rondinelli n. 7 al piano ammezzato nel palazzo Ginori.
1850	Carlo lascia l'appartamento di via Rondinelli per dissidi con la moglie di Paolo, va ad abitare in via degli Alfani assieme al prete Zipoli. Successivamente, per la chiusura del Collegio Militare, accoglierà anche il fratello Ippolito.
1850	Muore Giuseppina.
1853, 6 luglio	Carlo acquista il giornale teatrale *Lo Scaramuccia*.
1853	Conosce e diviene amico intimo di Yorik.
1853, 21 novembre	Collabora al giornale *La Scena* di Lucca.
1856	Pubblica *Un romanzo in vapore. Da Firenze a Livorno. Guida storico-umoristica*.
1857	Pubblica il romanzo *I misteri di Firenze*.
1858	Si reca a Milano per collaborare con le case editrici Bemporad e Ricordi.
1858, 8 ottobre	Il fratello Paolo diventa direttore della Manifattura Ginori di Doccia, nelle vicinanze di Sesto Fiorentino.
1859	Carlo, per la prima volta, usa lo pseudonimo "Collodi".
1859	È nominato Direttore scenografico del Teatro di Firenze.
1859	È nominato segretario di prima classe presso la Prefettura di Firenze.
1859	Si arruola nella seconda guerra d'indipendenza, reparto Cavalleggeri di Novara.
1859	Tornato dalla guerra per l'indipendenza, va ad abitare dal fratello Paolo in Via Rondinelli. È malinconico con manie di persecuzione, tiene la rivoltella a portata di mano, beve, gioca e fa tardi la sera. Si pensa ad un'infelicità di carattere sentimentale.
1860, 22 febbraio	Lavora come commesso alla censura teatrale.

1863	Scrive una lettera al marchese Ginori per una raccomandazione ad un impiego statale.
1864, 10 aprile	Viene assunto dalla Prefettura di Firenze nella qualità di segretario di seconda classe. Cambia atteggiamento e tiene un contegno più borghese.
1865	Scrive la commedia *Gli amici di casa*.
1867	Compie un viaggio in Francia.
1868, 28 ottobre	Viene chiamato dal Ministero della Pubblica Istruzione a far parte della giunta per la compilazione del *Dizionario della lingua italiana*.
1870	Pubblica la commedia *L'onore del marito*. Collabora al *Fanfulla*.
1870	Muore la sorella Adelaide.
1871	Scrive la commedia *Antonietta Buontalenti*.
1872	Scrive la commedia *I ragazzi grandi*.
1874, 30 gennaio	Viene promosso segretario di prima classe alla Prefettura di Firenze.
1875	Traduce le fiabe di Perrault e di madame d'Aulnoy sotto il titolo *I Racconti delle Fate*. Si dedica alla letteratura per l'infanzia.
1875, 20 ottobre	È nominato membro del Giury drammatico italiano.
1877	Pubblica *Giannettino*.
1878	Pubblica *Minuzzolo*.
1878, 9 aprile	È nominato Cavaliere della Corona d'Italia.
1879	Diviene Segretario della commissione per gli studi sull'arte drammatica.
1880	Pubblica *Viaggio in Italia di Giannettino*.
1880	Pubblica *Macchiette*. Attraverso la stampa riceve critiche letterarie piuttosto pesanti.
1881	Va in pensione.
1881	Pubblica *Occhi e nasi*.

1881, luglio	Sul *Giornale per i bambini* iniziano le puntate di Pinocchio che verranno interrotte al capitolo XV.
1882	Pubblica *La Grammatica di Giannettino*.
1882, 16 febbraio	Riprendono le puntate su Pinocchio.
1883, 25 gennaio	Sul *Giornale per i bambini* si concludono le puntate su Pinocchio.
1883, 16 agosto	Sul *Giornale per i bambini* iniziano le puntate di *Pipi lo Scimmiottino color rosa*.
1883	Esce la prima edizione de *Le avventure di Pinocchio* illustrata da Enrico Mazzanti.
1885	Pubblica *L'abbaco di Giannettino*.
1885, 11 febbraio	Augusto Conti, filosofo assessore alla pubblica istruzione del Comune di Firenze, chiede a Carlo una *Aritmetichina* ed una *Geografia di Giannettino*.
1885, 31 dicembre	Sul *Giornale per i bambini* terminano le puntate di Pipi lo scimmiottino color di rosa.
1886	Pubblica *La Geografia di Giannettino* e il *Viaggio in Italia di Giannettino III parte*.
1886	Pubblica *Le avventure di Pinocchio* edito da Paggi.
1886, 19 marzo	Muore la madre, Angiolina con conseguente calo di umore di Carlo.
1887	Pubblica *Storie allegre*.
1887	Nuova edizione di *Le avventure di Pinocchio*, edizione Paggi.
1890	Pubblica *Le avventure di Pinocchio*, edizione Bemporad.
1890	Pubblica *La lanterna magica di Giannettino*.
1890, 26 ottobre	Carlo muore nella casa di Via Rondinelli, nel lussuoso appartamento del fratello Paolo. Viene sepolto alle Porte Sante nella cappella Lorenzini, ove si conserva il busto in marmo scolpito da Urbano Lucchesi.
1891	Muore Paolo. Alla morte di Carlo aveva distrutto tutte le lettere e molti scritti.

CRONOLOGIA DEGLI EVENTI CITTADINI CONTEMPORANEI

1837	Inaugurazione di due ponti di ferro sull'Arno.
1840	Antonio Martini scopre gli affreschi nella cappella del Bargello dove è ritratto Dante.
1840	Costruzione della tribuna di Galileo progettata da Giuseppe Martelli.
1842	Collocazione delle prime quattro statue nel loggiato degli Uffizi.
1842	Inaugurazione del Politeama Fiorentino in Piazza Barbano.
1844, 3 novembre	Inondazione dell'Arno.
1847	Costruzione del campanile di S. Croce progettato da Gaetano Baccani.
1848, 10 giugno	Inaugurazione della ferrovia Leopolda, Firenze-Livorno.
1848	Antonio Martini scopre gli affreschi di Giotto in S. Croce.
1849	Governo Guerrazzi.
1849, 28 luglio	Ritorna sul trono il granduca Leopoldo II.
1850	Distruzione del teatrino degli Arrischiati sulla Piazza Vecchia di S. Maria Novella.
1851, 12 luglio	Inaugurazione della ferrovia "Maria Antonia" Firenze-Pistoia.
1855	Inaugurazione del Politeama Pagliano.
1859, 27 aprile	Fine del Granducato di Toscana.
1860, 12 marzo	Plebiscito in Toscana.
1861	Proclamazione del Regno d'Italia.
1861	Esposizione Universale alla Leopolda.
1862	Inaugurazione del Politeama Fiorentino (Teatro Comunale).
1863, 18 gennaio	Inondazione dell'Arno.

1863, 3 maggio	Inaugurazione della facciata di S. Croce progettata da Niccola Matas.
1865	Firenze capitale d'Italia.
1865	Decreto di demolizione delle mura cittadine.
1867	Stefano Ussi vince il primo premio di pittura all'Esposizione Universale di Parigi con la Cacciata del Duca d'Atene dipinta nel 1854.
1867	Inaugurazione del Teatro delle Logge.
1869	Costruzione del Teatro Umberto I in Piazza D'Azeglio.
1870	Crisi economica del Comune di Firenze, protrattasi fino al 1880.
1870	"Abbruciamento" del principe indiano alle Cascine.
1871	La capitale d'Italia viene spostata a Roma.
1873	Il David di Michelangelo viene tolto da Piazza della Signoria.
1874	Costruzione del mercato centrale progettato da Giuseppe Mengoni.
1879, 5 aprile	Inaugurazione della prima tranvia fiorentina Firenze-Peretola con deviazione al ponte alle Mosse per le Cascine
1887	Inaugurazione della facciata del Duomo progettata da Emilio de Fabris.

BIBLIOGRAFIA GENERALE

Baldacci Valentino, Rauch Andrea, *Pinocchio e la sua immagine*, Firenze, Giunti, 2009

Bargellini Piero, *La Splendida Storia di Firenze*, Firenze, Vallecchi, 1970

Bertacchini Renato, "Carlo Lorenzini giornalista e polemista", in *Carlo Lorenzini-Collodi nel centenario*, Roma, Treccani, 1992, pp. 39-72

Bertacchini Renato, "Pinocchio tra due secoli. Breve storia della critica collodiana" (appendice), in *Carlo Lorenzini-Collodi nel centenario*, Roma, Treccani, 1992, pp. 121-164

Cappelletti Vincenzo, "Pinocchio: realtà di un archetipo", in *Carlo Lorenzini-Collodi nel centenario*, Roma, Treccani, 1992, pp. 7-8

Carravetta Silvia, *Collodi (Carlo Lorenzini), saggio con organica scelta di testi*, Napoli, Conte, 1957

Ceccuti Cosimo, "La Firenze di Collodi", in Roberto Fedi (a cura di), *Carlo Collodi: Lo Spazio delle meraviglie*, Firenze, Banca Toscana, Amilcare Pizzi Editore, 1990, pp. 249-306

Collodi Carlo, *Bettino Ricasoli, Camillo Cavour, Luigi Carlo Farini, Daniele Manin, biografie del risorgimento pubblicate in occasione delle onoranze fiorentine a Carlo Lorenzini*, Firenze, Marzocco, 1941

Curreri Luciano, "Elogio di Collodi, con penna e fucile, Carlo Lorenzini detto il Collodi, il Risorgimento, Pinocchio ...", in *Biblioteca di via Senato*, Milano, mensile di bibliofilia

De Rienzo Giorgio, "Collodi e la narrativa toscana del secondo Ottocento", in *Carlo Lorenzini-Collodi nel centenario*, Roma, Treccani, 1992, pp. 33-38

Flores d'Arcais Giuseppe, "Pinocchio: una metafora pedagogica", in *Carlo Lorenzini-Collodi nel centenario*, Roma, Treccani, 1992, pp. 89-94

Frosini Vittorio, "L'interpretazione politica di Pinocchio", in *Carlo Lorenzini-Collodi nel centenario*, Roma, Treccani, 1992, pp. 25-32

Guagnini Elvio, "L'opera di Carlo Lorenzini nella cultura italiana dell'Ottocento", in *Carlo Lorenzini-Collodi nel centenario*, Roma, Treccani, 1992, pp. 9-24

Irtinni Laura, Lanini Miria, Giuntini Bruna (a cura di), *Pinocchio 1883, di Carlo Lorenzini (Collodi) e... Pinocchio 1983, come rendere attuale il rapporto con il testo collodiano*, Cortona, Editrice Grafica L'Etruria, 1985

238

Listri Pier Francesco, *Dizionario di Firenze*, Firenze, Le Lettere, 2009

Lorenzini Paolo, *Collodi e Pinocchio*, Firenze, Salani, 1981

Maini Roberto, "Il giudizio dei contemporanei", in *Carlo Lorenzini-Collodi nel centenario*, Roma, Treccani, 1992, pp. 103-120

Marcheschi Daniela, "Carlo Collodi scrittore per i bambini", in *Carlo Lorenzini-Collodi nel centenario*, Roma, Treccani, 1992, pp. 79-88

Marcheschi Daniela, "Collodi e la linea sterniana nella nostra letteratura", in Marcheschi Daniela (a cura di), *Carlo Collodi. Opere*, Milano, Mondadori, 1995

Minicucci Maria Jole, *Carlo Lorenzini, articolista, recensore*, Roma, Palombi, 1990

Minicucci Maria Jole, "*Peregrinus ubique Pinoculus*. Inedite traduzioni e edizioni rare de *Le avventure di Pinocchio*" (appendice), in *Carlo Lorenzini-Collodi nel centenario*, Roma, Treccani, 1992, pp. 165-190

Morosi Ferdinando, *Le inesattezze dei biografi sul curriculum scolastico di Carlo Lorenzini*, nel centenario di Pinocchio, 1883-1983, Firenze, 1983

Petrini Enzo, *Carlo Lorenzini (Collodi)*, Rovigo, Ed. Ist. Padano di Arti Grafiche, 1954

Pollidori Castellani Ornella, "Le avventure di un capolavoro", in Roberto Fedi (a cura di), *Carlo Collodi: Lo Spazio delle meraviglie*, Firenze, Banca Toscana, Amilcare Pizzi Editore, 1990, pp. 97-128

Puccinelli Clementina, *Bibliografia di Carlo Lorenzini (Collodi)*, Roma, Messaggero della libertà italiana, 1923

Quarzo Guido, *Storia della storia di Pinocchio, vita immaginaria di Carlo Lorenzini*, Torino, Instar libri, 2011

Rilli Nicola, *Da Firenze a Sesto Fiorentino. Pinocchio in casa sua. Realtà e fantasia di Pinocchio*, Firenze, Giorgi & Gambi Editori, 1994

Scapecchi Piero, "Carlo Lorenzini commediografo", in *Carlo Lorenzini-Collodi nel centenario*, Roma, Treccani, 1992, pp. 95-102

Tempesti Fernando, "La lingua del Lorenzini e la lingua del Collodi", in *Carlo Lorenzini-Collodi nel centenario*, Roma, Treccani, 1992, pp. 73-78

Vagnoni Anna Rosa, *Collodi e Pinocchio. Storia di un successo letterario*, Trento, UNI Service, 2007

Vannucci Marcello, *Quando Firenze era capitale*, Firenze, Bonechi, 1975

COMITATO CARLO LORENZINI – FIRENZE
STATUTO

Il 7 luglio 2010, è stato costituito il Comitato Carlo Lorenzini con sede in Firenze, presso la Villa Il Bel Riposo, a Castello, residenza estiva del fratello del Lorenzini, Paolo Lorenzini, direttore dell'Antica Manifattura Ginori di Doccia.

Art. 1 - Costituzione e denominazione.

È costituito il Comitato promotore Carlo Lorenzini Firenze, di seguito denominato, in breve, Comitato Lorenzini, per avviare le attività di cui all'art. 2 propedeutiche alla costituzione di una Fondazione o di una Associazione.
Il Comitato Lorenzini è apolitico, non confessionale, non ha fini di lucro e gli eventuali utili conseguiti devono essere destinati interamente alla realizzazione delle finalità istituzionali.

Art. 2 - Scopo e attività

Il Comitato persegue le seguenti finalità:
a. *promuovere iniziative dirette a sensibilizzare gli operatori, le associazioni, le istituzioni, l'università, gli enti pubblici e privati, gli altri enti no profit e l'opinione pubblica sulle pubbliche utilità nascenti dalla costituzione dell'Ente che opererà nel settore culturale prescelto promuovendo, in particolare, tutte le attività rivolte a divulgare la vita e le opere di Carlo Lorenzini ed i luoghi dove esso ha vissuto;*
b. *promuovere e organizzare in qualunque forma manifestazioni ed eventi per stimolare la raccolta di fondi da destinare alla costituzione dell'Ente o comunque per la realizzazione delle sue finalità;*
c. *avviare studi e ricerche connessi ai propri scopi e curarne la loro pubblicazione e divulgazione;*
d. *incentivare le figure professionali e i ruoli che intendono approfondire i temi di interesse;*
e. *intrattenere rapporti di scambio e di interlocuzione con enti e istituzioni che perseguono scopi similari a quello dell'Ente;*
f. *coordinarsi con altri enti operanti nel settore, aggregare altri organismi per rendere più efficace la propria azione;*
g. *curare la produzione di materiale editoriale, didattico, informativo e divulgativo e favorirne la loro fruizione attraverso consultazione e riproduzione;*
h. *compiere qualsiasi operazione, assumere tutte le iniziative, stipulare convenzioni con imprese ed enti pubblici o privati, porre in essere ogni atto idoneo a favorire la concreta attuazione dei suoi fini e delle attività che ne costituiscono l'oggetto.*

Art. 3 - Sede Legale

Il Comitato ha sede legale presso la Villa Il Bel Riposo, in Firenze (FI), Via della Petraia 29.

Potranno essere fissate sedi periferiche o uffici distaccati in tutto il territorio nazionale e all'estero.

Art. 4 - Proventi

I proventi del Comitato Lorenzini sono costituiti da:
- quote e contributi di aderenti e sovventori del costituendo Ente;
- proventi derivanti dalle attività del Comitato;
- eventuali contribuzioni e sussidi dello Stato o di altri enti pubblici e privati anche a seguito di convenzioni;
- liberalità, lasciti, erogazioni e contributi da chiunque disposti;
- ogni altro provento, corrispettivo, sopravvenienza od entrata destinati alla realizzazione degli scopi statutari.

È fatto espresso e tassativo divieto di distribuire anche in modo indiretto eventuali avanzi di gestione, nonché fondi, riserve, capitali durante la vita del Comitato, almeno che questi non siano imposti per legge o siano comunque effettuati a favore di altri enti aventi le stesse finalità.

Ogni eventuale avanzo di gestione dovrà essere utilizzato esclusivamente per la realizzazione delle finalità statutarie e per le attività ad esse connesse.

Art. 5 - Sostenitori

Può divenire Sostenitore qualsiasi persona fisica o giuridica, ente pubblico o privato che ne faccia richiesta e che sia accettata dal Consiglio Direttivo.

I Sostenitori sono tenuti a corrispondere la quota da devolvere in conto gestione del Comitato.

Art. 6 - Organi del Comitato

Sono organi del Comitato:
- il Presidente;
- il Consiglio Direttivo;
- il Comitato Scientifico;
- il Collegio dei Revisori;
- l'Assemblea dei Fondatori.

La durata delle cariche è annuale.

Gli organi restano in carica fino al loro rinnovo che avverrà con l'assemblea che approva il bilancio dell'esercizio in cui scade il mandato.

Art. 7 - Presidente

Il Presidente è nominato dal Consiglio Direttivo fra i suoi membri.
Il Presidente ha:
- *la legale rappresentanza del Comitato;*
- *convoca e presiede il Consiglio Direttivo;*
- *adotta provvedimenti di urgenza.*

Art. 8 - Consiglio Direttivo

Il Consiglio Direttivo è nominato dall'assemblea dei Fondatori promotori ed è composto da un massimo di sette persone, incluso il Presidente.
Il Consiglio Direttivo è validamente costituito quando sia presente la maggioranza dei membri e la deliberazione avviene a maggioranza dei membri presenti. In caso di parità è determinante il voto del Presidente.
Il Consiglio Direttivo:
- *provvede alla gestione dell'attività del Comitato per la realizzazione degli scopi sociali;*
- *impartisce i conseguenti indirizzi al Presidente e vigila sulla loro attuazione;*
- *nomina i componenti del Comitato Scientifico ed il suo Presidente, stabilendo la durata della carica ed indicandone le tematiche di approfondimento;*
- *può nominare procuratori per determinati atti.*
- *predispone il Programma delle attività ed il Bilancio preventivo;*
- *predispone il Bilancio consuntivo e la Relazione di missione.*

Il Consiglio Direttivo si riunisce almeno due volte all'anno, delle quali una per l'approvazione del Bilancio consuntivo ed una per il Bilancio preventivo.
Altre riunioni del Consiglio Direttivo possono essere convocate dal Presidente su indicazione della maggioranza dei suoi membri.
Il Consiglio Direttivo delibera tenendo in considerazione le funzioni consultive e propositive affidate al Comitato Scientifico.

Art. 9 – Comitato Scientifico

Il Comitato è composto da tre o più membri, nominati dal Consiglio Direttivo scelti fra le personalità che si siano distinte in ambito nazionale o internazionale per aver svolto attività di alto valore culturale o professionale attinente allo scopo del Comitato.
Il Comitato ha funzioni consultive e propositive in materia culturale, tecnico-scientifica ed esprime pareri sui programmi di attività ad esso sottoposti.
Il Comitato può articolarsi in commissioni.
Alle riunioni del Comitato possono partecipare il Presidente del Consiglio Direttivo o persona da questi designata, e altri invitati in accordo con il Consiglio Direttivo.

Art 10 – Collegio dei Revisori

Ravvisandosene la necessità, in caso di gestione complessa del Comitato, è composto da tre membri effettivi, di cui uno con funzioni di Presidente, e due supplenti.
Il Collegio dei Revisori accerta la regolare tenuta delle scritture contabili, effettua verifiche di cassa, esprime il suo parere mediante apposite relazioni sui bilanci preventivo e consuntivo.
Delle riunioni viene redatto verbale da trascriversi nel libro dei verbali del Collegio.
I revisori possono assistere alle riunioni del Consiglio Direttivo.
Al posto di un Collegio di revisori, potrà essere nominato un revisore unico.

Art. 11 – Assemblea dei Fondatori

L'assemblea dei fondatori è validamente costituita qualsiasi sia il numero dei presenti e delibera a maggioranza degli stessi.
L'assemblea nomina i membri del Consiglio Direttivo, nomina l'organo di controllo ed il suo Presidente ed approva il bilancio preventivo e consuntivo.

Art. 12 - Esercizio

L'esercizio decorre dal 1 gennaio al 31 dicembre di ogni anno.

Art. 13 – Estinzione

Il Comitato Lorenzini si estingue all'atto della costituzione dell'Ente o alla scadenza, in mancanza di proroga disposta dal Consiglio Direttivo o comunque in caso di comprovata impossibilità a raggiungere le finalità istituzionali o, ancora, a seguito di disposizioni dell'autorità governativa.
Alla sua estinzione, gli eventuali avanzi di gestione vengono trasferiti totalmente all'Ente promosso dal Comitato o, laddove esso non sia stato costituito, ad altro Ente avente finalità analoghe a quelle previste.

C. COLLODI

LE

AVVENTURE DI PINOCCHIO

STORIA DI UN BURATTINO

ILLUSTRATA DA E. MAZZANTI

FIRENZE

FELICE PAGGI LIBRAIO-EDITORE

Via del Proconsolo.

NAPOLI — FRATELLI RISPOLI

—

1883

Prezzo: L. 2,50.

*Enrico
Mazzanti*

1883

I. Come andò che Maestro Ciliegia, falegname, trovò un pezzo di legno, che piangeva e rideva come un bambino.

C'era una volta ...

— Un re! — diranno subito i miei piccoli lettori.

No, ragazzi, avete sbagliato. C'era una volta un pezzo di legno.

Non era un legno di lusso, ma un semplice pezzo da catasta, di quelli che d'inverno si mettono nelle stufe e nei caminetti per accendere il fuoco e per riscaldare le stanze.

Non so come andasse, ma il fatto gli è che un bel giorno questo pezzo di legno capitò nella bottega di un vecchio falegname, il quale aveva nome mastr'Antonio, se non che tutti lo chiamavano maestro Ciliegia, per via della punta del suo naso, che era sempre lustra e paonazza, come una ciliegia matura.

Appena maestro Ciliegia ebbe visto quel pezzo di legno, si rallegrò tutto; e dandosi una fregatina di mani per la contentezza, borbottò a mezza voce:

— Questo legno è capitato a tempo; voglio servirmene per fare una gamba di tavolino.

Detto fatto, prese subito l'ascia arrotata per cominciare a levargli la scorza e a digrossarlo; ma quando fu lì per lasciare andare la prima asciata, rimase col braccio sospeso in aria, perché sentì una vocina sottile sottile, che disse raccomandandosi:

— Non mi picchiar tanto forte!

Figuratevi come rimase quel buon vecchio di maestro Ciliegia!

Girò gli occhi smarriti intorno alla stanza per vedere di dove mai poteva essere uscita quella vocina, e non vide nessuno! Guardò sotto il banco, e nessuno; guardò dentro un armadio che stava sempre chiuso, e nessuno; guardò nel corbello dei trucioli e della segatura, e nessuno; aprì l'uscio di bottega per dare un'occhiata anche sulla strada, e nessuno. O dunque?

— Ho capito; — disse allora ridendo e grattandosi la parrucca — si vede che quella vocina me la son figurata io. Rimettiamoci a lavorare.

E ripresa l'ascia in mano, tirò giù un solennissimo colpo sul pezzo di legno.

— Ohi! tu m'hai fatto male! — gridò rammaricandosi la solita vocina.

Questa volta maestro Ciliegia restò di stucco, cogli occhi fuori del capo per la paura, colla bocca spalancata e colla lingua giù ciondoloni fino al mento, come un mascherone da fontana.

Appena riebbe l'uso della parola, cominciò a dire tremando e balbettando dallo spavento:

— Ma di dove sarà uscita questa vocina che ha detto ohi? ... Eppure qui non c'è anima viva. Che sia per caso questo pezzo di legno che abbia imparato a piangere e a lamentarsi come un bambino? Io non lo posso credere. Questo legno eccolo qui; è un pezzo di legno da caminetto, come tutti gli altri, e a buttarlo sul fuoco, c'è da far bollire una pentola di fagioli ... O dunque? Che ci sia nascosto dentro qualcuno? Se c'è nascosto qualcuno, tanto peggio per lui. Ora l'accomodo io!

E così dicendo, agguantò con tutte e due le mani quel povero pezzo di legno, e si pose a sbatacchiarlo senza carità contro le pareti della stanza.

Poi si messe in ascolto, per sentire se c'era qualche vocina che si lamentasse. Aspettò due minuti, e nulla; cinque minuti, e nulla; dieci minuti, e nulla!

— Ho capito — disse allora sforzandosi di ridere e arruffandosi la parrucca — si vede che quella vocina che ha detto ohi, me la son figurata io! Rimettiamoci a lavorare.

E perché gli era entrato addosso una gran paura, si provò a canterellare per farsi un po' di coraggio.

Intanto, posata da una parte l'ascia, prese in mano la pialla, per piallare e tirare a pulimento il pezzo di legno; ma nel mentre che lo piallava in su e in giù, sentì la solita vocina che gli disse ridendo:

— Smetti! tu mi fai il pizzicorino sul corpo!

Questa volta il povero maestro Ciliegia cadde giù come fulminato. Quando riaprì gli occhi, si trovò seduto per terra.

Il suo viso pareva trasfigurito, e perfino la punta del naso, di paonazza come era quasi sempre, gli era diventata turchina dalla gran paura.

II. Maestro Ciliegia regala il pezzo di legno al suo amico Geppetto, il quale lo prende per fabbricarsi un burattino maraviglioso, che sappia ballare, tirar di scherma e fare i salti mortali.

In quel punto fu bussato alla porta.

— Passate pure, — disse il falegname, senza aver la forza di rizzarsi in piedi.

Allora entrò in bottega un vecchietto tutto arzillo, il quale aveva nome Geppetto; ma i ragazzi del vicinato, quando lo volevano far montare su tutte le furie, lo chiamavano col soprannome di Polendina, a motivo della sua parrucca gialla, che somigliava moltissimo alla polendina di granturco.

Geppetto era bizzosissimo. Guai a chiamarlo Polendina! Diventava subito una bestia, e non c'era più verso di tenerlo.

— Buon giorno, mastr'Antonio, — disse Geppetto. — Che cosa fate costì per terra?

— Insegno l'abbaco alle formicole.

— Buon pro vi faccia.

— Chi vi ha portato da me, compar Geppetto?

— Le gambe. Sappiate, mastr'Antonio, che son venuto da voi, per chiedervi un favore.

— Eccomi qui, pronto a servirvi, — replicò il falegname rizzandosi su i ginocchi.

— Stamani m'è piovuta nel cervello un'idea.

— Sentiamola.

— Ho pensato di fabbricarmi da me un bel burattino di legno: ma un burattino maraviglioso, che sappia ballare, tirar di scherma e fare i salti mortali. Con questo burattino voglio girare il mondo, per buscarmi un tozzo di pane e un bicchier di vino: che ve ne pare?

— Bravo Polendina! — gridò la solita vocina, che non si capiva di dove uscisse.

A sentirsi chiamar Polendina, compar Geppetto diventò rosso come un peperone dalla bizza, e voltandosi verso il falegname, gli disse imbestialito:

— Perché mi offendete?

— Chi vi offende?

— Mi avete detto Polendina!

— Non sono stato io.

— Sta'un po' a vedere che sarò stato io! Io dico che siete stato voi.

— No!

— Sì!

E riscaldandosi sempre più, vennero dalle parole ai fatti, e acciuffatisi fra di loro, si graffiarono, si morsero e si sbertucciarono.

Finito il combattimento, mastr'Antonio si trovò fra le mani la parrucca gialla di Geppetto, e Geppetto si accorse di avere in bocca la parrucca brizzolata del falegname.

— Rendimi la mia parrucca! — gridò mastr'Antonio.

— E tu rendimi la mia, e rifacciamo la pace.

I due vecchietti, dopo aver ripreso ognuno di loro la propria parrucca, si strinsero la mano e giurarono di rimanere buoni amici per tutta la vita.

— Dunque, compar Geppetto, — disse il falegname in segno di pace fatta — qual è il piacere che volete da me?

— Vorrei un po' di legno per fabbricare il mio burattino; me lo date?

Mastr'Antonio, tutto contento, andò subito a prendere sul banco quel pezzo di legno che era stato cagione a lui di tante paure. Ma quando fu lì per consegnarlo all'amico, il pezzo di legno dette uno scossone, e sgusciandogli violentemente dalle mani, andò a battere con forza negli stinchi impresciuttiti del povero Geppetto.

— Ah! gli è con questo bel garbo, mastr'Antonio, che voi regalate la vostra roba? M'avete quasi azzoppito!

— Vi giuro che non sono stato io!

— Allora sarò stato io!

— La colpa è tutta di questo legno ...

— Lo so che è del legno: ma siete voi che me l'avete tirato nelle gambe!

— Io non ve l'ho tirato!

— Bugiardo!

— Geppetto, non mi offendete: se no vi chiamo Polendina!

— Asino!

— Polendina!

— Somaro!

— Polendina!

— Brutto scimmiotto!

— Polendina!

A sentirsi chiamar Polendina per la terza volta, Geppetto perse il lume degli occhi, si avventò sul falegname e lì se ne dettero un sacco e una sporta.

A battaglia finita, mastr'Antonio si trovò due graffi di più sul naso, e quell'altro due bottoni di meno al giubbetto. Pareggiati in questo modo i loro conti, si strinsero la mano e giurarono di rimanere buoni amici per tutta la vita.

Intanto Geppetto prese con sé il suo bravo pezzo di legno, e ringraziato mastr'Antonio, se ne tornò zoppicando a casa.

III. Geppetto, tornato a casa, comincia subito a fabbricarsi il burattino e gli mette il nome di Pinocchio. Prime monellerie del burattino.

La casa di Geppetto era una stanzina terrena, che pigliava luce da un sottoscala. La mobilia non poteva esser più semplice: una seggiola cattiva, un letto poco buono e un tavolino tutto rovinato. Nella parete di fondo si vedeva un caminetto col fuoco acceso; ma il fuoco era dipinto, e accanto al fuoco c'era dipinta una pentola che bolliva allegramente e mandava fuori una nuvola di fumo, che pareva fumo davvero.

Appena entrato in casa, Geppetto prese subito gli arnesi e si pose a intagliare e a fabbricare il suo burattino.

— Che nome gli metterò? — disse fra sé e sé. — Lo voglio chiamar Pinocchio. Questo nome gli porterà fortuna. Ho conosciuto una famiglia intera di Pinocchi: Pinocchio il padre, Pinocchia la madre e Pinocchi i ragazzi, e tutti se la passavano bene. Il più ricco di loro chiedeva l'elemosina.

Diego Manzo

Quando ebbe trovato il nome al suo burattino, allora cominciò a lavorare a buono, e gli fece subito i capelli, poi la fronte, poi gli occhi.

Fatti gli occhi, figuratevi la sua maraviglia quando si accorse che gli occhi si movevano e che lo guardavano fisso.

Geppetto vedendosi guardare da quei due occhi di legno, se n'ebbe quasi per male, e disse con accento risentito:

— Occhiacci di legno, perché mi guardate? — Nessuno rispose.

Allora, dopo gli occhi gli fece il naso; ma il naso, appena fatto, cominciò a crescere: e cresci, cresci, cresci, diventò in pochi minuti un nasone che non finiva mai.

Il povero Geppetto si affaticava a ritagliarlo; ma più lo ritagliava e lo scorciva, e più quel naso impertinente diventava lungo.

Dopo il naso gli fece fa bocca.

La bocca non era ancora finita di fare, che cominció subito a ridere e a canzonarlo.

— Smetti di ridere! — disse Geppetto impermalito; ma fu come dire al muro.

— Smetti di ridere, ti ripeto! — urlò con voce minacciosa.

Allora la bocca smesse di ridere, ma cacciò fuori tutta la lingua.

Geppetto, per non guastare i fatti suoi, finse di non avvedersene, e continuò a lavorare.

Dopo la bocca, gli fece il mento, poi il collo, poi le spalle, lo stomaco, le braccia e le mani.

Appena finite le mani, Geppetto sentì portarsi via la parrucca dal capo. Si voltò in su, e cosa vide? Vide la sua parrucca gialla in mano del burattino.

— Pinocchio! … rendimi subito la mia parrucca!

E Pinocchio invece di rendergli la parrucca la messe in capo per sé, rimanendovi sotto mezzo affogato.

A quel garbo insolente e derisorio, Geppetto si fece tristo e melanconico, come non era stato mai in vita sua: e voltandosi verso Pinocchio, gli disse:

— Birba d'un figliolo! Non sei ancora finito di fare, e già cominci a mancar di rispetto a tuo padre! Male, ragazzo mio, male!

E si rasciugò una lacrima.

Restavano sempre da fare le gambe e i piedi.

Quando Geppetto ebbe finito di fargli i piedi, sentì arrivarsi un calcio sulla punta del naso.

— Me lo merito — disse allora fra sé. — Dovevo pensarci prima! Ormai è tardi! Poi prese il burattino sotto le braccia e lo posò in terra, sul pavimento della stanza, per farlo camminare.

Pinocchio aveva le gambe aggranchite e non sapeva muoversi, e Gep-

Diego Manzo

petto lo conduceva per la mano per insegnargli a mettere un passo dietro l'altro.

Quando le gambe gli si furono sgranchite, Pinocchio cominciò a camminare da sé e a correre per la stanza; finché, infilata la porta di casa, saltò nella strada e si dette a scappare.

E il povero Geppetto a corrergli dietro senza poterlo raggiungere, perché quel birichino di Pinocchio andava a salti come una lepre, e battendo i suoi piedi di legno sul lastrico della strada faceva un fracasso, come venti paia di zoccoli da contadini.

— Piglialo! piglialo! — urlava Geppetto; ma la gente che era per la via, vedendo questo burattino di legno, che correva come un barbero, si fermava incantata a guardarlo, e rideva, rideva e rideva, da non poterselo figurare.

Alla fine, e per buona fortuna, capitò un carabiniere il quale, sentendo tutto quello schiamazzo, e credendo si trattasse di un puledro che avesse levata la mano al padrone, si piantò coraggiosamente a gambe larghe in mezzo alla strada, coll'animo risoluto di fermarlo e di impedire il caso maggiori disgrazie.

Ma Pinocchio, quando si avvide da lontano del carabiniere, che barricava tutta la strada, s'ingegnò di passargli, per sorpresa, framezzo alle gambe, e invece fece fiasco.

Il carabiniere, senza punto smuoversi lo acciuffò pulitamente per il naso (era un nasone spropositato, che pareva fatto apposta per essere acchiappato dai carabinieri) e lo riconsegnò nelle proprie mani di Geppetto; il quale, a titolo di correzione, voleva dargli subito una buona tiratina d'orecchi. Ma figuratevi come rimase quando nel cercargli gli orecchi, non gli riuscì di poterli trovare: e sapete perché? perché, nella furia di scolpirlo, si era dimenticato di farglieli.

Allora lo prese per la collottola, e, mentre lo riconduceva indietro, gli disse tentennando minacciosamente il capo:

— Andiamo subito a casa. Quando saremo a casa, non dubitare che faremo i nostri conti!

Pinocchio, a questa antifona, si buttò per terra, e non volle più camminare. Intanto i curiosi e i bighelloni principiavano a fermarsi lì dintorno e a far capannello.

Chi ne diceva una, chi un'altra.

— Povero burattino! — dicevano alcuni — ha ragione a non voler tornare a casa! Chi lo sa come lo picchierebbe quell'omaccio di Geppetto!

E gli altri soggiungevano malignamente:

— Quel Geppetto pare un galantuomo! ma è un vero tiranno, coi ragazzi! Se gli lasciano quel povero burattino fra le mani, è capacissimo di farlo a pezzi!

Dopo l'invenzione cinematografica disneyana del 1940, molti si sono sbizzarriti nel raffi-
gurare il burattino con sembianze più o meno attinenti alle primigenie del Lorenzini.
Dopo Enrico Mazzanti, Carlo Chiostri, Attilio Mussino, Luigi e Maria Augusta Cavalieri,
Corrado Sarri e la "svolta" di Walt Disney, siamo approdati ad un'innumerevole schiera
di illustratori e vignettisti, che si sono cimentati in personalissime interpretazioni figura-
tive, ottenendo i risultati più disparati: Beppe Porcheddu, Gianbattista Galizzi, Vittorio
Accornero, Fiorenzo Faorzi, Aurelio Galleppini, Benito Jacovitti, Luciano Bottaro, Guillermo Mordillo, Vittorio Giardino, Fabrizio Gori, Paolo Favi e molti altri ancora.

Insomma, tanto dissero e tanto fecero, che il carabiniere rimesse in libertà Pinocchio, e condusse in prigione quel pover'uomo di Geppetto. Il quale non avendo parole lì per lì per difendersi, piangeva come un vitellino, e nell'avviarsi verso il carcere, balbettava singhiozzando:

— Sciagurato figliuolo! E pensare che ho penato tanto a farlo un burattino per bene! Ma mi sta il dovere! Dovevo pensarci prima!

Quello che accadde dopo, è una storia così strana, da non potersi quasi credere e ve la racconterò in quest'altri capitoli.

IV. La storia di Pinocchio col Grillo-parlante, dove si vede come i ragazzi cattivi hanno a noia di sentirsi correggere da chi ne sa più di loro.

Vi dirò dunque, ragazzi, che mentre il povero Geppetto era condotto senza sua colpa in prigione, quel monello di Pinocchio, rimasto libero dalle grinfie del carabiniere, se la dava a gambe giù attraverso ai campi, per far più presto a tornarsene a casa; e nella gran furia del correre saltava greppi altissimi, siepi di pruni e fossi pieni d'acqua, tale e quale come avrebbe potuto fare un capretto o un leprottino inseguito dai cacciatori.

Giunto dinanzi a casa, trovò l'uscio di strada socchiuso. Lo spinse, entrò dentro, e appena ebbe messo tanto di paletto, si gettò a sedere per terra, lasciando andare un gran sospirone di contentezza.

Ma quella contentezza durò poco, perché sentì nella stanza qualcuno che fece:

— Crì-crì-crì!

— Chi è che mi chiama? — disse Pinocchio tutto impaurito.

— Sono io!

Pinocchio si voltò, e vide un grosso grillo che saliva lentamente su su per il muro.

— Dimmi, Grillo, e tu chi sei?

— Io sono il Grillo-parlante, e abito in questa stanza da più di cent'anni.

— Oggi però questa stanza è mia, — disse il burattino — e se vuoi farmi un vero piacere, vattene subito, senza nemmeno voltarti indietro.

— Io non me ne anderò di qui, — rispose il Grillo — se prima non ti avrò detto una gran verità.

— Dimmela, e spicciati.

— Guai a quei ragazzi che si ribellano ai loro genitori, e che abbandonano capricciosamente la casa paterna. Non avranno mai bene in questo mondo; e prima o poi dovranno pentirsene amaramente.

— Canta pure, Grillo mio, come ti pare e piace: ma io so che domani, all'alba, voglio andarmene di qui, perché se rimango qui, avverrà a me quel che avviene a tutti gli altri ragazzi, vale a dire mi manderanno a scuola, e per amore o per forza mi toccherà a studiare; e io, a dirtela in confidenza, di studiare non ne ho punto voglia e mi diverto più a correre dietro alle farfalle e a salire su per gli alberi a prendere gli uccellini di nido.

— Povero grullerello! Ma non sai che, facendo così, diventerai da grande un bellissimo somaro, e che tutti si piglieranno gioco di te?

— Chetati, grillaccio del mal'augurio! — gridò Pinocchio.

Ma il grillo, che era paziente e filosofo, invece di aversi a male di questa impertinenza, continuò con lo stesso tono di voce:

— E se non ti garba di andare a scuola, perché non impari almeno un mestiere tanto da guadagnarti onestamente un pezzo di pane?

— Vuoi che te lo dica? — replicò Pinocchio, che cominciava a perdere la pazienza.— Fra i mestieri del mondo non ce n'è che uno solo che veramente mi vada a genio.

— E questo mestiere sarebbe?

— Quello di mangiare, bere, dormire, divertirmi, e fare dalla mattina alla sera la vita del vagabondo.

— Per tua regola — disse il Grillo-parlante con la sua solita calma — tutti quelli che fanno codesto mestiere, finiscono quasi sempre allo spedale o in prigione.

— Bada, grillaccio del mal'augurio! ... se mi monta la bizza, guai a te!

— Povero Pinocchio: mi fai proprio compassione!

— Perché ti faccio compassione?

— Perché sei un burattino e, quel che è peggio, perché hai la testa di legno.

A queste ultime parole, Pinocchio saltò su tutt'infuriato e preso di sul banco un martello di legno, lo scagliò contro il Grillo-parlante.

Forse non credeva nemmeno di colpirlo; ma disgraziatamente lo colse per l'appunto nel capo, tanto che il povero Grillo ebbe appena il fiato di *fare crì-crì-crì*, e poi rimase lì stecchito e appiccicato alla parete.

V. Pinocchio ha fame e cerca un uovo per farsi una frittata; ma sul più bello, la frittata gli vola via dalla finestra.

Intanto cominciò a farsi notte, e Pinocchio ricordandosi che non aveva mangiato nulla, sentì un'uggiolina allo stomaco, che somigliava moltissimo all'appetito.

Ma l'appetito nei ragazzi cammina presto; e di fatti, dopo pochi minuti l'appetito diventò fame, e la fame, dal vedere al non vedere, si convertì in una fame da lupi, in una fame da tagliarsi col coltello.

Il povero Pinocchio corse subito al focolare, dove c'era una pentola che bolliva, e fece l'atto di scoperchiarla, per vedere che cosa ci fosse dentro, ma la pentola era dipinta sul muro. Immaginatevi come restò. Il suo naso, che era già lungo gli diventò più lungo almeno quattro dita.

Allora si dette a correre per la stanza e a frugare per tutte le cassette e per tutti i ripostigli in cerca di un po' di pane, magari un po' di pan secco, un crosterello, un osso avanzato al cane, un po' di polenta muffita, una lisca di pesce, un nocciolo di ciliegia, insomma qualche cosa da masticare: ma non trovò nulla, il gran nulla, proprio nulla.

E intanto la fame cresceva, e cresceva sempre: e il povero Pinocchio non aveva altro sollievo che quello di sbadigliare e faceva degli sbadigli così lunghi, che qualche volta la bocca gli arrivava fino agli orecchi. E dopo avere sbadigliato, sputava, e sentiva che lo stomaco gli andava via.

Allora piangendo e disperandosi, diceva:

— Il Grillo-parlante aveva ragione. Ho fatto male a rivoltarmi al mio babbo e a fuggire di casa ... Se il mio babbo fosse qui ora non mi troverei a morire di sbadigli! Oh! che brutta malattia che è la fame!

Quand'ecco che gli parve di vedere nel monte della spazzatura qualche cosa di tondo e di bianco che somigliava tutto ad un uovo di gallina. Spiccare un salto e gettarvisi sopra, fu un punto solo. Era un uovo davvero.

La gioia del burattino è impossibile descriverla: bisogna sapersela figurare. Credendo quasi che fosse un sogno, si rigirava quest'uovo fra le mani, e lo toccava e lo baciava e baciandolo diceva:

— E ora come dovrò cuocerlo? Ne farò una frittata? ... No, è meglio cuòcerlo nel piatto! ... o non sarebbe più saporito se lo friggessi in padella? se invece lo cuocessi a uso uovo a bere? No, la più lesta di tutte è di cuocerlo nel piatto o nel tegamino: ho troppa voglia di mangiarmelo!

Detto fatto, pose un tegamino sopra un caldano pieno di brace accesa: messe nel tegamino, invece d'olio di burro, un po' d'acqua: e quando l'acqua principiò a fumare, tac! ... spezzò il guscio dell'uovo, e fece l'atto di scodellarvelo dentro.

Ma invece della chiara e del torlo, scappò fuori un pulcino tutto allegro e complimentoso, il quale, facendo una bella riverenza, disse:

— Mille grazie, signor Pinocchio, d'avermi risparmiata la fatica di rompere il guscio! Arrivedella, stia bene e tanti saluti a casa!

Ciò detto, distese le ali, e, infilata la finestra che era aperta, se ne volò via a perdita d'occhio.

Il povero burattino rimase lì, come incantato, cogli occhi fissi, colla bocca aperta e coi gusci dell'uovo in mano. Riavutosi, peraltro, dal primo sbigottimento, cominciò a piangere, a strillare, a battere i piedi in terra per la disperazione, e piangendo diceva:

— Eppure il Grillo-parlante aveva ragione! Se non fossi scappato di casa e se il mio babbo fosse qui, ora non mi troverei a morire di fame. Eh! che brutta malattia che è la fame!

E perché il corpo gli seguitava a brontolare più che mai, e non sapeva come fare a chetarlo, pensò di uscir di casa e di dare una scappata al paesello vicino, nella speranza di trovare qualche persona caritatevole, che gli facesse l'elemosina di un po' di pane.

VI. Pinocchio si addormenta coi piedi sul caldano, e la mattina dopo si sveglia coi piedi tutti bruciati.

Per l'appunto era una nottataccia d'inverno. Tonava forte forte, lampeggiava come se il cielo pigliasse fuoco, e un ventaccio freddo e strapazzone, fischiando rabbiosamente e sollevando un immenso nuvolo di polvere, faceva stridere e cigolare tutti gli alberi della campagna.

Pinocchio aveva una gran paura dei tuoni e dei lampi: se non che la fame era più forte della paura: motivo per cui accostò l'uscio di casa, e presa la carriera, in un centinaio di salti arrivò fino al paese, colla lingua fuori e col fiato grosso, come un can da caccia, che stesse inseguendo una lepre.

Ma trovò tutto buio e tutto deserto. Le botteghe erano chiuse; le porte di casa chiuse, le finestre chiuse, e nella strada nemmeno un cane. Pareva il paese dei morti.

Allora Pinocchio, preso dalla disperazione e dalla fame, si attaccò al campanello d'una casa, e cominciò a sonare a distesa, dicendo dentro di sé:

— Qualcuno si affaccerà.

Difatti si affacciò un vecchio, col berretto da notte in capo, il quale gridò tutto stizzito:

— Che cosa volete a quest'ora?

— Che mi fareste il piacere di darmi un po' di pane?

— Aspettatemi costì che torno subito, — rispose il vecchino, credendo di aver da fare con qualcuno di quei ragazzacci rompicolli che si divertono di notte a sonare i campanelli delle case, per molestare la gente per bene, che se la dorme tranquillamente.

Dopo mezzo minuto la finestra si riaprì, e la voce del solito vecchino gridò a Pinocchio:

— Fatti sotto e para il cappello.

Pinocchio si levò subito il suo cappelluccio, ma mentre faceva l'atto di pararlo, sentì pioversi addosso un'enorme catinellata d'acqua che lo annaffiò tutto, dalla testa ai piedi, come se fosse un vaso di giranio appassito.

Tornò a casa bagnato come un pulcino e rifinito dalla stanchezza e dalla fame: e perché non aveva più forza di reggersi ritto, si pose a sedere, appoggiando i piedi fradici e impillaccherati sopra un caldano pieno di brace accesa.

E lì si addormentò; e nel dormire i piedi che erano di legno gli presero fuoco, e adagio adagio gli si carbonizzarono e diventarono cenere.

E Pinocchio seguitava a dormire e a russare, come se i suoi piedi fossero quelli d'un altro. Finalmente sul far del giorno si svegliò perché qualcuno aveva bussato alla porta.

— Chi è? — domandò sbadigliando e stropicciandosi gli occhi.

— Sono io! — rispose una voce.

Quella voce era la voce di Geppetto.

VII. Geppetto torna a casa, [rifà i piedi al burattino] e gli dà la colazione che il pover'uomo aveva portata per sé.

Il povero Pinocchio, che aveva sempre gli occhi fra il sonno, non s'era ancora avvisto dei piedi che gli si erano tutti bruciati: per cui appena sentì la voce di suo padre, schizzò giù dallo sgabello per correre a tirare il paletto; ma invece, dopo due tre traballoni, cadde di picchio tutto lungo disteso sul pavimento.

E nel battere in terra fece lo stesso rumore, che avrebbe fatto un sacco di mestoli, cascato da un quinto piano.

— Aprimi! — intanto gridava Geppetto dalla strada.

— Babbo mio, non posso — rispondeva il burattino piangendo e ruzzolandosi per terra.

— Perché non puoi?

— Perché mi hanno mangiato i piedi.

— E chi te li ha mangiati?

— Il gatto — disse Pinocchio, vedendo il gatto che colle zampine davanti si divertiva a far ballare alcuni trucioli di legno.

— Aprimi, ti dico! — ripeté Geppetto — se no, quando vengo in casa, il gatto te lo do io!

— Non posso star ritto, credetelo. Oh! povero me! povero me, che mi toccherà a camminare coi ginocchi per tutta la vita!

Geppetto, credendo che tutti questi piagnistei fossero un'altra monelleria del burattino, pensò bene di farla finita, e arrampicatosi su per il muro, entrò in casa dalla finestra.

Da principio voleva dire e voleva fare; ma poi, quando vide il suo Pinocchio sdraiato in terra e rimasto senza piedi davvero, allora sentì intenerirsi; e presolo subito in collo si dette a baciarlo e a fargli mille carezze e mille moine, e, coi lucciconi che gli cascavano giù per le gote, gli disse singhiozzando:

— Pinocchiuccio mio! Com'è che ti sei bruciato i piedi?

— Non lo so, babbo, ma credetelo che è stata una nottata d'inferno, e me ne ricorderò fin che campo. Tonava, balenava e io avevo una gran fame, e allora il Grillo-parlante mi disse: «Ti sta bene, sei stato cattivo e te lo meriti » e io gli dissi: «Bada, Grillo! ... » e lui mi disse: «Tu sei un burattino e hai la testa di legno» e io gli tirai un manico di martello, e lui morì, ma la colpa fu sua, perché io non volevo ammazzarlo, prova ne sia, che messi un tegamino sulla brace accesa del caldano, ma il pulcino scappò fuori e disse: «Arrivedella, ... e tanti saluti a casa. » E la fame cresceva sempre, motivo per cui quel vecchino col berretto da notte, affacciandosi alla finestra mi disse: «Fatti sotto e para il cappello» e io con quella catinellata d'acqua sul capo, perché il chiedere un po' di pane non è vergogna, non è vero? me ne tornai subito a casa, e perché avevo sempre una gran fame, messi i piedi sul caldano per rasciugarmi, e voi siete tornato, e me li sono trovati bruciati, e intanto la fame l'ho sempre e i piedi non li ho più! ih! ... ih! ... ih! ... ih! ...

E il povero Pinocchio cominciò a piangere e a berciare così forte, che lo sentivano da cinque chilometri lontano.

Geppetto, che di tutto quel discorso arruffato aveva capito una cosa sola, cioè che il burattino sentiva morirsi dalla gran fame, tirò fuori di tasca tre pere, e porgendogliele, disse:

— Queste tre pere erano la mia colazione: ma io te le do volentieri. Mangiale, e buon pro ti faccia.

— Se volete che le mangi, fatemi il piacere di sbucciarle.

— Sbucciarle? — replicò Geppetto meravigliato.

— Non avrei mai creduto, ragazzo mio, che tu fossi così boccuccia e così schizzinoso di palato. Male! In questo mondo, fin da bambini, bisogna avvezzarsi abboccati e a saper mangiar di tutto, perché non si sa mai quel che ci può capitare. I casi son tanti!

— Voi direte bene — soggiunse Pinocchio — ma io non mangerò mai una frutta, che non sia sbucciata. Le bucce non le posso soffrire.

E quel buon uomo di Geppetto, cavato fuori un coltellino, e armatosi di santa pazienza, sbucciò le tre pere, e pose tutte le bucce sopra un angolo della tavola.

Quando Pinocchio in due bocconi ebbe mangiata la prima pera, fece l'atto di buttar via il torsolo: ma Geppetto gli trattenne il braccio, dicendogli:

— Non lo buttar via: tutto in questo mondo può far comodo.

— Ma io il torsolo non lo mangio davvero! — gridò il burattino, rivoltandosi come una vipera.

— Chi lo sa! I casi son tanti! — ripeté Geppetto, senza riscaldarsi.

Fatto sta che i tre torsoli, invece di esser gettati fuori dalla finestra, vennero posati sull'angolo della tavola in compagnia delle bucce.

Mangiate o, per dir meglio, divorate le tre pere, Pinocchio fece un lunghissimo sbadiglio e disse piagnucolando:

— Ho dell'altra fame!

— Ma io, ragazzo mio, non ho più nulla da darti.

— Proprio nulla, nulla?

— Ci avrei soltanto queste bucce e questi torsoli di pera.

— Pazienza! — disse Pinocchio, — se non c'è altro, mangerò una buccia.

E cominciò a masticare. Da principio storse un po' la bocca: ma poi una dietro l'altra, spolverò in un soffio tutte le bucce: e dopo le bucce anche i torsoli, e quand'ebbe finito di mangiare ogni cosa, si batté tutto contento le mani sul corpo, e disse gongolando:

— Ora sì che sto bene!

— Vedi dunque — osservò Geppetto — che avevo ragione io quando ti dicevo che non bisogna avvezzarsi né troppo sofistici né troppo delicati di palato. Caro mio, non si sa mai quel che ci può capitare in questo mondo. I casi son tanti!!

VIII. *Geppetto rifà i piedi a Pinocchio e vende la propria casacca per comprargli l'Abbecedario.*

Il burattino, appena che si fu levata la fame, cominciò subito a bofonchiare e a piangere, perché voleva un paio di piedi nuovi.

Ma Geppetto, per punirlo della monelleria fatta, lo lasciò piangere e disperarsi per una mezza giornata: poi gli disse:

— E perché dovrei rifarti i piedi? Forse per vederti scappar di nuovo da casa tua?

— Vi prometto — disse il burattino singhiozzando — che da oggi in poi sarò buono ...

— Tutti i ragazzi — replicò Geppetto — quando vogliono ottenere qualcosa, dicono così.

— Vi prometto che anderò a scuola, studierò e mi farò onore ...

— Tutti i ragazzi, quando vogliono ottenere qualcosa, ripetono la medesima storia.

— Ma io non sono come gli altri ragazzi! Io sono più buono di tutti, e dico sempre la verità. Vi prometto, babbo, che imparerò un'arte, e che sarò la consolazione e il bastone della vostra vecchiaia. — Geppetto che, sebbene facesse il viso di tiranno, aveva gli occhi pieni di pianto e il cuore grosso dalla passione nel vedere il suo povero Pinocchio in quello stato compassionevole, non rispose altre parole: ma, presi in mano gli arnesi del mestiere e due pezzetti di legno stagionato, si pose a lavorare di grandissimo impegno.

E in meno d'un'ora, i piedi erano bell'e fatti: due piedini svelti, asciutti e nervosi, come se fossero modellati da un artista di genio.

Allora Geppetto disse al burattino:

— Chiudi gli occhi e dormi!

E Pinocchio chiuse gli occhi e fece finta di dormire. E nel tempo che si fingeva addormentato, Geppetto con un po' di colla sciolta in un guscio d'uovo gli appiccicò i due piedi al loro posto, e glieli appiccicò così bene, che non si vedeva nemmeno il segno dell'attaccatura.

Appena il burattino si accorse di avere i piedi, saltò giù dalla tavola dove stava disteso, e principiò a fare mille sgambetti e mille capriole, come se fosse ammattito dalla gran contentezza.

— Per ricompensarvi di quanto avete fatto per me — disse Pinocchio al suo babbo — voglio subito andare a scuola.

— Bravo ragazzo.

— Ma per andare a scuola ho bisogno d'un po' di vestito.

Geppetto, che era povero e non aveva in tasca nemmeno un centesimo, gli fece allora un vestituccio di carta fiorita, un paio di scarpe di scorza d'albero e un berrettino di midolla di pane. Pinocchio corse subito a specchiarsi in una catinella piena d'acqua e rimase così contento di sé, che disse pavoneggiandosi:

— Paio proprio un signore!

— Davvero, — replicò Geppetto — perché, tienlo a mente, non è il vestito bello che fa il signore, ma è piuttosto il vestito pulito.

— A proposito, — soggiunse il burattino — per andare alla scuola mi manca sempre qualcosa: anzi mi manca il più e il meglio.

— Cioè?

— Mi manca l'Abbecedario.

— Hai ragione: ma come si fa per averlo?

— È facilissimo: si va da un libraio e si compra.

— E i quattrini?

— Io non ce l'ho.

— Nemmeno io — soggiunse il buon vecchio, facendosi tristo.

E Pinocchio, sebbene fosse un ragazzo allegrissimo, si fece tristo anche lui: perché la miseria, quando è miseria davvero, la intendono tutti: anche i ragazzi.

— Pazienza! — gridò Geppetto tutt'a un tratto rizzandosi in piedi; e infilatasi la vecchia casacca di frustagno, tutta toppe e rimendi, uscì correndo di casa.

Dopo poco tornò: e quando tornò, aveva in mano l'Abbecedario per il figliuolo, ma la casacca non l'aveva più. Il pover'uomo era in maniche di camicia, e fuori nevicava.

— E la casacca, babbo?

— L'ho venduta.

— Perché l'avete venduta?

— Perché mi faceva caldo.

Pinocchio capì questa risposta a volo, e non potendo frenare l'impeto del suo buon cuore, saltò al collo di Geppetto e cominciò a baciarlo per tutto il viso.

IX. Pinocchio vende l'Abbecedario per andare a vedere il teatrino dei burattini.

Smesso che fu di nevicare, Pinocchio, col suo bravo Abbecedario nuovo sotto il braccio, prese la strada che menava alla scuola: e strada facendo, fantasticava nel suo cervellino mille ragionamenti e mille castelli in aria uno più bello dell'altro.

E discorrendo da sé solo, diceva:

— Oggi, alla scuola, voglio subito imparare a leggere: domani poi imparerò a scrivere, e domani l'altro imparerò a fare i numeri. Poi, colla mia abilità, guadagnerò molti quattrini e coi primi quattrini che mi verranno in tasca, voglio subito fare al mio babbo una bella casacca di panno. Ma che dico di panno? Gliela voglio fare tutta d'argento e d'oro, e coi bottoni di brillanti. E quel pover'uomo se la merita davvero: perché, insomma, per comprarmi i libri e per farmi istruire, è rimasto in maniche di camicia ... a questi freddi! Non ci sono che i babbi che sieno capaci di certi sacrifizi!

Mentre tutto commosso diceva così, gli parve di sentire in lontananza una musica di pifferi e di colpi di gran cassa: pì-pì-pì, pì-pì-pì, zum, zum, zum, zum.

Si fermò e stette in ascolto. Quei suoni venivano di fondo a una lunghissima strada traversa, che conduceva a un piccolo paesetto fabbricato sulla spiaggia del mare.

— Che cosa sia questa musica? Peccato che io debba andare a scuola, se no ...

E rimase lì perplesso. A ogni modo, bisognava prendere una risoluzione: o a scuola, o a sentire i pifferi.

— Oggi anderò a sentire i pifferi, e domani a scuola: per andare a scuola c'è sempre tempo — disse finalmente quel monello, facendo una spallucciata.

Detto fatto, infilò giù per la strada traversa e cominciò a correre a gambe. Più correva e più sentiva distinto il suono dei pifferi e dei tonfi della gran-cassa: pì-pì-pì, pì-pì-pì, pì-pì-pì, zum, zum, zum, zum.

Quand'ecco che si trovò in mezzo a una piazza tutta piena di gente, la quale si affollava intorno a un gran baraccone di legno e di tela dipinta di mille colori.

— Che cos'è quel baraccone? — domandò Pinocchio, voltandosi a un ragazzetto che era lì del paese.

— Leggi il cartello, che c'è scritto, e lo saprai.

— Lo leggerei volentieri, ma per l'appunto oggi non so leggere.

— Bravo bue! Allora te lo leggerò io. Sappi dunque che in quel cartello a lettere rosse come il fuoco, c'è scritto: GRAN TEATRO DEI BURATTINI.

— È molto che è incominciata la commedia?

— Comincia ora.

— E quanto si spende per entrare?

— Quattro soldi.

Pinocchio, che aveva addosso la febbre della curiosità, perse ogni ritegno e disse, senza vergognarsi, al ragazzetto col quale parlava:

— Mi daresti quattro soldi fino a domani?

— Te li darei volentieri — gli rispose l'altro canzonandolo — ma oggi per l'appunto non te li posso dare.

— Per quattro soldi, ti vendo la mia giacchetta — gli disse allora il burattino.

— Che vuoi che mi faccia di una giacchetta di carta fiorita? Se ci piove su, non c'è più verso di cavarsela da dosso.

— Vuoi comprare le mie scarpe?

— Sono buone per accendere il fuoco.

— Quanto mi dai del berretto?

— Bell'acquisto davvero! Un berretto di midolla di pane! C'è il caso che i topi me lo vengano a mangiare in capo!

Pinocchio era sulle spine. Stava lì lì per fare un'ultima offerta: ma non aveva coraggio: esitava, tentennava, pativa. Alla fine disse:

— Vuoi darmi quattro soldi di quest'Abbecedario nuovo?

— Io sono un ragazzo, e non compro nulla dai ragazzi — gli rispose il suo piccolo interlocutore, che aveva più giudizio di lui.

— Per quattro soldi l'Abbecedario lo prendo io — gridò un rivenditore di panni usati, che s'era trovato presente alla conversazione.

E il libro fu venduto lì su due piedi. E pensare che quel pover'uomo di Geppetto era rimasto a casa, a tremare dal freddo in maniche di camicia, per comprare l'Abbecedario al figliuolo!

X. I burattini riconoscono il loro fratello Pinocchio, e gli fanno una grandissima festa; ma sul più bello, esce fuori il burattinaio Mangiafoco, e Pinocchio corre il pericolo di fare una brutta fine.

Quando Pinocchio entrò nel teatrino delle marionette, accadde un fatto che destò una mezza rivoluzione.

Bisogna sapere che il sipario era tirato su e la commedia era già incominciata.

Sulla scena si vedevano Arlecchino e Pulcinella, che bisticciavano fra di loro e, secondo il solito, minacciavano da un momento all'altro di scambiarsi un carico di schiaffi e di bastonate.

La platea, tutta attenta, si mandava a male dalle grandi risate, nel sentire il battibecco di quei due burattini, che gestivano e si trattavano d'ogni vitupero con tanta verità, come se fossero proprio due animali ragionevoli e due persone di questo mondo.

Quando all'improvviso, che è che non è, Arlecchino smette di recitare, e voltandosi verso il pubblico e accennando colla mano qualcuno in fondo alla platea, comincia a urlare in tono drammatico:

— Numi del firmamento! sogno o son desto? Eppure quello laggiù è Pinocchio!

— È Pinocchio davvero! — grida Pulcinella.

— È proprio lui! — strilla la signora Rosaura, facendo capolino di fondo alla scena.

— È Pinocchio! è Pinocchio! — urlano in coro tutti i burattini, uscendo a salti fuori dalle quinte. — È Pinocchio! È il nostro fratello Pinocchio! Evviva Pinocchio!

— Pinocchio, vieni quassù da me! — grida Arlecchino — vieni a gettarti fra le braccia dei tuoi fratelli di legno!

A questo affettuoso invito, Pinocchio spicca un salto, e di fondo alla platea va nei posti distinti; poi con un altro salto, dai posti distinti monta sulla testa del direttore d'orchestra, e di lì schizza sul palcoscenico.

È impossibile figurarsi gli abbracciamenti, gli strizzoni di collo, i pizzicotti dell'amicizia e le zuccate della vera e sincera fratellanza, che Pinocchio ricevé in mezzo a tanto arruffìo dagli attori e dalle attrici di quella compagnia drammatico-vegetale.

Questo spettacolo era commovente, non c'è che dire: ma il pubblico della platea, vedendo che la commedia non andava più avanti, s'impazientì e prese a gridare:

— Vogliamo la commedia, vogliamo la commedia!

Tutto fiato buttato via, perché i burattini, invece di continuare la recita, raddoppiarono il chiasso e le grida, e, postosi Pinocchio sulle spalle, se lo portarono in trionfo davanti ai lumi della ribalta.

Allora uscì fuori il burattinaio, un omone così brutto, che metteva paura soltanto a guardarlo. Aveva una barbaccia nera come uno scarabocchio d'inchiostro, e tanto lunga che gli scendeva dal mento fino a terra: basta dire che, quando camminava, se la pestava coi piedi. La sua bocca era larga come un forno, i suoi occhi parevano due lanterne di vetro rosso, col lume acceso di dietro; e con le mani schioccava una grossa frusta, fatta di serpenti e di code di volpe attorcigliate insieme.

All'apparizione inaspettata del burattinaio, ammutolirono tutti: nessuno fiatò più. Si sarebbe sentito volare una mosca. Quei poveri burattini, maschi e femmine, tremavano come tante foglie.

— Perché sei venuto a mettere lo scompiglio nel mio teatro? — domandò il burattinaio a Pinocchio, con un vocione d'Orco gravemente infreddato di testa.

— La creda, illustrissimo, che la colpa non è stata mia!

— Basta così! Stasera faremo i nostri conti.

Difatti, finita la recita della commedia, il burattinaio andò in cucina, dov'egli s'era preparato per cena un bel montone, che girava lentamente infilato nello spiede. E perché gli mancavano le legna per finirlo di cuocere e di rosolare, chiamò Arlecchino e Pulcinella e disse loro:

— Portatemi di qua quel burattino, che troverete attaccato al chiodo. Mi pare un burattino fatto di un legname molto asciutto, e sono sicuro che, a buttarlo sul fuoco, mi darà una bellissima fiammata all'arrosto.

Arlecchino e Pulcinella da principio esitarono; ma impauriti da un'occhiataccia del loro padrone, obbedirono: e dopo poco tornarono in cucina, portando sulle braccia il povero Pinocchio, il quale, divincolandosi come un'anguilla fuori dell'acqua, strillava disperatamente:

— Babbo mio, salvatemi! Non voglio morire, no, non voglio morire!

XI. *Mangiafoco starnutisce e perdona a Pinocchio, il quale poi difende dalla morte il suo amico Arlecchino.*

Il burattinaio Mangiafoco (ché questo era il suo nome) pareva un uomo spaventoso, non dico di no, specie con quella sua barbaccia nera che, a uso grembiale, gli copriva tutto il petto e tutte le gambe; ma nel fondo poi non era un cattiv'uomo. Prova ne sia che quando vide portarsi davanti quel povero Pinocchio, che si dibatteva per ogni verso, urlando «Non voglio morire, non voglio morire!», principiò subito a commuoversi e a impietosirsi; e dopo aver resistito un bel pezzo, alla fine non ne poté più, e lasciò andare un sonorissimo starnuto.

A quello starnuto, Arlecchino, che fin allora era stato afflitto e ripiegato come un salcio piangente, si fece tutto allegro in viso e chinatosi verso

Pinocchio, gli bisbigliò sottovoce:

— Buone nuove, fratello! Il burattinaio ha starnutito, e questo è segno che s'è mosso a compassione per te, e oramai sei salvo.

Perché bisogna sapere che, mentre tutti gli uomini, quando si sentono impietositi per qualcuno, o piangono, o per lo meno fanno finta di rasciugarsi gli occhi, Mangiafoco, invece, ogni volta che s'inteneriva davvero aveva il vizio di starnutire. Era un modo come un altro, per dare a conoscere agli altri la sensibilità del suo cuore.

Dopo avere starnutito, il burattinaio, seguitando a fare il burbero, gridò a Pinocchio:

— Finiscila di piangere! I tuoi lamenti mi hanno messo un'uggiolina qui in fondo allo stomaco ... sento uno spasimo, che quasi quasi ... *Etcì! Etcì!*— e fece altri due starnuti.

— Felicità! — disse Pinocchio.

— Grazie. E il tuo babbo e la tua mamma sono sempre vivi? — gli domandò Mangiafoco.

— Il babbo, sì: la mamma non l'ho mai conosciuta.

— Chi lo sa che dispiacere sarebbe per il tuo vecchio padre, se ora ti facessi gettare fra que' carboni ardenti! Povero vecchio! lo compatisco! ... Etcì, etcì, etcì — e fece altri tre starnuti.

— Felicità! — disse Pinocchio.

— Grazie! Del resto bisogna compatire anche me, perché, come vedi, non ho più legna per finire di cuocere quel montone arrosto, e tu, dico la verità, in questo caso mi avresti fatto un gran comodo! Ma ormai mi sono impietosito e ci vuol pazienza. Invece di te, metterò a bruciare sotto lo spiedo qualche burattino della mia Compagnia. Olà, giandarmi!

A questo comando comparvero subito due giandarmi di legno, lunghi lunghi, secchi secchi, col cappello a lucerna in testa e colla sciabola sfoderata in mano.

Allora il burattinaio disse loro con voce rantolosa:

— Pigliatemi lì quell'Arlecchino, legatelo ben bene, e poi gettatelo a bruciare sul fuoco. Io voglio che il mio montone sia arrostito bene!

Figuratevi il povero Arlecchino! Fu tanto il suo spavento, che le gambe gli si ripiegarono e cadde bocconi per terra.

Pinocchio, alla vista di quello spettacolo straziante, andò a gettarsi ai piedi del burattinaio, e piangendo dirottamente e bagnandogli di lacrime tutti i peli della lunghissima barba, cominciò a dire con voce supplichevole:

— Pietà, signor Mangiafoco!

— Qui non ci son signori! — replicò duramente il burattinaio.

— Pietà, signor Cavaliere!

— Qui non ci sono cavalieri!

— Pietà, signor Commendatore!

— Qui non ci sono commendatori!

— Pietà, Eccellenza!

A sentirsi chiamare Eccellenza, il burattinaio fece subito il bocchino tondo, e diventato tutt'a un tratto più umano e più trattabile, disse a Pinocchio:

— Ebbene, che cosa vuoi da me?

— Vi domando grazia per il povero Arlecchino!

— Qui non c'è grazia che tenga. Se ho risparmiato te, bisogna che faccia mettere sul fuoco lui, perché io voglio che il mio montone sia arrostito bene.

— In questo caso — gridò fieramente Pinocchio, rizzandosi e gettando via il suo berretto di midolla di pane — in questo caso conosco qual è il mio dovere. Avanti, signori giandarmi! Legatemi e gettatemi là fra quelle fiamme. No, non è giusta che il povero Arlecchino, il vero amico mio, debba morire per me!

Queste parole, pronunziate con voce alta e con accento eroico, fecero piangere tutti i burattini che erano presenti a quella scena. Gli stessi giandarmi, sebbene fossero di legno, piangevano come due agnellini di latte.

Mangiafoco, sul principio, rimase duro e immobile come un pezzo di ghiaccio: ma poi, adagio adagio, cominciò anche lui a commuoversi e a starnutire. E fatti quattro o cinque starnuti, aprì affettuosamente le braccia e disse a Pinocchio:

— Tu sei un gran bravo ragazzo! Vieni qua da me e dammi un bacio.

Pinocchio corse subito, e arrampicandosi come uno scoiattolo su per la barba del burattinaio, andò a posargli un bellissimo bacio sulla punta del naso.

— Dunque la grazia è fatta? — domandò il povero Arlecchino, con un fil di voce che si sentiva appena.

— La grazia è fatta! — rispose Mangiafoco: poi soggiunse sospirando e tentennando il capo:

— Pazienza! Per questa sera mi rassegnerò a mangiare il montone mezzo crudo: ma un'altra volta, guai a chi toccherà!

Alla notizia della grazia ottenuta, i burattini corsero tutti sul palcoscenico e, accesi i lumi e i lampadari come in serata di gala, cominciarono a saltare e a ballare. Era l'alba e ballavano sempre.

XII. Il burattinaio Mangiafoco regala cinque monete d'oro a Pinocchio perché le porti al suo babbo Geppetto: e Pinocchio, invece, si lascia abbindolare dalla Volpe e dal Gatto e se ne va con loro.

Il giorno dipoi Mangiafoco chiamò in disparte Pinocchio e gli domandò:

— Come si chiama tuo padre?

— Geppetto.

— E che mestiere fa?

— Il povero.

— Guadagna molto?

— Guadagna tanto quanto ci vuole per non aver mai un centesimo in tasca. Si figuri che per comprarmi l'Abbecedario della scuola dové vendere l'unica casacca che aveva addosso: una casacca che, fra toppe e rimendi, era tutta una piaga.

— Povero diavolo! Mi fa quasi compassione. Ecco qui cinque monete d'oro. Va' subito a portargliele e salutalo tanto da parte mia.

Pinocchio, com'è facile immaginarselo, ringraziò mille volte il burattinaio: abbracciò, a uno a uno, tutti i burattini della compagnia, anche i giandarmi; e fuori di sé dalla contentezza, si mise in viaggio per ritornarsene a casa sua.

Ma non aveva fatto ancora mezzo chilometro, che incontrò per la strada una Volpe zoppa da un piede e un Gatto cieco da tutt'e due gli occhi che se ne andavano là là, aiutandosi fra di loro, da buoni compagni di sventura. La Volpe, che era zoppa, camminava appoggiandosi al Gatto: e il Gatto, che era cieco, si lasciava guidare dalla Volpe.

— Buon giorno, Pinocchio — gli disse la Volpe, salutandolo garbatamente.

— Com'è che sai il mio nome? — domandò il burattino.

— Conosco bene il tuo babbo.

— Dove l'hai veduto?

— L'ho veduto ieri sulla porta di casa sua.

— E che cosa faceva?

— Era in maniche di camicia e tremava dal freddo.

— Povero babbo! Ma, se Dio vuole, da oggi in poi non tremerà più!

— Perché?

— Perché io sono diventato un gran signore.

— Un gran signore tu? — disse la Volpe, e cominciò a ridere di un riso sguaiato e canzonatore: e il Gatto rideva anche lui, ma per non darlo a vedere, si pettinava i baffi colle zampe davanti.

— C'è poco da ridere — gridò Pinocchio impermalito. — Mi dispiace davvero di farvi venire l'acquolina in bocca, ma queste qui, se ve ne intendete, sono cinque bellissime monete d'oro.

E tirò fuori le monete avute in regalo da Mangiafoco.

Al simpatico suono di quelle monete, la Volpe per un moto involontario allungò la gamba che pareva rattrappita, e il Gatto spalancò tutt'e due gli occhi che parvero due lanterne verdi: ma poi li richiuse subito, tant'è vero che Pinocchio non si accorse di nulla.

— E ora — gli domandò la Volpe — che cosa vuoi farne di codeste monete?

— Prima di tutto — rispose il burattino — voglio comprare per il mio babbo una bella casacca nuova, tutta d'oro e d'argento e coi bottoni di brillanti: e poi voglio comprare un Abbecedario per me.

— Per te?

— Davvero: perché voglio andare a scuola e mettermi a studiare a buono.

— Guarda me! — disse la Volpe. — Per la passione sciocca di studiare ho perduto una gamba.

— Guarda me! — disse il Gatto. — Per la passione sciocca di studiare ho perduto la vista di tutti e due gli occhi.

In quel mentre un Merlo bianco, che se ne stava appollaiato sulla siepe della strada, fece il suo solito verso e disse:

— Pinocchio, non dar retta ai consigli dei cattivi compagni: se no, te ne pentirai!

Povero Merlo, non l'avesse mai detto! Il Gatto, spiccando un gran salto, gli si avventò addosso, e senza dargli nemmeno il tempo di dire ohi, se lo mangiò in un boccone, con le penne e tutto.

Mangiato che l'ebbe e ripulitosi la bocca, chiuse gli occhi daccapo, e ricominciò a fare il cieco come prima.

— Povero Merlo! — disse Pinocchio al Gatto — perché l'hai trattato così male?

— Ho fatto per dargli una lezione. Così un'altra volta imparerà a non metter bocca nei discorsi degli altri.

Erano giunti più che a mezza strada quando la Volpe, fermandosi di punto in bianco, disse al burattino:

— Vuoi raddoppiare le tue monete d'oro?

— Cioè?

— Vuoi tu, di cinque miserabili zecchini, farne cento, mille, duemila?

— Magari! e la maniera?

— La maniera è facilissima. Invece di tornartene a casa tua, dovresti venir con noi.

— E dove mi volete condurre?

— Nel paese dei Barbagianni.

Pinocchio ci pensò un poco, e poi disse risolutamente:

— No, non ci voglio venire. Oramai sono vicino a casa, e voglio andarmene a casa, dove c'è il mio babbo che m'aspetta. Chi lo sa, povero vecchio, quanto ha sospirato ieri, a non vedermi tornare. Pur troppo io sono stato un figliolo cattivo, e il Grillo-parlante aveva ragione quando diceva: «i ragazzi disobbedienti non possono aver bene in questo mondo». E io l'ho provato a mie spese, perché mi sono capitate dimolte disgrazie, e anche ieri sera in casa di Mangiafoco, ho corso pericolo ... Brrr! mi viene i bordoni soltanto a pensarci!

— Dunque — disse la Volpe — vuoi proprio andare a casa tua? Allora va' pure, e tanto peggio per te.

— Tanto peggio per te! — ripeté il Gatto.

— Pensaci bene, Pinocchio, perché tu dai un calcio alla fortuna.

— Alla fortuna! — ripeté il Gatto.

— I tuoi cinque zecchini, dall'oggi al domani sarebbero diventati duemila.

— Duemila! — ripeté il Gatto.

— Ma com'è mai possibile che diventino tanti? — domandò Pinocchio, restando a bocca aperta dallo stupore.

— Te lo spiego subito — disse la Volpe. — Bisogna sapere che nel paese dei Barbagianni c'è un campo benedetto, chiamato da tutti il Campo dei miracoli. Tu fai in questo campo una piccola buca e ci metti dentro, per esempio, uno zecchino d'oro. Poi ricopri la buca con un po' di terra: l'annaffi con due secchie d'acqua di fontana, ci getti sopra una presa di sale, e la sera te ne vai tranquillamente a letto. Intanto, durante la notte, lo zecchino germoglia e fiorisce, e la mattina dopo, di levata, ritornando nel campo, che cosa trovi? Trovi un bell'albero carico di tanti zecchini d'oro quanti chicchi di grano può avere una bella spiga nel mese di giugno.

— Sicché dunque — disse Pinocchio sempre più sbalordito — se io sotterrassi in quel campo i miei cinque zecchini, la mattina dopo quanti zecchini ci troverei?

— È un conto facilissimo — rispose la Volpe — un conto che puoi farlo sulla punta delle dita. Poni che ogni zecchino ti faccia un grappolo di cinquecento zecchini: moltiplica il cinquecento per cinque, e la mattina dopo ti trovi in tasca duemilacinquecento zecchini lampanti e sonanti.

— Oh che bella cosa! — gridò Pinocchio, ballando dall'allegrezza. — Appena che questi zecchini li avrò raccolti, ne prenderò per me duemila e gli altri cinquecento di più li darò in regalo a voialtri due.

— Un regalo a noi? — gridò la Volpe sdegnandosi e chiamandosi offesa. — Dio te ne liberi!

— Te ne liberi! — ripeté il Gatto.

— Noi — riprese la Volpe — non lavoriamo per il vile interesse: noi lavoriamo unicamente per arricchire gli altri.

— Gli altri! — ripeté il Gatto.

— Che brave persone! — pensò dentro di sé Pinocchio: e dimenticandosi lì sul tamburo, del suo babbo, della casacca nuova, dell'Abbecedario e di tutti i buoni proponimenti fatti, disse alla Volpe e al Gatto:

— Andiamo subito, io vengo con voi.

XIII. L'osteria del «Gambero Rosso».

Cammina, cammina, cammina, alla fine sul far della sera arrivarono stanchi morti all'osteria del Gambero Rosso.

— Fermiamoci un po' qui — disse la Volpe — tanto per mangiare un boccone e per riposarci qualche ora. A mezzanotte poi ripartiremo per essere domani, all'alba, nel Campo dei miracoli.

Entrati nell'osteria, si posero tutti e tre a tavola: ma nessuno di loro aveva appetito.

Il povero Gatto, sentendosi gravemente indisposto di stomaco, non poté mangiare altro che trentacinque triglie con salsa di pomodoro e quattro porzioni di trippa alla parmigiana: e perché la trippa non gli pareva condita abbastanza, si rifece tre volte a chiedere il burro e il formaggio grattato!

La Volpe avrebbe spelluzzicato volentieri qualche cosa anche lei: ma siccome il medico le aveva ordinato una grandissima dieta, così dové contentarsi di una semplice lepre dolce e forte con un leggerissimo contorno di pollastre ingrassate e di galletti di primo canto. Dopo la lepre, si fece portare per tornagusto un cibreino di pernici, di starne, di conigli, di ranocchi, di lucertole e d'uva paradisa; e poi non volle altro. Aveva tanta nausea per il cibo, diceva lei, che non poteva accostarsi nulla alla bocca.

Quello che mangiò meno di tutti fu Pinocchio. Chiese uno spicchio di noce e un cantuccio di pane, e lasciò nel piatto ogni cosa. Il povero figliuolo, col pensiero sempre fisso al Campo dei miracoli, aveva preso un'indigestione anticipata di monete d'oro.

Quand'ebbero cenato, la Volpe disse all'oste:

— Datemi due buone camere, una per il signor Pinocchio e un'altra per me e per il mio compagno. Prima di ripartire stiacceremo un sonnellino. Ricordatevi però che a mezzanotte vogliamo essere svegliati per continuare il nostro viaggio.

— Sissignori — rispose l'oste, e strizzò l'occhio alla Volpe e al Gatto, come dire: «Ho mangiata la foglia e ci siamo intesi! …».

Appena che Pinocchio fu entrato nel letto, si addormentò a colpo e principiò a sognare. E sognando gli pareva di essere in mezzo a un campo, e questo campo era pieno di arboscelli carichi di grappoli, e questi grappoli erano carichi di zecchini d'oro che, dondolandosi mossi dal vento, facevano zin, sin, sin, quasi volessero dire «chi ci vuole, venga a prenderci.» Ma quando Pinocchio fu sul più bello, quando, cioè, allungò la mano per prendere a manciate tutte quelle belle monete e mettersele in tasca, si trovò svegliato all'improvviso da tre violentissimi colpi dati nella porta di camera.

Era l'oste che veniva a dirgli che la mezzanotte era sonata.

— E i miei compagni sono pronti? — gli domandò il burattino.

— Altro che pronti! Sono partiti due ore fa.

— Perché mai tanta fretta?

— Perché il Gatto ha ricevuto un'imbasciata, che il suo gattino maggiore, malato di geloni ai piedi, stava in pericolo di vita.

— E la cena l'hanno pagata?

— Che vi pare? Quelle lì sono persone troppo educate, perché facciano un affronto simile alla signoria vostra.

— Peccato! Quest'affronto mi avrebbe fatto tanto piacere! — disse Pinocchio, grattandosi il capo. Poi domandò:

— E dove hanno detto di aspettarmi quei buoni amici?

— Al Campo dei miracoli, domattina, allo spuntare del giorno.

Pinocchio pagò uno zecchino per la cena sua e per quella dei suoi compagni, e dopo partì.

Ma si può dire che partisse a tastoni, perché fuori dell'osteria c'era un buio così buio che non ci si vedeva da qui a lì. Nella campagna all'intorno non si sentiva alitare una foglia. Solamente, di tanto in tanto, alcuni uccellacci notturni, traversando la strada da una siepe all'altra, venivano a sbattere le ali sul naso di Pinocchio, il quale facendo un salto indietro per la paura, gridava: — Chi va là? — e l'eco delle colline circostanti ripeteva in lontananza: — Chi va là? chi va là? chi va là?

Intanto, mentre camminava, vide sul tronco di un albero un piccolo animaletto che riluceva di una luce pallida e opaca, come un lumino da notte dentro una lampada di porcellana trasparente.

— Chi sei? — gli domandò Pinocchio.

— Sono l'ombra del Grillo-parlante. — rispose l'animaletto con una vocina fioca fioca, che pareva venisse dal mondo di là.

— Che vuoi da me? — disse il burattino.

— Voglio darti un consiglio. Ritorna indietro e porta i quattro zecchini, che ti sono rimasti, al tuo povero babbo, che piange e si dispera per non averti più veduto.

— Domani il mio babbo sarà un gran signore, perché questi quattro zecchini diventeranno duemila.

— Non ti fidare, ragazzo mio, di quelli che promettono di farti ricco dalla mattina alla sera. Per il solito o sono matti o imbroglioni! dai retta a me, ritorna indietro.

— E io invece voglio andare avanti.

— L'ora è tarda!

— Voglio andare avanti.

— La nottata è scura ...

— Voglio andare avanti.

— La strada è pericolosa ...

— Voglio andare avanti.

— Ricordati che i ragazzi che vogliono fare di loro capriccio e a modo loro, prima o poi se ne pentono.

— Le solite storie. Buona notte, Grillo.

— Buona notte, Pinocchio, e che il cielo ti salvi dalla guazza e dagli assassini.

Appena dette queste ultime parole, il Grillo-parlante si spense a un tratto, come si spenge un lume soffiandoci sopra, e la strada rimase più buia di prima.

XIV. Pinocchio, per non aver dato retta ai buoni consigli del Grillo-parlante, s'imbatte negli assassini.

— Davvero — disse fra sé il burattino rimettendosi in viaggio — come siamo disgraziati noi altri poveri ragazzi! Tutti ci sgridano, tutti ci ammoniscono, tutti ci dànno dei consigli. A lasciarli dire, tutti si metterebbero in capo di essere i nostri babbi e i nostri maestri; tutti: anche i Grilli-parlanti. Ecco qui: perché io non ho voluto dar retta a quell'uggioso di Grillo, chi lo sa quante disgrazie, secondo lui, mi dovrebbero accadere! Dovrei incontrare anche gli assassini! Meno male che agli assassini io non ci credo, né ci ho creduto mai. Per me gli assassini sono stati inventati apposta dai babbi, per far paura ai ragazzi che vogliono andar fuori la notte. E poi se anche li trovassi qui sulla strada, mi darebbero forse soggezione? Neanche per sogno. Anderei loro sul viso, gridando: «Signori assassini, che cosa vogliono da me? Si rammentino che con me non si scherza! Se ne vadano dunque per i fatti loro, e zitti!» A questa parlantina fatta sul serio, quei poveri assassini, mi par di vederli, scapperebbero via come il vento. Caso poi fossero tanto ineducati da non volere scappare, allora scapperei io, e così la farei finita ...

Ma Pinocchio non poté finire il suo ragionamento, perché in quel punto gli parve di sentire dietro di sé un leggerissimo fruscìo di foglie.

Si voltò a guardare, e vide nel buio due figuracce nere, tutte imbacuccate in due sacchi da carbone, le quali correvano dietro a lui a salti e in punta di piedi, come se fossero due fantasmi.

— Eccoli davvero! — disse dentro di sé: e non sapendo dove nascondere i quattro zecchini, se li nascose in bocca e precisamente sotto la lingua.

Poi si provò a scappare. Ma non aveva ancora fatto il primo passo, che sentì agguantarsi per le braccia e intese due voci orribili e cavernose, che gli dissero:

— O la borsa o la vita!

Pinocchio non potendo rispondere con le parole, a motivo delle monete che aveva in bocca, fece mille salamelecchi e mille pantomime, per dare ad intendere a quei due incappati, di cui si vedevano soltanto gli occhi attraverso i buchi dei sacchi, che lui era un povero burattino e che non aveva in tasca nemmeno un centesimo falso.

— Via, via! Meno ciarle e fuori i denari! — gridarono minacciosamente i due briganti.

E il burattino fece col capo e colle mani un segno, come dire: «Non ne ho.»

— Metti fuori i denari o sei morto — disse l'assassino più alto di statura.

— Morto! — ripeté l'altro.

— E dopo ammazzato te, ammazzeremo anche tuo padre!

— Anche tuo padre!

— No, no, no, il mio povero babbo no! — gridò Pinocchio con accento disperato: ma nel gridare così, gli zecchini gli sonarono in bocca.

— Ah furfante! dunque i danari te li sei nascosti sotto la lingua? Sputali subito!

E Pinocchio, duro!

— Ah! tu fai il sordo? Aspetta un po', ché penseremo noi a farteli sputare!

Difatti uno di loro afferrò il burattino per la punta del naso e quell'altro lo prese per la bazza, e lì cominciarono a tirare screanzatamente uno per in qua e l'altro per in là, tanto da costringerlo a spalancare la bocca: ma non ci fu verso. La bocca del burattino pareva inchiodata e ribadita.

Allora l'assassino più piccolo di statura, cavato fuori un coltellaccio, provò a conficcarglielo a guisa di leva e di scalpello fra le labbra: ma Pinocchio, lesto come un lampo, gli azzannò la mano coi denti, e dopo avergliela con un morso staccata di netto, la sputò; e figuratevi la sua meraviglia quando, invece di una mano, si accorse di avere sputato in terra uno zampetto di gatto.

Incoraggito da questa prima vittoria, si liberò a forza dalle unghie degli assassini, e saltata la siepe della strada, cominciò a fuggire per la campagna. E gli assassini a correre dietro a lui, come due cani dietro una lepre: e quello che aveva perduto uno zampetto correva con una gamba sola, né si è saputo mai come facesse.

Dopo una corsa di quindici chilometri, Pinocchio non ne poteva più. Allora, vistosi perso, si arrampicò su per il fusto di un altissimo pino e si pose a sedere in vetta ai rami. Gli assassini tentarono di arrampicarsi anche loro, ma giunti a metà del fusto sdrucciolarono e, ricascando a terra, si spellarono le mani e i piedi.

Non per questo si dettero per vinti: ché anzi, raccolto un fastello di legna secche a piè del pino, vi appiccarono il fuoco. In men che non si dice, il pino cominciò a bruciare e a divampare come una candela agitata dal vento. Pinocchio, vedendo che le fiamme salivano sempre più e non volendo far la fine del piccione arrosto, spiccò un bel salto di vetta all'albero, e via a correre daccapo attraverso ai campi e ai vigneti. E gli assassini dietro, sempre dietro, senza stancarsi mai.

Intanto cominciava a baluginare il giorno e si rincorrevano sempre; quand'ecco che Pinocchio si trovò improvvisamente sbarrato il passo da un fosso largo e profondissimo, tutto pieno di acquaccia sudicia, color del caffè e latte. Che fare? «Una, due, tre!» gridò il burattino, e slanciandosi con una gran rincorsa, saltò dall'altra parte. E gli assassini saltarono anche loro, ma non avendo preso bene la misura, *patatunfete!* ... cascarono giù nel bel mezzo del fosso. Pinocchio che sentì il tonfo e gli schizzi dell'acqua, urlò ridendo e seguitando a correre:

— Buon bagno, signori assassini!

E già si figurava che fossero bell'e affogati, quando invece, voltandosi a guardare, si accorse che gli correvano dietro tutti e due, sempre imbacuccati nei loro sacchi, e grondanti acqua come due panieri sfondati.

XV. Gli assassini inseguono Pinocchio; e dopo averlo raggiunto, lo impiccano a un ramo della Quercia grande.

Allora il burattino, perdutosi d'animo, fu proprio sul punto di gettarsi in terra e di darsi per vinto, quando, nel girare gli occhi all'intorno, vide fra mezzo al verde cupo degli alberi biancheggiare in lontananza una casina candida come la neve.

— Se io avessi tanto fiato da arrivare fino a quella casa, forse sarei salvo! — disse dentro di sé.

E senza indugiare un minuto, riprese a correre per il bosco a carriera distesa. E gli assassini sempre dietro.

Dopo una corsa disperata di quasi due ore, finalmente, tutto trafelato, arrivò alla porta di quella casina e bussò.

Nessuno rispose.

Tornò a bussare con maggior violenza, perché sentiva avvicinarsi il rumore dei passi e il respiro grosso e affannoso de' suoi persecutori. Lo stesso silenzio.

Avvedutosi che il bussare non giovava a nulla, cominciò per disperazione a dare calci e zuccate nella porta. Allora si affacciò alla finestra una bella bambina, coi capelli turchini e il viso bianco come un'immagine di cera, gli occhi chiusi e le mani incrociate sul petto, la quale, senza muover punto le labbra, disse con una vocina che pareva venisse dall'altro mondo:

— In questa casa non c'è nessuno. Sono tutti morti.

— Aprimi almeno tu! — gridò Pinocchio piangendo e raccomandandosi.

— Sono morta anch'io.

— Morta? e allora che cosa fai costì alla finestra?

— Aspetto la bara che venga a portarmi via.

Appena detto così, la bambina disparve, e la finestra si richiuse senza far rumore.

— O bella bambina dai capelli turchini, — gridava Pinocchio — aprimi per carità. Abbi compassione di un povero ragazzo inseguito dagli assass ...

Ma non poté finir la parola, perché sentì afferrarsi per il collo, e le solite due vociaccie che gli brontolarono minacciosamente:

— Ora non ci scappi più!

Il burattino, vedendosi balenare la morte dinanzi agli occhi, fu preso da un tremito così forte, che nel tremare, gli sonavano le giunture delle sue gambe di legno e i quattro zecchini che teneva nascosti sotto la lingua.

— Dunque? — gli domandarono gli assassini — vuoi aprirla la bocca, sì o no? Ah! non rispondi?

Lascia fare: ché questa volta te la faremo aprir noi!

E cavati fuori due coltellacci lunghi lunghi e affilati come rasoi, zaff e zaff ..., gli affibbiarono due colpi nel mezzo alle reni.

Ma il burattino per sua fortuna era fatto d'un legno durissimo, motivo per cui le lame, spezzandosi, andarono in mille schegge e gli assassini rimasero col manico dei coltelli in mano, a guardarsi in faccia.

— Ho capito — disse allora un di loro — bisogna impiccarlo! Impicchiamolo!

— Impicchiamolo! — ripeté l'altro.

Detto fatto, gli legarono le mani dietro le spalle, e, passatogli un nodo scorsoio intorno alla gola, lo attaccarono penzoloni al ramo di una grossa pianta detta la Quercia grande.

Poi si posero là, seduti sull'erba, aspettando che il burattino facesse l'ultimo sgambetto: ma il burattino, dopo tre ore, aveva sempre gli occhi aperti, la bocca chiusa e sgambettava più che mai.

Annoiati finalmente di aspettare, si voltarono a Pinocchio e gli dissero sghignazzando:

— Addio a domani. Quando domani torneremo qui, si spera che ci farai la garbatezza di farti trovare bell'e morto e con la bocca spalancata.

— E se ne andarono.

Intanto s'era levato un vento impetuoso di tramontana, che soffiando e mugghiando con rabbia, sbatacchiava in qua e in là il povero impiccato, facendolo dondolare violentemente come il battaglio d'una campana che suona a festa. E quel dondolìo gli cagionava acutissimi spasimi, e il nodo scorsoio, stringendosi sempre più alla gola, gli toglieva il respiro.

A poco a poco gli occhi gli si appannarono; e sebbene sentisse avvicinarsi la morte, pure sperava sempre che da un momento all'altro sarebbe capitata qualche anima pietosa a dargli aiuto. Ma quando, aspetta aspetta, vide che non compariva nessuno, proprio nessuno, allora gli tornò in mente il suo povero babbo ... e balbettò quasi moribondo:

— Oh babbo mio! se tu fossi qui!

E non ebbe fiato per dir altro. Chiuse gli occhi, aprì la bocca, stirò le gambe e, dato un grande scrollone, rimase lì come intirizzito.

Questa doveva essere la conclusione de "La storia di un burattino", edita a puntate a decorrere dal 7 luglio 1881 sul *Giornale per i bambini*.

LE AVVENTURE DI PINOCCHIO

PRELUDIO

UTTI quei bambini piccoli e grandi (dico così, perchè dei bambini, in questo mondo ce ne sono di tutte le stature) ripeto, dunque, tutti quei bambini piccoli e grandi che volessero per caso leggere le *Avventure di Pinocchio*, faranno bene a ridare un'occhiata all'ultimo capitolo della *Storia d'un burattino*: capitolo uscito nel numero 17 di questo stesso giornale, 27 ottobre 1881.

Lettore avvisato, mezzo salvato.

I.

In quel mentre che il povero Pinocchio impiccato dagli assassini a un ramo della Quercia grande, pareva oramai più morto che vivo, la bella Bambina dai capelli turchini si riaffacciò daccapo alla finestra, e impietositasi alla vista di quell'infelice che, sospeso per il collo, ballava il trescone alle ventate di tramontana, battè per tre volte le mani insieme, e fece tre piccoli colpi.

Lo stesso Lorenzini quindi, nell'appropinquarsi a riprendere la sua storia, si sentì in dovere di lasciare un conciso, ma efficace avviso ai suoi piccoli e grandi lettori.

XVI. La bella bambina dai capelli turchini fa raccogliere il burattino: lo mette a letto, e chiama tre medici per sapere se sia vivo o morto.

In quel mentre che il povero Pinocchio impiccato dagli assassini a un ramo della Quercia grande, pareva oramai più morto che vivo, la bella bambina dai capelli turchini si affacciò daccapo alla finestra, e impietositasi alla vista di quell'infelice che, sospeso per il collo, ballava il trescone alle ventate di tramontana, batté per tre volte le mani insieme, e fece tre piccoli colpi.

A questo segnale si sentì un gran rumore di ali che volavano con foga precipitosa, e un grosso Falco venne a posarsi sul davanzale della finestra.

— Che cosa comandate, mia graziosa Fata? — disse il Falco abbassando il becco in atto di riverenza (perché bisogna sapere che la bambina dai capelli turchini non era altro in fin dei conti che una bonissima Fata, che da più di mill'anni abitava nelle vicinanze di quel bosco).

— Vedi tu quel burattino attaccato penzoloni a un ramo della Quercia grande?

— Lo vedo.

— Orbene: vola subito laggiù; rompi col tuo fortissimo becco il nodo che lo tiene sospeso in aria, e posalo delicatamente sdraiato sull'erba, a piè della Quercia.

Il Falco volò via e dopo due minuti tornò, dicendo:

— Quel che mi avete comandato, è fatto.

— E come l'hai trovato? Vivo o morto?

— A vederlo pareva morto, ma non dev'essere ancora morto perbene, perché appena gli ho sciolto il nodo scorsoio che lo stringeva intorno alla gola, ha lasciato andare un sospiro, balbettando a mezza voce: «Ora mi sento meglio! ... »

Allora la Fata, battendo le mani insieme, fece due piccoli colpi, e apparve un magnifico Can-barbone, che camminava ritto sulle gambe di dietro, tale e quale come se fosse un uomo.

Il Can-barbone era vestito da cocchiere in livrea di gala. Aveva in capo un nicchiettino a tre punte gallonato d'oro, una parrucca bianca coi riccioli che gli scendevano giù per il collo, una giubba color di cioccolata coi bottoni di brillanti e con due grandi tasche per tenervi gli ossi, che gli regalava a pranzo la padrona, un paio di calzon corti di velluto cremisi, le calze di seta, gli scarpini scollati, e di dietro una specie di fodera da ombrelli, tutta di raso turchino, per mettervi dentro la coda, quando il tempo cominciava a piovere.

— Su da bravo, Medoro! — disse la Fata al Can-barbone. — Fa' subito attaccare la più bella carrozza della mia scuderia e prendi la via del bosco.

Arrivato che sarai sotto la Quercia grande, troverai disteso sull'erba un povero burattino mezzo morto. Raccoglilo con garbo, posalo pari pari su i cuscini della carrozza e portamelo qui. Hai capito?

Il Can-barbone, per fare intendere che aveva capito, dimenò tre o quattro volte la fodera di raso turchino, che aveva dietro, e partì come un barbero.

Di lì a poco, si vide uscire dalla scuderia una bella carrozzina color dell'aria, tutta imbottita di penne di canarino e foderata nell'interno di panna montata e di crema coi savoiardi. La carrozzina era tirata da cento pariglie di topini bianchi, e il Can-barbone, seduto a cassetta, schioccava la frusta a destra e a sinistra, come un vetturino quand'ha paura di aver fatto tardi.

Non era ancora passato un quarto d'ora, che la carrozzina tornò e la Fata, che stava aspettando sull'uscio di casa, prese in collo il povero burattino, e portatolo in una cameretta che aveva le pareti di madreperla, mandò subito a chiamare i medici più famosi del vicinato.

E i medici arrivarono subito uno dopo l'altro: arrivò, cioè, un Corvo, una Civetta e un Grillo-parlante.

— Vorrei sapere da lor signori — disse la Fata, rivolgendosi ai tre medici riuniti intorno al letto di Pinocchio — vorrei sapere da lor signori se questo disgraziato burattino sia vivo o morto!

A quest'invito, il Corvo, facendosi avanti per il primo, tastò il polso a Pinocchio, poi gli tastò il naso, poi il dito mignolo dei piedi: e quand'ebbe tastato ben bene, pronunziò solennemente queste parole:

— A mio credere il burattino è bell'e morto: ma se per disgrazia non fosse morto, allora sarebbe indizio sicuro che è sempre vivo!

— Mi dispiace — disse la Civetta — di dover contraddire il Corvo, mio illustre amico e collega: per me, invece, il burattino è sempre vivo; ma se per disgrazia non fosse vivo, allora sarebbe segno che è morto davvero.

— E lei non dice nulla? — domandò la Fata al Grillo-parlante.

— Io dico che il medico prudente, quando non sa quello che dice, la miglior cosa che possa fare, è quella di stare zitto. Del resto quel burattino lì, non m'è fisonomia nuova: io lo conosco da un pezzo!

Pinocchio, che fin allora era stato immobile come un vero pezzo di legno, ebbe una specie di fremito convulso, che fece scuotere tutto il letto.

— Quel burattino lì — seguitò a dire il Grillo-parlante — è una birba matricolata ...

Pinocchio aprì gli occhi e li richiuse subito.

— È un monellaccio, uno svogliato, un vagabondo ...

Pinocchio si nascose la faccia sotto i lenzuoli.

— Quel burattino lì è un figliuolo disubbidiente, che farà morire di crepacuore il suo povero babbo!

A questo punto si sentì nella camera un suono soffocato di pianti e di singhiozzi. Figuratevi come rimasero tutti, allorché, sollevati un poco i lenzuoli, si accorsero che quello che piangeva e singhiozzava era Pinocchio.

— Quando il morto piange, è segno che è in via di guarigione — disse solennemente il Corvo.

— Mi duole di contraddire il mio illustre amico e collega — soggiunse la Civetta — ma per me quando il morto piange, è segno che gli dispiace a morire.

XVII. Pinocchio mangia lo zucchero, ma non vuol purgarsi: però quando vede i becchini che vengono a portarlo via, allora si purga. Poi dice una bugia e per gastigo gli cresce il naso.

Appena i tre medici furono usciti di camera, la Fata si accostò a Pinocchio, e, dopo averlo toccato sulla fronte, si accorse che era travagliato da un febbrone da non si dire.

Allora sciolse una certa polverina bianca in un mezzo bicchier d'acqua, e porgendolo al burattino, gli disse amorosamente:

— Bevila, e in pochi giorni sarai guarito.

Pinocchio guardò il bicchiere, storse un po' la bocca, e poi dimandò con voce di piagnisteo:

— È dolce o amara?

— È amara, ma ti farà bene.

— Se è amara non la voglio.

— Da' retta a me: bevila.

— A me l'amaro non mi piace.

— Bevila: e quando l'avrai bevuta, ti darò una pallina di zucchero, per rifarti la bocca.

— Dov'è la pallina di zucchero?

— Eccola qui — disse la Fata, tirandola fuori da una zuccheriera d'oro.

— Prima voglio la pallina di zucchero, e poi beverò quell'acquaccia amara ...

— Me lo prometti?

— Sì ...

La Fata gli dette la pallina, e Pinocchio, dopo averla sgranocchiata e ingoiata in un attimo, disse leccandosi i labbri:

— Bella cosa se anche lo zucchero fosse una medicina! ... Mi purgherei tutti i giorni.

— Ora mantieni la promessa e bevi queste poche gocciole d'acqua, che ti renderanno la salute.

Pinocchio prese di mala voglia il bicchiere in mano e vi ficcò dentro la punta del naso: poi se l'accostò alla bocca: poi tornò a ficcarci la punta del naso: finalmente disse:

— È troppo amara! troppo amara! Io non la posso bere.

— Come fai a dirlo se non l'hai nemmeno assaggiata?

— Me lo figuro! L'ho sentita all'odore. Voglio prima un'altra pallina di zucchero ... e poi la beverò!

Allora la Fata, con tutta la pazienza di una buona mamma, gli pose in bocca un altro po' di zucchero; e dopo gli presentò daccapo il bicchiere.

— Così non la posso bere! — disse il burattino, facendo mille smorfie.

— Perché?

— Perché mi dà noia quel guanciale che ho laggiù su i piedi. —

La Fata gli levò il guanciale.

— È inutile! Nemmeno così la posso bere.

— Che cos'altro ti dà noia?

— Mi dà noia l'uscio di camera, che è mezzo aperto. —

La Fata andò, e chiuse l'uscio di camera.

— Insomma — gridò Pinocchio, dando in uno scoppio di pianto — quest'acquaccia amara, non la voglio bere, no, no, no!

— Ragazzo mio, te ne pentirai ...

— Non me n'importa ...

— La tua malattia è grave ...

— Non me n'importa ...

— La febbre ti porterà in poche ore all'altro mondo ...

— Non me n'importa ...

— Non hai paura della morte?

— Nessuna paura! ... Piuttosto morire, che bevere quella medicina cattiva.

A questo punto, la porta della camera si spalancò, ed entrarono dentro quattro conigli neri come l'inchiostro, che portavano sulle spalle una piccola bara da morto.

— Che cosa volete da me? — gridò Pinocchio, rizzandosi tutto impaurito a sedere sul letto.

— Siamo venuti a prenderti — rispose il coniglio più grosso.

— A prendermi? ... Ma io non sono ancora morto!

— Ancora no: ma ti restano pochi minuti di vita, avendo tu ricusato di bevere la medicina, che ti avrebbe guarito della febbre!

— O Fata mia, o Fata mia! — cominciò allora a strillare il burattino — datemi subito quel bicchiere ... Spicciatevi, per carità, perché non voglio morire, no ... non voglio morire.

E preso il bicchiere con tutte e due le mani, lo votò in un fiato.

— Pazienza! — dissero i conigli. — Per questa volta abbiamo fatto il viaggio a ufo. — E tiratisi di nuovo la piccola bara sulle spalle, uscirono di camera bofonchiando e mormorando fra i denti. Fatto sta che di lì a pochi minuti, Pinocchio saltò giù dal letto, bell'e guarito; perché bisogna sapere che i burattini di legno hanno il privilegio di ammalarsi di rado e di guarire prestissimo. E la Fata, vedendolo correre e ruzzare per la camera, vispo e allegro come un gallettino di primo canto, gli disse:

— Dunque la mia medicina t'ha fatto bene davvero?

— Altro che bene! Mi ha rimesso al mondo!

— E allora come mai ti sei fatto tanto pregare a beverla?

— Egli è che noi ragazzi siamo tutti così! Abbiamo più paura delle medicine che del male.

— Vergogna! I ragazzi dovrebbero sapere che un buon medicamento preso a tempo, può salvarli da una grave malattia e fors'anche dalla morte ...

— Oh! ma un'altra volta non mi farò tanto pregare! Mi rammenterò di quei conigli neri, con la bara sulle spalle ... e allora piglierò subito il bicchiere in mano, e giù!

— Ora vieni un po' qui da me, e raccontami come andò che ti trovasti fra le mani degli assassini.

— Gli andò, che il burattinaio Mangiafoco mi dette cinque monete d'oro, e mi disse: «To', portale al tuo babbo!», e io, invece, per la strada trovai una Volpe e un Gatto, due persone molto per bene, che mi dissero: «Vuoi che codeste monete diventino mille e duemila? Vieni con noi, e ti condurremo al Campo dei miracoli.» E io dissi: «Andiamo;» e loro dissero: «Fermiamoci qui all'osteria del Gambero rosso, e dopo la mezzanotte ripartiremo.» E io, quando mi svegliai, loro non c'erano più, perché erano partiti. Allora io cominciai a camminare di notte, che era un buio che pareva impossibile, per cui trovai per la strada due assassini dentro due sacchi da carbone, che mi dissero: «Metti fuori i quattrini;» e io dissi: «non ce n'ho;» perché le monete d'oro me l'ero nascoste in bocca, e uno degli assassini si provò a mettermi le mani in bocca, e io con un morso gli staccai la mano e poi la sputai, ma invece di una mano sputai uno zampetto di gatto. E gli assassini a corrermi dietro, e io corri che ti corro, finché mi raggiunsero, e mi legarono per il collo a un albero di questo bosco col dire: «Domani torneremo qui, e allora sarai morto e colla bocca aperta, e così ti porteremo via le monete d'oro che hai nascoste sotto la lingua».— E ora le quattro monete dove le hai messe? — gli domandò la Fata.

— Le ho perdute! — rispose Pinocchio; ma disse una bugia, perché invece le aveva in tasca. Appena detta la bugia il suo naso, che era già lungo, gli crebbe subito due dita di più.

— E dove le hai perdute?

— Nel bosco qui vicino.

A questa seconda bugia, il naso seguitò a crescere.

— Se le hai perdute nel bosco vicino — disse la Fata — le cercheremo e le ritroveremo: perché tutto quello che si perde nel vicino bosco, si ritrova sempre.

— Ah! ora che mi rammento bene — replicò il burattino imbrogliandosi — le quattro monete non le ho perdute, ma senza avvedermene, le ho inghiottite mentre bevevo la vostra medicina.

A questa terza bugia, il naso gli si allungò in un modo così straordinario, che il povero Pinocchio non poteva più girarsi da nessuna parte. Se si voltava di qui, batteva il naso nel letto o nei vetri della finestra, se si voltava di là, lo batteva nelle pareti o nella porta di camera, se alzava un po' più il capo, correva il rischio di ficcarlo in un occhio alla Fata.

E la Fata lo guardava e rideva.

— Perché ridete? — gli domandò il burattino, tutto confuso e impensierito di quel suo naso che cresceva a occhiate.

— Rido della bugia che hai detto.

— Come mai sapete che ho detto una bugia?

— Le bugie, ragazzo mio, si riconoscono subito, perché ve ne sono di due specie: vi sono le bugie che hanno le gambe corte, e le bugie che hanno il naso lungo: la tua per l'appunto è di quelle che hanno il naso lungo.

Pinocchio, non sapendo più dove nascondersi per la vergogna, si provò a fuggire di camera; ma non gli riuscì. Il suo naso era cresciuto tanto, che non passava più dalla porta.

XVIII. Pinocchio ritrova la Volpe e il Gatto, e va con loro a seminare le quattro monete nel Campo de' miracoli.

Come potete immaginarvelo, la Fata lasciò che il burattino piangesse e urlasse una buona mezz'ora, a motivo di quel suo naso che non passava più dalla porta di camera; e lo fece per dargli una severa lezione e perché si correggesse dal brutto vizio di dire le bugie, il più brutto vizio che possa avere un ragazzo. Ma quando lo vide trasfigurato e cogli occhi fuori della testa dalla gran disperazione, allora, mossa a pietà, batté le mani insieme, e a quel segnale entrarono in camera dalla finestra un migliaio di grossi uccelli chiamati Picchi, i quali, posatisi tutti sul naso di Pinocchio, cominciarono a beccarglielo tanto e poi tanto, che in pochi minuti quel naso enorme e spropositato si trovò ridotto alla sua grandezza naturale.

— Quanto siete buona, Fata mia, — disse il burattino, asciugandosi gli occhi — e quanto bene vi voglio!

— Ti voglio bene anch'io — rispose la Fata — e se tu vuoi rimanere con me, tu sarai il mio fratellino e io la tua buona sorellina ...

— Io resterei volentieri ... ma il mio povero babbo?

— Ho pensato a tutto. Il tuo babbo è stato digià avvertito: e prima che faccia notte, sarà qui.

— Davvero? — gridò Pinocchio, saltando dall'allegrezza. — Allora, Fatina mia, se vi contentate, vorrei andargli incontro! Non vedo l'ora di poter dare un bacio a quel povero vecchio, che ha sofferto tanto per me!

— Va' pure, ma bada di non ti sperdere. Prendi la via del bosco, e sono sicura che lo incontrerai.

Pinocchio partì: e appena entrato nel bosco, cominciò a correre come un capriolo. Ma quando fu arrivato a un certo punto, quasi in faccia alla Quercia grande, si fermò, perché gli parve di aver sentito gente fra mezzo alle frasche. Difatti vide apparire sulla strada, indovinate chi? ... la Volpe e il Gatto, ossia i due compagni di viaggio coi quali aveva cenato all'osteria del Gambero rosso.

— Ecco il nostro caro Pinocchio! — gridò la Volpe, abbracciandolo e baciandolo. — Come mai sei qui?

— Come mai sei qui? — ripeté il Gatto.

— È una storia lunga — disse il burattino — e ve la racconterò a comodo. Sappiate però che l'altra notte, quando mi avete lasciato solo sull'osteria, ho trovato gli assassini per la strada ...

— Gli assassini? ... Oh povero amico! E che cosa volevano?

— Mi volevano rubare le monete d'oro.

— Infami! ... — disse la Volpe.

— Infamissimi! — ripeté il Gatto.

— Ma io cominciai a scappare — continuò a dire il burattino — e loro sempre dietro: finché mi raggiunsero e m'impiccarono a un ramo di quella quercia ... —

E Pinocchio accennò la Quercia grande, che era lì a due passi.

— Si può sentir di peggio? — disse la Volpe. — In che mondo siamo condannati a vivere! Dove troveremo un rifugio sicuro noi altri galantuomini?

Nel tempo che parlavano così, Pinocchio si accorse che il Gatto era zoppo dalla gamba destra davanti, perché gli mancava in fondo tutto lo zampetto cogli unghioli: per cui gli domandò:

— Che cosa hai fatto del tuo zampetto?

Il Gatto voleva rispondere qualche cosa, ma s'imbrogliò. Allora la Volpe disse subito:

— Il mio amico è troppo modesto, e per questo non risponde. Risponderò io per lui. Sappi dunque che un'ora fa abbiamo incontrato sulla strada un vecchio lupo, quasi svenuto dalla fame, che ci ha chiesto un po' d'elemosina. Non avendo noi da dargli nemmeno una lisca di pesce, che cosa ha fatto l'amico mio, che ha davvero un cuore di Cesare? Si è staccato coi denti uno zampetto delle sue gambe davanti e l'ha gettato a quella povera bestia, perché potesse sdigiunarsi.

E la Volpe, nel dir così, si asciugò una lagrima.

Pinocchio, commosso anche lui, si avvicinò al Gatto, sussurrandogli negli orecchi:

— Se tutti i gatti ti somigliassero, fortunati i topi!

— E ora che cosa fai in questi luoghi? — domandò la Volpe al burattino.

— Aspetto il mio babbo, che deve arrivare qui di momento in momento.

— E le tue monete d'oro?

— Le ho sempre in tasca, meno una che la spesi all'osteria del Gambero rosso.

— E pensare che, invece di quattro monete, potrebbero diventare domani mille e duemila! Perché non dai retta al mio consiglio? Perché non vai a seminarle nel Campo dei miracoli?

— Oggi è impossibile: vi anderò un altro giorno.

— Un altro giorno sarà tardi! ... — disse la Volpe.

— Perché?

— Perché quel campo è stato comprato da un gran signore, e da domani in là non sarà più permesso a nessuno di seminarvi i denari.

— Quant'è distante di qui il Campo dei miracoli?

— Due chilometri appena. Vuoi venire con noi? Fra mezz'ora sei là: semini subito le quattro monete: dopo pochi minuti ne raccogli duemila, e stasera ritorni qui colle tasche piene. Vuoi venire con noi?

Pinocchio esitò un poco a rispondere, perché gli tornò in mente la buona Fata, il vecchio Geppetto e gli avvertimenti del Grillo-parlante; ma poi finì col fare come fanno tutti i ragazzi senza un fil di giudizio e senza cuore; finì, cioè, col dare una scrollatina di capo, e disse alla Volpe e al Gatto:

— Andiamo pure: io vengo con voi. —

E partirono.

Dopo aver camminato una mezza giornata arrivarono a una città che aveva nome «Acchiappacitrulli». Appena entrato in città, Pinocchio vide tutte le strade popolate di cani spelacchiati, che sbadigliavano dall'appetito, di pecore tosate, che tremavano dal freddo, di galline rimaste senza cresta e senza bargigli, che chiedevano l'elemosina d'un chicco di granturco, di grosse farfalle, che non potevano più volare, perché avevano venduto le loro bellissime ali colorite, di pavoni tutti scodati, che si vergognavano a farsi vedere, e di fagiani che zampettavano cheti cheti, rimpiangendo le loro scintillanti penne d'oro e d'argento, oramai perdute per sempre.

In mezzo a questa folla di accattoni e di poveri vergognosi, passavano di tanto in tanto alcune carrozze signorili con dentro o qualche Volpe, o qualche Gazza ladra, o qualche uccellaccio di rapina.

— E il Campo dei miracoli dov'è? — domandò Pinocchio.

— È qui a due passi. —

Detto fatto traversarono la città e, usciti fuori dalle mura, si fermarono in un campo solitario che, su per giù, somigliava a tutti gli altri campi.

— Eccoci giunti — disse la Volpe al burattino. — Ora chinati giù a terra, scava con le mani una piccola buca nel campo, e mettici dentro le monete d'oro.

Pinocchio obbedì. Scavò la buca, ci pose le quattro monete d'oro che gli erano rimaste: e dopo ricoprì la buca con un po' di terra.

— Ora poi — disse la Volpe — va' alla gora qui vicina, prendi una secchia d'acqua e annaffia il terreno dove hai seminato.

Pinocchio andò alla gora, e perché non aveva lì per lì una secchia, si levò di piedi una ciabatta e, riempitala d'acqua, annaffiò la terra che copriva la buca. Poi domandò:

— C'è altro da fare?

— Nient'altro — rispose la Volpe. — Ora possiamo andar via. Tu poi ritorna qui fra una ventina di minuti, e troverai l'arboscello già spuntato dal suolo e coi rami tutti carichi di monete.

Il povero burattino, fuori di sé dalla gran contentezza, ringraziò mille volte la Volpe e il Gatto, e promise loro un bellissimo regalo.

— Noi non vogliamo regali — risposero que' due malanni. — A noi ci basta di averti insegnato il modo di arricchire senza durar fatica, e siamo contenti come pasque.

Ciò detto salutarono Pinocchio, e augurandogli una buona raccolta, se ne andarono per i fatti loro.

XIX. *Pinocchio è derubato delle sue monete d'oro, e per gastigo, si busca quattro mesi di prigione.*

Il burattino, ritornato in città, cominciò a contare i minuti a uno a uno; e, quando gli parve che fosse l'ora, riprese subito la strada che menava al Campo dei miracoli.

E mentre camminava con passo frettoloso, il cuore gli batteva forte e gli faceva tic, tac, tic, tac, come un orologio da sala, quando corre davvero. E intanto pensava dentro di sé:

«E se invece di mille monete, ne trovassi su i rami dell'albero duemila? ... E se invece di duemila, ne trovassi cinquemila? e se invece di cinquemila, ne trovassi centomila? Oh che bel signore, allora, che diventerei! ... Vorrei avere un bel palazzo, mille cavallini di legno e mille scuderie, per potermi baloccare, una cantina di rosoli e di alchermes, e una libreria tutta piena di canditi, di torte, di panattoni, di mandorlati e di cialdoni colla panna».

Così fantasticando, giunse in vicinanza del campo, e lì si fermò a guardare se per caso avesse potuto scorgere qualche albero coi rami carichi di monete: ma non vide nulla. Fece altri cento passi in avanti, e nulla: entrò sul campo ... andò proprio su quella piccola buca, dove aveva sotterrato i suoi zecchini, e nulla. Allora diventò pensieroso e, dimenticando le regole del Galateo e della buona creanza, tirò fuori una mano di tasca e si dette una lunghissima grattatina di capo.

· In quel mentre sentì fischiarsi negli orecchi una gran risata: voltatosi in su, vide sopra un albero un grosso Pappagallo che si spollinava le poche penne che aveva addosso.

— Perché ridi? — gli domandò Pinocchio con voce di bizza.

— Rido, perché nello spollinarmi mi sono fatto il solletico sotto le ali.

Il burattino non rispose. Andò alla gora e riempita d'acqua la solita ciabatta, si pose novamente ad annaffiare la terra, che ricopriva le monete d'oro.

Quand'ecco che un'altra risata, anche più impertinente della prima, si fece sentire nella solitudine silenziosa di quel campo.

— Insomma — gridò Pinocchio, arrabbiandosi — si può sapere, Pappagallo mal educato, di che cosa ridi?

— Rido di quei barbagianni, che credono a tutte le scioccherie e che si lasciano trappolare da chi è più furbo di loro.

— Parli forse di me?

— Sì, parlo di te, povero Pinocchio; di te che sei così dolce di sale da credere che i denari si possano seminare e raccogliere nei campi, come si seminano i fagiuoli e le zucche. Anch'io l'ho creduto una volta, e oggi ne porto le pene. Oggi (ma troppo tardi!) mi son dovuto persuadere che per mettere insieme onestamente pochi soldi bisogna saperseli guadagnare o col lavoro delle proprie mani o coll'ingegno della propria testa.

— Non ti capisco — disse il burattino, che già cominciava a tremare dalla paura.

— Pazienza! Mi spiegherò meglio — soggiunse il Pappagallo. — Sappi dunque che, mentre tu eri in città, la Volpe e il Gatto sono tornati in questo campo: hanno preso le monete d'oro sotterrate, e poi sono fuggiti come il vento. E ora chi li raggiunge, è bravo!

Pinocchio restò a bocca aperta, e non volendo credere alle parole del Pappagallo, cominciò colle mani e colle unghie a scavare il terreno che aveva annaffiato. E scava, scava, scava, fece una buca così profonda, che ci sarebbe entrato per ritto un pagliaio: ma le monete non c'erano più.

Preso allora dalla disperazione, tornò di corsa in città e andò difilato in tribunale, per denunziare al giudice i due malandrini, che lo avevano derubato.

Il giudice era uno scimmione della razza dei Gorilla: un vecchio scimmione rispettabile per la sua grave età, per la sua barba bianca e specialmente per i suoi occhiali d'oro, senza vetri, che era costretto a portare continuamente, a motivo d'una flussione d'occhi, che lo tormentava da parecchi anni.

Pinocchio, alla presenza del giudice, raccontò per filo e per segno l'iniqua frode, di cui era stato vittima; dette il nome, il cognome e i connotati dei malandrini, e finì chiedendo giustizia.

Il giudice lo ascoltò con molta benignità; prese vivissima parte al racconto: s'intenerì, si commosse: e quando il burattino non ebbe più nulla da dire, allungò la mano e sonò il campanello.

A quella scampanellata comparvero subito due can mastini vestiti da giandarmi.

Allora il giudice, accennando Pinocchio ai giandarmi, disse loro:

— Quel povero diavolo è stato derubato di quattro monete d'oro: pigliatelo dunque, e mettetelo subito in prigione.

Il burattino, sentendosi dare questa sentenza fra capo e collo, rimase di princisbecco e voleva protestare: ma i giandarmi, a scanso di perditempi inutili, gli tapparono la bocca e lo condussero in gattabuia.

E lì v'ebbe a rimanere quattro mesi: quattro lunghissimi mesi: e vi sarebbe rimasto anche di più se non si fosse dato un caso fortunatissimo. Perché bisogna sapere che il giovane Imperatore che regnava nella città di Acchiappacitrulli, avendo riportato una bella vittoria contro i suoi nemici, ordinò grandi feste pubbliche, luminarie, fuochi artificiali, corse di barberi e di velocipedi, e in segno di maggiore esultanza, volle che fossero aperte anche le carceri e mandati fuori tutti i malandrini.

— Se escono di prigione gli altri, voglio uscire anch'io — disse Pinocchio al carceriere.

— Voi no, — rispose il carceriere — perché voi non siete del bel numero ...

— Domando scusa; — replicò Pinocchio — sono un malandrino anch'io.

— In questo caso avete mille ragioni — disse il carceriere; e levandosi il berretto rispettosamente e salutandolo, gli aprì le porte della prigione e lo lasciò scappare.

XX. Liberato dalla prigione, si avvia per tornare a casa della Fata; ma lungo la strada trova un serpente orribile, e poi rimane preso alla tagliuola.

Figuratevi l'allegrezza di Pinocchio quando si sentì libero. Senza stare a dire che è e che non è, uscì subito fuori della città e riprese la strada, che doveva ricondurlo alla Casina della Fata.

A cagione del tempo piovigginoso, la strada era diventata tutta un pantano e ci si andava fino a mezza gamba. Ma il burattino non se ne dava per inteso. Tormentato dalla passione di rivedere il suo babbo e la sua sorellina dai capelli turchini, correva a salti come un can levriero, e nel correre le pillacchere gli schizzavano fin sopra il berretto. Intanto andava dicendo fra sé e sé: «Quante disgrazie mi sono accadute ... E me le merito! perché io sono un burattino testardo e piccoso ... e voglio far sempre tutte le cose a modo mio, senza dar retta a quelli che mi voglion bene e che hanno mille volte più giudizio di me! ... Ma da questa volta in là, faccio proponimento di cambiar vita e di diventare un ragazzo ammodo e ubbidiente ... Tanto ormai ho bell'e visto che i ragazzi, a essere disubbidienti, ci scapitano sempre e non ne infilano mai una per il su' verso. E il mio babbo mi avrà aspettato? ... Ce lo troverò a casa della Fata? È tanto tempo, pover'uomo, che non lo vedo più, che mi struggo di fargli mille carezze e di finirlo dai baci! E la Fata mi perdonerà la brutta azione che le ho fatta? ... E pensare che ho ricevuto da lei tante attenzioni e tante cure amorose ... e pensare che se oggi son sempre vívo, lo debbo a lei! ... Ma si può dare un ragazzo più ingrato e più senza cuore di me? ... ».

Nel tempo che diceva così, si fermò tutt'a un tratto spaventato, e fece quattro passi indietro.

Che cosa aveva veduto?

Aveva veduto un grosso Serpente, disteso attraverso alla strada, che aveva la pelle verde, gli occhi di fuoco e la coda appuntata, che gli fumava come una cappa di camino.

Impossibile immaginarsi la paura del burattino: il quale, allontanatosi più di mezzo chilometro, si mise a sedere sopra un monticello di sassi, aspettando che il Serpente se ne andasse una buona volta per i fatti suoi e lasciasse libero il passo della strada.

Aspettò un'ora; due ore; tre ore: ma il Serpente era sempre là, e, anche di lontano, si vedeva il rosseggiare de' suoi occhi di fuoco e la colonna di fumo che gli usciva dalla punta della coda.

Allora Pinocchio, figurandosi di aver coraggio, si avvicinò a pochi passi di distanza, e facendo una vocina dolce, insinuante e sottile, disse al Serpente:

— Scusi, signor Serpente, che mi farebbe il piacere di tirarsi un pochino da una parte, tanto da lasciarmi passare?

Fu lo stesso che dire al muro. Nessuno si mosse.

Allora riprese colla solita vocina:

— Deve sapere, signor Serpente, che io vado a casa, dove c'è il mio babbo che mi aspetta e che è tanto tempo che non lo vedo più! ... Si contenta dunque che io seguiti per la mia strada?

Aspettò un segno di risposta a quella dimanda: ma la risposta non venne: anzi il Serpente, che fin allora pareva arzillo e pieno di vita, diventò immobile e quasi irrigidito. Gli occhi gli si chiusero e la coda gli smesse di fumare.

— Che sia morto davvero? ... — disse Pinocchio, dandosi una fregatina di mani dalla gran contentezza; e senza mettere tempo in mezzo, fece l'atto di scavalcarlo, per passare dall'altra parte della strada. Ma non aveva ancora finito di alzare la gamba, che il Serpente si rizzò all'improvviso come una molla scattata: e il burattino, nel tirarsi indietro spaventato, inciampò e cadde per terra.

E per l'appunto cadde così male, che restò col capo conficcato nel fango della strada e con le gambe ritte su in aria.

Alla vista di quel burattino, che sgambettava a capo fitto con una velocità incredibile, il Serpente fu preso da una tal convulsione di risa, che ridi, ridi, ridi, alla fine, dallo sforzo del troppo ridere, gli si strappò una vena sul petto: e quella volta morì davvero.

Allora Pinocchio ricominciò a correre per arrivare a casa della Fata avanti che si facesse buio. Ma lungo la strada, non potendo più reggere ai morsi terribili della fame, saltò in un campo coll'intenzione di cogliere poche ciocche d'uva moscadella. Non l'avesse mai fatto!

Appena giunto sotto la vite, *crac* ... sentì stringersi le gambe da due ferri taglienti, che gli fecero vedere quante stelle c'erano in cielo.

Il povero burattino era rimasto preso a una tagliuola appostata là da alcuni contadini per beccarvi alcune grosse faine, che erano il flagello di tutti i pollai del vicinato.

XXI. Pinocchio è preso da un contadino, il quale lo costringe a far da can di guardia a un pollajo.

Pinocchio, come potete figurarvelo, si dette a piangere, a strillare, a raccomandarsi: ma erano pianti e grida inutili, perché lì all'intorno non si vedevano case e dalla strada non passava anima viva.

Intanto si fece notte.

Un po' per lo spasimo della tagliuola che gli segava gli stinchi, e un po' per la paura di trovarsi solo e al buio in mezzo a quei campi, il burattino principiava quasi a svenirsi; quando a un tratto, vedendosi passare una lucciola di sul capo, la chiamò e le disse:

— O Lucciolina, mi faresti la carità di liberarmi da questo supplizio?

— Povero figliuolo! — replicò la Lucciola, fermandosi impietosita a guardarlo. — Come mai sei rimasto colle gambe attanagliate fra codesti ferri arrotati?

— Sono entrato nel campo per cogliere due grappoli di quest'uva moscadella, e ...

— Ma l'uva era tua?

— No ...

— E allora chi t'ha insegnato a portar via la roba degli altri?

— Avevo fame ...

— La fame, ragazzo mio, non è una buona ragione per potersi appropriare la roba che non è nostra ...

— È vero, è vero! — gridò Pinocchio piangendo — ma un'altra volta non lo farò più.

A questo punto il dialogo fu interrotto da un piccolissimo rumore di passi, che si avvicinavano. Era il padrone del campo che veniva in punta di piedi a vedere se qualcuna di quelle faine, che gli mangiavano di nottetempo i polli, fosse rimasta presa al trabocchetto della tagliuola.

E la sua maraviglia fu grandissima quando, tirata fuori la lanterna di sotto al pastrano, s'accorse che, invece di una faina, c'era rimasto preso un ragazzo.

— Ah, ladracchiolo! — disse il contadino incollerito — dunque sei tu che mi porti via le galline?

— Io no, io no! — gridò Pinocchio, singhiozzando. — Io sono entrato nel campo per prendere soltanto due grappoli d'uva!

— Chi ruba l'uva è capacissimo di rubare anche i polli. Lascia fare a me, che ti darò una lezione da ricordartene per un pezzo. —

E aperta la tagliuola, afferrò il burattino per la collottola e lo portò di peso fino a casa, come si porterebbe un agnellino di latte.

Arrivato che fu sull'aia dinanzi alla casa, lo scaraventò in terra: e tenendogli un piede sul collo, gli disse:

— Oramai è tardi e voglio andare a letto. I nostri conti li aggiusteremo domani. Intanto, siccome oggi m'è morto il cane che mi faceva la guardia di notte, tu prenderai subito il suo posto. Tu mi farai da cane di guardia.

Detto fatto, gl'infilò al collo un grosso collare tutto coperto di spunzoni di ottone, e glielo strinse in modo, da non poterselo levare passandoci la testa di dentro. Al collare c'era attaccata una lunga catenella di ferro: e la catenella era fissata nel muro.

— Se questa notte — disse il contadino — cominciasse a piovere, tu puoi andare a cuccia in quel casotto di legno, dove c'è sempre la paglia che ha servito di letto per quattr'anni al mio povero cane. E se per disgrazia venissero i ladri, ricordati di stare a orecchi ritti e di abbaiare.

Dopo quest'ultimo avvertimento, il contadino entrò in casa chiudendo la porta con tanto di catenaccio: e il povero Pinocchio rimase accovacciato sull'aia più morto che vivo, a motivo del freddo, della fame e della paura. E di tanto in tanto cacciandosi rabbiosamente le mani dentro al collare, che gli serrava la gola, diceva piangendo:

— Mi sta bene! ... Pur troppo mi sta bene! Ho voluto fare lo svogliato, il vagabondo ... ho voluto dar retta ai cattivi compagni, e per questo la fortuna mi perseguita sempre. Se fossi stato un ragazzino per bene, come ce n'è tanti; se avessi avuto voglia di studiare e di lavorare, se fossi rimasto in casa col mio povero babbo, a quest'ora non mi troverei qui, in mezzo ai campi, a fare il cane di guardia alla casa di un contadino. Oh se potessi rinascere un'altra volta!… Ma oramai è tardi, e ci vuol pazienza!

Fatto questo piccolo sfogo, che gli venne proprio dal cuore, entrò dentro il casotto e si addormentò.

XXII. Pinocchio scopre i ladri e in ricompensa di essere stato fedele vien posto in libertà.

Ed era già più di due ore che dormiva saporitamente; quando verso la mezzanotte fu svegliato da un bisbiglio e da un pissipissi di vocine strane, che gli parve di sentire nell'aia. Messa fuori la punta del naso dalla buca del casotto, vide riunite a consiglio quattro bestiuole di pelame scuro, che parevano gatti. Ma non erano gatti: erano faine, animaletti carnivori, ghiottissimi specialmente d'uova e di pollastrine giovani. Una di queste faine, staccandosi dalle sue compagne, andò alla buca del casotto e disse sottovoce:

— Buona sera, Melampo.

— Io non mi chiamo Melampo — rispose il burattino.

— O dunque chi sei?

— Io sono Pinocchio.

— E che cosa fai costì?

— Faccio il cane di guardia.

— O Melampo dov'è? dov'è il vecchio cane, che stava in questo casotto?

— È morto questa mattina.

— Morto? Povera bestia! ... Era tanto buono! ... Ma giudicandoti dalla fisonomia, anche te mi sembri un cane di garbo.

— Domando scusa, io non sono un cane!

— O chi sei?

— Io sono un burattino.

— E fai da cane di guardia?

— Pur troppo: per mia punizione!

— Ebbene, io ti propongo gli stessi patti, che avevo col defunto Melampo: e sarai contento.

— E questi patti sarebbero?

— Noi verremo una volta la settimana, come per il passato, a visitare di notte questo pollaio, e porteremo via otto galline. Di queste galline, sette le mangeremo noi, e una la daremo a te, a condizione, s'intende bene, che tu faccia finta di dormire e non ti venga mai l'estro di abbaiare e di svegliare il contadino.

— E Melampo faceva proprio così? — domandò Pinocchio.

— Faceva così, e fra noi e lui, siamo andati sempre d'accordo. Dormi dunque tranquillamente, e stai sicuro che prima di partire di qui, ti lasceremo sul casotto una gallina bell'e pelata per la colazione di domani. Ci siamo intesi bene?

— Anche troppo bene! ... — rispose Pinocchio: e tentennò il capo in un certo modo minaccioso, come se avesse voluto dire: — Fra poco ci riparleremo!

Quando le quattro faine si credettero sicure del fatto loro, andarono difilato al pollaio, che rimaneva appunto vicinissimo al casotto del cane; e aperta a furia di denti e di ungholi la porticina di legno, che ne chiudeva l'entrata, vi sgusciarono dentro, una dopo l'altra. Ma non erano ancora finite d'entrare, che sentirono la porticina richiudersi con grandissima violenza.

Quello che l'aveva richiusa era Pinocchio; il quale, non contento di averla richiusa, vi posò davanti per maggior sicurezza una grossa pietra, a guisa di puntello.

E poi cominciò ad abbaiare: e, abbaiando proprio come se fosse un cane di guardia, faceva colla voce: *bù-bù-bù-bù*.

A quell'abbaiata, il contadino saltò il letto, e preso il fucile e affacciatosi alla finestra, domandò:

— Che c'è di nuovo?

— Ci sono i ladri! — rispose Pinocchio.

— Dove sono?

— Nel pollaio.

— Ora scendo subito.

E difatti, in men che si dice amen, il contadino scese: entrò di corsa nel pollaio, e dopo avere acchiappate e rinchiuse in un sacco le quattro faine, disse loro con accento di vera contentezza:

— Alla fine siete cascate nelle mie mani! Potrei punirvi, ma sì vil non sono! Mi contenterò, invece, di portarvi domani all'oste del vicino paese, il quale vi spellerà e vi cucinerà a uso lepre dolce e forte. È un onore che non vi meritate, ma gli uomini generosi, come me, non badano a queste piccolezze!

Quindi, avvicinatosi a Pinocchio, cominciò a fargli molte carezze, e, fra le altre cose, gli domandò:

— Com'hai fatto a scoprire il complotto di queste quattro ladroncelle? E dire che Melampo, il mio fido Melampo, non s'era mai accorto di nulla!

Il burattino, allora, avrebbe potuto raccontare quel che sapeva; avrebbe potuto, cioè, raccontare i patti vergognosi che passavano fra il cane e le faine: ma ricordatosi che il cane era morto, pensò subito dentro di sé: — A che serve accusare i morti? ... I morti son morti, e la miglior cosa che si possa fare è quella di lasciarli in pace! ...

— All'arrivo delle faine sull'aia, eri sveglio o dormivi? — continuò a chiedergli il contadino.

— Dormivo — rispose Pinocchio — ma le faine mi hanno svegliato coi loro chiacchiericci, e una è venuta fin qui al casotto per dirmi: «Se prometti di non abbaiare, e di non svegliare il padrone, noi ti regaleremo una pollastra bell'e pelata! ...» Capite, eh? Avere la sfacciataggine di fare a me una simile proposta! Perché bisogna sapere che io sono un burattino, che avrò tutti i difetti di questo mondo: ma non avrò mai quello di star di balla e di reggere il sacco alla gente disonesta!

— Bravo ragazzo! — gridò il contadino, battendogli su una spalla. — Cotesti sentimenti ti fanno onore: e per provarti la mia grande soddisfazione, ti lascio libero fin d'ora di tornare a casa.

E gli levò il collare da cane.

XXIII. Pinocchio piange la morte della bella bambina dai capelli turchini: poi trova un Colombo, che lo porta sulla riva del mare, e lì si getta nell'acqua per andare in aiuto del suo babbo Geppetto.

Appena Pinocchio non sentì più il peso durissimo e umiliante di quel collare intorno al collo, si pose a scappare attraverso ai campi, e non si fermò un solo minuto finché non ebbe raggiunta la strada maestra, che doveva ricondurlo alla Casina della Fata.

Arrivato sulla strada maestra, si voltò in giù a guardare nella sottoposta pianura, e vide benissimo, a occhio nudo, il bosco, dove disgraziatamente aveva incontrato la Volpe e il Gatto: vide, fra mezzo agli alberi, inalzarsi la cima di quella Quercia grande, alla quale era stato appeso ciondoloni per il collo: ma, guarda di qui, guarda di là, non gli fu possibile di vedere la piccola casa della bella bambina dai capelli turchini.

Allora ebbe una specie di tristo presentimento, e datosi a correre con quanta forza gli rimaneva nelle gambe, si trovò in pochi minuti sul prato, dove sorgeva una volta la Casina bianca. Ma la Casina bianca non c'era più. C'era, invece, una piccola pietra di marmo, sulla quale si leggevano in carattere stampatello queste dolorose parole:

QUI GIACE
LA BAMBINA DAI CAPELLI TURCHINI
MORTA DI DOLORE
PER ESSERE STATA ABBANDONATA DAL SUO
FRATELLINO PINOCCHIO

Come rimanesse il burattino, quand'ebbe compitate alla peggio quelle parole, lo lascio pensare a voi. Cadde bocconi a terra, e coprendo di mille baci quel marmo mortuario, dette in un grande scoppio di pianto. Pianse tutta la notte, e la mattina dopo, sul far del giorno, piangeva sempre, sebbene negli occhi non avesse più lacrime: e le sue grida e i suoi lamenti erano così strazianti ed acuti, che tutte le colline all'intorno ne ripetevano l'eco.

E piangendo diceva:

«O Fatina mia, perché sei morta? ... perché, invece di te, non sono morto io, che sono tanto cattivo, mentre tu eri tanto buona? ... E il mio babbo dove sarà? O Fatina mia, dimmi dove posso trovarlo, ché voglio stare sempre con lui, e non lasciarlo più! più! più! ... O Fatina mia, dimmi che non è vero che sei morta! ... Se davvero mi vuoi bene ... se vuoi bene al tuo fratellino, rivivisci ... ritorna viva come prima! ... Non ti dispiace a vedermi solo, abbandonato da tutti? ... Se arrivano gli assassini, mi attaccheranno daccapo al ramo dell'albero ... e allora morirò per sempre. Che vuoi che io faccia qui solo in questo mondo? Ora che ho perduto te e il mio babbo, chi mi darà da mangiare? Dove anderò a dormire la notte? Chi mi farà la giacchettina nuova? Oh! sarebbe meglio, cento volte meglio, che morissi anch'io! Sì, voglio morire! ih! ih! ih! ...»

E mentre si disperava a questo modo, fece l'atto di volersi strappare i capelli: ma i suoi capelli, essendo di legno, non poté nemmeno levarsi il gusto di ficcarci dentro le dita.

Intanto passò su per aria un grosso Colombo, il quale soffermatosi, a ali distese, gli gridò da una grande altezza:

— Dimmi, bambino, che cosa fai costaggiù?

— Non lo vedi? piango! — disse Pinocchio alzando il capo verso quella voce e strofinandosi gli occhi colla manica della giacchetta.

— Dimmi — soggiunse allora il Colombo — non conosci per caso fra i tuoi compagni, un burattino, che ha nome Pinocchio?

— Pinocchio? ... Hai detto Pinocchio? — ripeté il burattino saltando subito in piedi. — Pinocchio sono io!

Il Colombo, a questa risposta, si calò velocemente e venne a posarsi a terra. Era più grosso di un tacchino.

— Conoscerai dunque anche Geppetto! — domandò al burattino.

— Se lo conosco! È il mio povero babbo! Ti ha forse parlato di me? Mi conduci da lui? ma è sempre vivo? rispondimi per carità; è sempre vivo?

— L'ho lasciato tre giorni fa sulla spiaggia del mare.

— Che cosa faceva?

— Si fabbricava da sé una piccola barchetta, per traversare l'Oceano. Quel pover'uomo sono più di quattro mesi che gira per il mondo in cerca di te: e non avendoti potuto mai trovare, ora si è messo in capo di cercarti nei paesi lontani del nuovo mondo.

— Quanto c'è di qui alla spiaggia? — domandò Pinocchio con ansia affannosa.

— Più di mille chilometri.

— Mille chilometri? O Colombo mio, che bella cosa potessi avere le tue ali! ...

— Se vuoi venire, ti ci porto io.

— Come?

— A cavallo sulla mia groppa. Sei peso dimolto?

— Peso? tutt'altro! Son leggiero come una foglia.

E lì, senza stare a dir altro, Pinocchio saltò sulla groppa al Colombo; e messa una gamba di qui e l'altra di là, come fanno i cavallerizzi, gridò tutto contento: «Galoppa, galoppa, cavallino, ché mi preme di arrivar presto! ... »

Il Colombo prese l'aire e in pochi minuti arrivò col volo tanto in alto, che toccava quasi le nuvole. Giunto a quell'altezza straordinaria, il burattino ebbe la curiosità di voltarsi in giù a guardare: e fu preso da tanta paura e da tali giracapi che, per evitare il pericolo di venir di sotto, si avviticchiò colle braccia, stretto stretto, al collo della sua piumata cavalcatura.

Volarono tutto il giorno. Sul far della sera, il Colombo disse:

— Ho una gran sete!

— E io una gran fame! — soggiunse Pinocchio.

— Fermiamoci a questa colombaia pochi minuti; e dopo ci rimetteremo in viaggio, per essere domattina all'alba sulla spiaggia del mare.

Entrarono in una colombaia deserta, dove c'era soltanto una catinella piena d'acqua e un cestino ricolmo di veccie.

Il burattino, in tempo di vita sua, non aveva mai potuto patire le veccie: a sentir lui, gli facevano nausea, gli rivoltavano lo stomaco: ma quella sera ne mangiò a strippapelle, e quando l'ebbe quasi finite, si voltò al Colombo e gli disse:

— Non avrei mai creduto che le veccie fossero così buone!

— Bisogna persuadersi, ragazzo mio, — replicò il Colombo — che quando la fame dice davvero e non c'è altro da mangiare, anche le veccie diventano squisite! La fame non ha capricci né ghiottonerie!

Fatto alla svelta un piccolo spuntino, si riposero in viaggio, e via! La mattina dopo arrivarono sulla spiaggia del mare.

Il Colombo posò a terra Pinocchio, e non volendo nemmeno la seccatura di sentirsi ringraziare per aver fatto una buona azione, riprese subito il volo e sparì.

La spiaggia era piena di gente che urlava e gesticolava, guardando verso il mare.

— Che cos'è accaduto? — domandò Pinocchio a una vecchina.

— Gli è accaduto che un povero babbo, avendo perduto il figliuolo, gli è voluto entrare in una barchetta per andare a cercarlo di là dal mare; e il mare oggi è molto cattivo e la barchetta sta per andare sott'acqua ...

— Dov'è la barchetta?

— Eccola laggiù, diritta al mio dito — disse la vecchia, accennando una piccola barca che, veduta a quella distanza, pareva un guscio di noce con dentro un omino piccino piccino.

Pinocchio appuntò gli occhi da quella parte, e dopo aver guardato attentamente, cacciò un urlo acutissimo gridando:

— Gli è il mi' babbo! gli è il mi' babbo!

Intanto la barchetta, sbattuta dall'infuriare dell'onde, ora spariva fra i grossi cavalloni, ora tornava a galleggiare: e Pinocchio, ritto sulla punta di un alto scoglio, non finiva più dal chiamare il suo babbo per nome, e dal fargli molti segnali colle mani e col moccichino da naso e perfino col berretto che aveva in capo.

E parve che Geppetto, sebbene fosse molto lontano dalla spiaggia, riconoscesse il figliuolo, perché si levò il berretto anche lui e lo salutò e, a furia di gesti, gli fece capire che sarebbe tornato volentieri indietro; ma il mare era tanto grosso, che gl'impediva di lavorare col remo e di potersi avvicinare alla terra.

Tutt'a un tratto venne una terribile ondata, e la barca sparì. Aspettarono che la barca tornasse a galla; ma la barca non si vide più tornare.

— Pover'omo — dissero allora i pescatori, che erano raccolti sulla spiaggia; e brontolando sottovoce una preghiera, si mossero per tornarsene alle loro case.

Quand'ecco che udirono un urlo disperato, e voltandosi indietro, videro un ragazzetto che, di vetta a uno scoglio, si gettava in mare gridando:

— Voglio salvare il mio babbo!

Pinocchio, essendo tutto di legno, galleggiava facilmente e nuotava come un pesce. Ora si vedeva sparire sott'acqua, portato dall'impeto dei flutti, ora riappariva fuori con una gamba o con un braccio, a grandissima distanza dalla terra. Alla fine lo persero d'occhio e non lo videro più.

— Povero ragazzo! — dissero allora i pescatori, che erano raccolti sulla spiaggia; e brontolando sottovoce una preghiera, tornarono alle loro case.

XXIV. Pinocchio arriva all'isola delle «Api industriose» e ritrova la Fata.

Pinocchio, animato dalla speranza di arrivare in tempo a dare aiuto al suo povero babbo, nuotò tutta quanta la notte.

E che orribile nottata fu quella! Diluviò, grandinò, tuonò spaventosamente e con certi lampi, che pareva di giorno.

Sul far del mattino, gli riuscì di vedere poco distante una lunga striscia di terra. Era un'isola in mezzo al mare.

Allora fece di tutto per arrivare a quella spiaggia: ma inutilmente. Le onde, rincorrendosi e accavallandosi, se lo abballottavano fra di loro, come se fosse stato un fuscello o un filo di paglia. Alla fine, e per sua buona fortuna, venne un'ondata tanto prepotente e impetuosa, che lo scaraventò di peso sulla rena del lido.

Il colpo fu così forte che, battendo in terra, gli crocchiarono tutte le costole e tutte le congiunture: ma si consolò subito col dire:

— Anche per questa volta l'ho scampata bella!

Intanto a poco a poco il cielo si rasserenò; il sole apparve fuori in tutto il suo splendore, e il mare diventò tranquillissimo e buono come un olio.

Allora il burattino distese i suoi panni al sole per rasciugarli, e si pose a guardare di qua e di là se per caso avesse potuto scorgere su quella immensa spianata d'acqua una piccola barchetta con un omino dentro. Ma dopo aver guardato ben bene, non vide altro dinanzi a sé che cielo, mare e qualche vela di bastimento, ma così lontana lontana, che pareva una mosca.

— Sapessi almeno come si chiama quest'isola! — andava dicendo. — Sapessi almeno se quest'isola è abitata da gente di garbo, voglio dire da gente che non abbia il vizio di attaccare i ragazzi ai rami degli alberi! ma a chi mai posso domandarlo? a chi, se non c'è nessuno?

Quest'idea di trovarsi solo, solo, solo, in mezzo a quel gran paese disabitato, gli messe addosso tanta malinconia, che stava lì lì per piangere; quando tutt'a un tratto vide passare, a poca distanza dalla riva, un grosso pesce, che se ne andava tranquillamente per i fatti suoi, con tutta la testa fuori dell'acqua.

Non sapendo come chiamarlo per nome, il burattino gli gridò a voce alta, per farsi sentire:

— Ehi, signor pesce, che mi permetterebbe una parola?

— Anche due — rispose il pesce, il quale era un Delfino così garbato, come se ne trovano pochi in tutti i mari del mondo.

— Mi farebbe il piacere di dirmi se in quest'isola vi sono dei paesi dove si possa mangiare, senza pericolo d'esser mangiati?

— Ve ne sono sicuro — rispose il Delfino. — Anzi, ne troverai uno poco lontano di qui.

— E che strada si fa per andarvi?

— Devi prendere quella viottola là, a mancina, e camminare sempre diritto al naso. Non puoi sbagliare.

— Mi dica un'altra cosa. Lei che passeggia tutto il giorno e tutta la notte per il mare, non avrebbe incontrato per caso una piccola barchettina con dentro il mi' babbo?

— E chi è il tuo babbo?

— Gli è il babbo più buono del mondo, come io sono il figliuolo più cattivo che si possa dare.

— Colla burrasca che ha fatto questa notte — rispose il Delfino — la barchetta sarà andata sott'acqua.

— E il mio babbo?

— A quest'ora l'avrà inghiottito il terribile pesce-cane, che da qualche giorno è venuto a spargere lo sterminio e la desolazione nelle nostre acque.

— Che è grosso dimolto questo pesce-cane? — domandò Pinocchio, che di già cominciava a tremare dalla paura.

— Se gli è grosso! ... — replicò il Delfino. — Perché tu possa fartene un'idea, ti dirò che è più grosso di un casamento di cinque piani, ed ha una boccaccia così larga e profonda, che ci passerebbe comodamente tutto il treno della strada ferrata colla macchina accesa.

— Mamma mia! — gridò spaventato il burattino; e rivestitosi in fretta e furia, si voltò al Delfino e gli disse:

— Arrivedella, signor pesce: scusi tanto l'incomodo e mille grazie della sua garbatezza.

Detto ciò, prese subito la viottola e cominciò a camminare di un passo svelto: tanto svelto, che pareva quasi che corresse. E a ogni più piccolo rumore che sentiva, si voltava subito a guardare indietro, per la paura di vedersi inseguire da quel terribile pesce-cane grosso come una casa di cinque piani e con un treno della strada ferrata in bocca.

Dopo aver camminato più di mezz'ora, arrivò a un piccolo paese detto «il paese delle Api industriose». Le strade formicolavano di persone che correvano di qua e di là per le loro faccende: tutti lavoravano, tutti avevano qualche cosa da fare. Non si trovava un ozioso o un vagabondo, nemmeno a cercarlo col lumicino.

— Ho capito; — disse subito quello svogliato di Pinocchio — questo paese non è fatto per me! Io non son nato per lavorare!

Intanto la fame lo tormentava; perché erano oramai passate venti-quattr'ore che non aveva mangiato più nulla; nemmeno una pietanza di veccie.

Che fare?

Non gli restavano che due modi per potersi sdigiunare: o chiedere un po' di lavoro, o chiedere in elemosina un soldo o un boccon di pane.

A chiedere l'elemosina si vergognava: perché il suo babbo gli aveva predicato sempre che l'elemosina hanno il diritto di chiederla solamente i vecchi e gl'infermi. I veri poveri, in questo mondo, meritevoli di assistenza e di compassione, non sono altro che quelli che, per ragione d'età o di malattia, si trovano condannati a non potersi più guadagnare il pane col lavoro delle proprie mani. Tutti gli altri hanno l'obbligo di lavorare: e se non lavorano e patiscono la fame, tanto peggio per loro.

In quel frattempo, passò per la strada un uomo tutto sudato e trafelato, il quale da sé solo tirava con gran fatica due carretti carichi di carbone.

Pinocchio, giudicandolo dalla fisonomia per un buon uomo, gli si accostò e, abbassando gli occhi dalla vergogna, gli disse sottovoce:

— Mi fareste la carità di darmi un soldo, perché mi sento morir dalla fame?

— Non un soldo solo — rispose il carbonaio — ma te ne do quattro, a patto che tu m'aiuti a tirare fino a casa questi due carretti di carbone.

— Mi meraviglio! — rispose il burattino quasi offeso; — per vostra regola io non ho fatto mai il somaro: io non ho mai tirato il carretto!

— Meglio per te! — rispose il carbonaio — Allora, ragazzo mio, se ti senti davvero morir dalla fame, mangia due belle fette della tua superbia, e bada di non prendere un'indigestione.

Dopo pochi minuti passò per la via un muratore, che portava sulle spalle un corbello di calcina.

— Fareste, galantuomo, la carità d'un soldo a un povero ragazzo, che sbadiglia dall'appetito?

— Volentieri; vieni con me a portar calcina — rispose il muratore — e invece d'un soldo, te ne darò cinque.

— Ma la calcina è pesa — replicò Pinocchio — e io non voglio durar fatica.

— Se non vuoi durar fatica, allora, ragazzo mio, divertiti a sbadigliare, e buon pro ti faccia.

In men di mezz'ora passarono altre venti persone: e a tutte Pinocchio chiese un po' d'elemosina, ma tutte gli risposero:

— Non ti vergogni? Invece di fare il bighellone per la strada, va' piuttosto a cercarti un po' di lavoro, e impara a guadagnarti il pane!

Finalmente passò una buona donnina che portava due brocche d'acqua.

— Vi contentate, buona donna, che io beva una sorsata d'acqua dalla vostra brocca? — disse Pinocchio, che bruciava dall'arsione della sete.

— Bevi pure, ragazzo mio! — disse la donnina, posando le due brocche in terra.

Quando Pinocchio ebbe bevuto come una spugna, borbottò a mezza voce, asciugandosi la bocca:

— La sete me la son levata! Così mi potessi levar la fame!

La buona donnina, sentendo queste parole, soggiunse subito:

— Se mi aiuti a portare a casa una di queste brocche d'acqua, ti darò un bel pezzo di pane.

Pinocchio guardò la brocca e non rispose né sì né no.

— E insieme col pane ti darò un bel piatto di cavolfiore condito coll'olio e coll'aceto — soggiunse la buona donna.

Pinocchio dette un'altra occhiata alla brocca, e non rispose né sì né no.

— E dopo il cavolfiore ti darò un bel confetto ripieno di rosolio.

Alle seduzioni di quest'ultima ghiottoneria, Pinocchio non seppe più resistere, e fatto un animo risoluto, disse:

— Pazienza! vi porterò la brocca fino a casa!

La brocca era molto pesa, e il burattino, non avendo forza da portarla colle mani, si rassegnò a portarla in capo.

Arrivati a casa, la buona donnina fece sedere Pinocchio a una piccola tavola apparecchiata, e gli pose davanti il pane, il cavolfiore condito e il confetto.

Pinocchio non mangiò, ma diluviò. Il suo stomaco pareva un quartiere rimasto vuoto e disabitato da cinque mesi.

Calmati a poco a poco i morsi rabbiosi della fame, allora alzò il capo per ringraziare la sua benefattrice: ma non aveva ancora finito di fissarla in volto, che cacciò un lunghissimo *ohhh!* di maraviglia, e rimase là incantato, cogli occhi spalancati, colla forchetta per aria e colla bocca piena di pane e di cavolfiore.

— Che cos'è mai tutta questa meraviglia? — disse ridendo la buona donna.

— Egli è ... — rispose balbettando Pinocchio — egli è ... egli è ..., che voi mi somigliate ... voi mi rammentate ... sì, sì, sì, la stessa voce ... gli stessi occhi ... gli stessi capelli ... sì, sì, sì ... anche voi avete i capelli turchini ... come lei! ... O Fatina mia! ... o Fatina mia! ... ditemi che siete voi, proprio voi! ... Non mi fate più piangere! Se sapeste! Ho pianto tanto, ho patito tanto!

E nel dir così, Pinocchio piangeva dirottamente, e gettatosi ginocchioni per terra, abbracciava i ginocchi di quella donnina misteriosa.

XXV. Pinocchio promette alla Fata di esser buono e di studiare, perché è stufo di fare il burattino e vuol diventare un bravo ragazzo.

In sulle prime, la buona donnina cominciò col dire che lei non era la piccola Fata dai capelli turchini: ma poi, vedendosi oramai scoperta e non volendo mandare più in lungo la commedia, finì per farsi riconoscere, e disse a Pinocchio:

— Birba d'un burattino! Come mai ti sei accorto che ero io?

— Gli è il gran bene che vi voglio, quello che me l'ha detto.

— Ti ricordi, eh? Mi lasciasti bambina, e ora mi ritrovi donna; tanto donna, che potrei quasi farti da mamma.

— E io l'ho caro dimolto, perché così, invece di sorellina, vi chiamerò la mia mamma. Gli è tanto tempo che mi struggo di avere una mamma come tutti gli altri ragazzi! ... Ma come avete fatto a crescere così presto?

— È un segreto.

— Insegnatemelo: vorrei crescere un poco anch'io. Non lo vedete? Sono sempre rimasto alto come un soldo di cacio.

— Ma tu non puoi crescere — replicò la Fata.

— Perché?

— Perché i burattini non crescono mai. Nascono burattini, vivono burattini e muoiono burattini.

— Oh! sono stufo di far sempre il burattino! — gridò Pinocchio, dandosi uno scappellotto. — Sarebbe ora che diventassi anch'io un uomo ...

— E lo diventerai, se saprai meritarlo ...

— Davvero? E che posso fare per meritarmelo?

— Una cosa facilissima: avvezzarti a essere un ragazzino perbene.

— O che forse non sono?

— Tutt'altro! I ragazzi perbene sono ubbidienti, e tu invece ...

— E io non ubbidisco mai.

— I ragazzi perbene prendono amore allo studio e al lavoro, e tu ...

— E io, invece, faccio il bighellone e il vagabondo tutto l'anno.

— I ragazzi perbene dicono sempre la verità ...

— E io sempre le bugie.

— I ragazzi perbene vanno volentieri alla scuola ...

— E a me la scuola mi fa venire i dolori di corpo. Ma da oggi in poi voglio mutar vita.

— Me lo prometti?

— Lo prometto. Voglio diventare un ragazzino perbene, e voglio essere la consolazione del mio babbo ... Dove sarà il mio povero babbo a quest'ora?

— Non lo so.

— Avrò mai la fortuna di poterlo rivedere e abbracciare?

— Credo di sì: anzi ne sono sicura.

A questa risposta fu tale e tanta la contentezza di Pinocchio, che prese le mani alla Fata e cominciò a baciargliele con tanta foga, che pareva quasi fuori di sé. Poi, alzando il viso e guardandola amorosamente, le domandò:

— Dimmi, mammina: dunque non è vero che tu sia morta?

— Par di no — rispose sorridendo la Fata.

— Se tu sapessi che dolore e che serratura alla gola che provai, quando lessi *qui giace* ...

— Lo so: ed è per questo che ti ho perdonato. La sincerità del tuo dolore mi fece conoscere che tu avevi il cuore buono: e dai ragazzi buoni di cuore, anche se sono un po' monelli e avvezzati male, c'è sempre da sperar qualcosa: ossia, c'è sempre da sperare che rientrino sulla vera strada. Ecco perché son venuta a cercarti fin qui. Io sarò la tua mamma ...

— Oh! che bella cosa! — gridò Pinocchio saltando dall'allegrezza.

— Tu mi ubbidirai e farai sempre quello che ti dirò io.

— Volentieri, volentieri, volentieri!

— Fino da domani — soggiunse la Fata — tu comincerai coll'andare a scuola.

Pinocchio diventò subito un po' meno allegro.

— Poi sceglierai a tuo piacere un'arte o un mestiere ...

Pinocchio diventò serio.

— Che cosa brontoli fra i denti? — domandò la Fata con accento risentito.

— Dicevo ... — mugolò il burattino a mezza voce — che oramai per andare a scuola mi pare un po' tardi ...

— Nossignore. Tieni a mente che per istruirsi e per imparare non è mai tardi.

— Ma io non voglio fare né arti né mestieri ...

— Perché?

— Perché a lavorare mi par fatica.

— Ragazzo mio, — disse la Fata — quelli che dicono così, finiscono quasi sempre o in carcere o allo spedale. L'uomo, per tua regola, nasca ricco o povero, è obbligato in questo mondo a far qualcosa, a occuparsi, a lavorare. Guai a lasciarsi prendere dall'ozio! L'ozio è una bruttissima malattia e bisogna guarirla subito, fin da bambini: se no, quando siamo grandi, non si guarisce più.

Queste parole toccarono l'animo di Pinocchio, il quale rialzando vivacemente la testa, disse alla Fata:

— Io studierò, io lavorerò, io farò tutto quello che mi dirai, perché, insomma, la vita del burattino mi è venuta a noia, e voglio diventare un ragazzo a tutti i costi. Me l'hai promesso, non è vero?

— Te l'ho promesso, e ora dipende da te.

XXVI. Pinocchio va co' suoi compagni di scuola in riva al mare, per vedere il terribile Pesce-cane.

Il giorno dopo Pinocchio andò alla Scuola comunale.

Figuratevi quelle birbe di ragazzi, quando videro entrare nella loro scuola un burattino! Fu una risata, che non finiva più. Chi gli faceva uno scherzo, chi un altro: chi gli levava il berretto di mano: chi gli tirava il giubbettino di dietro; chi si provava a fargli coll'inchiostro due grandi baffi sotto il naso, e chi si attentava perfino a legargli dei fili ai piedi e alle mani, per farlo ballare.

Per un poco Pinocchio usò disinvoltura e tirò via; ma finalmente, sentendosi scappar la pazienza, si rivolse a quelli che più lo tafanavano e si pigliavano gioco di lui, e disse loro a muso duro:

— Badate, ragazzi: io non son venuto qui per essere il vostro buffone. Io rispetto gli altri e voglio esser rispettato.

— Bravo berlicche! Hai parlato come un libro stampato! — urlarono quei monelli, buttandosi via dalle matte risate: e uno di loro, più impertinente degli altri, allungò la mano coll'idea di prendere il burattino per la punta del naso.

Ma non fece a tempo: perché Pinocchio stese la gamba sotto la tavola e gli consegnò una pedata negli stinchi.

— Ohi! che piedi duri! — urlò il ragazzo stropicciandosi il livido che gli aveva fatto il burattino.

— E che gomiti! ... anche più duri dei piedi! — disse un altro che, per i suoi scherzi sguaiati, s'era beccata una gomitata nello stomaco.

Fatto sta che dopo quel calcio e quella gomitata, Pinocchio acquistò subito la stima e la simpatia di tutti i ragazzi di scuola: e tutti gli facevano mille carezze e tutti gli volevano un ben dell'anima.

E anche il maestro se ne lodava, perché lo vedeva attento, studioso, intelligente, sempre il primo a entrare nella scuola, sempre l'ultimo a rizzarsi in piedi, a scuola finita.

Il solo difetto che avesse era quello di bazzicare troppi compagni: e fra questi, c'erano molti monelli conosciutissimi per la loro poca voglia di studiare e di farsi onore.

Il maestro lo avvertiva tutti i giorni, e anche la buona Fata non mancava di dirgli e di ripetergli più volte:

— Bada, Pinocchio! Quei tuoi compagnacci di scuola finiranno prima o poi col farti perdere l'amore allo studio e, forse forse, col tirarti addosso qualche grossa disgrazia.

— Non c'è pericolo! — rispondeva il burattino, facendo una spallucciata, e toccandosi coll'indice in mezzo alla fronte, come per dire: «C'è tanto giudizio qui dentro!».

Ora avvenne che un bel giorno, mentre camminava verso la scuola, incontrò un branco dei soliti compagni, che, andandogli incontro, gli dissero:

— Sai la gran notizia?

— No.

— Qui nel mare vicino è arrivato un Pesce-cane, grosso come una montagna.

— Davvero? ... Che sia quel medesimo Pesce-cane di quando affogò il mio povero babbo?

— Noi andiamo alla spiaggia per vederlo. Vuoi venire anche tu?

— Io no: io voglio andare a scuola.

— Che t'importa della scuola? Alla scuola ci anderemo domani. Con una lezione di più o con una di meno, si rimane sempre gli stessi somari.

— E il maestro che dirà?

— Il maestro si lascia dire. È pagato apposta per brontolare tutti i giorni.

— E la mia mamma?

— Le mamme non sanno mai nulla — risposero quei malanni.

— Sapete che cosa farò? — disse Pinocchio. — Il Pesce-cane voglio vederlo per certe mie ragioni ... ma anderò a vederlo dopo la scuola.

— Povero giucco! — ribatté uno del branco. — Che credi che un pesce di quella grossezza voglia star lì a fare il comodo tuo? Appena s'è annoiato, piglia il dirizzone per un'altra parte, e allora chi s'è visto s'è visto.

— Quanto tempo ci vuole di qui alla spiaggia? — domandò il burattino.

— Fra un'ora, siamo bell'e andati e tornati.

— Dunque, via! e chi più corre, è più bravo! — gridò Pinocchio.

Dato così il segnale della partenza, quel branco di modelli, coi loro libri e i loro quaderni sotto il braccio, si messero a correre attraverso ai campi: e Pinocchio era sempre avanti a tutti: pareva che avesse le ali ai piedi.

Di tanto in tanto, voltandosi indietro, canzonava i suoi compagni rimasti a una bella distanza, e nel vederli ansanti, trafelati, polverosi e con tanto di lingua fuori, se la rideva proprio di cuore. Lo sciagurato, in quel momento, non sapeva a quali paure e a quali orribili disgrazie andava incontro!

XXVII. *Gran combattimento fra Pinocchio e i suoi compagni: uno de' quali essendo rimasto ferito, Pinocchio viene arrestato dai carabinieri.*

Giunto che fu sulla spiaggia, Pinocchio dette subito una grande occhiata sul mare; ma non vide nessun Pesce-cane.

Il mare era tutto liscio come un gran cristallo da specchio.

— O il Pesce-cane dov'è? — domandò, voltandosi ai compagni.

— Sarà andato a far colazione — rispose uno di loro, ridendo.

— O si sarà buttato sul letto per fare un sonnellino — aggiunse un altro, ridendo più forte che mai.

Da quelle risposte sconclusionate e da quelle risatacce grulle, Pinocchio capì che i suoi compagni gli avevano fatto una brutta celia, dandogli ad intendere una cosa che non era vera, e pigliandosela a male, disse loro con voce di bizza:

— E ora? che sugo ci avete trovato a darmi ad intendere la storiella del Pesce-cane?

— Il sugo c'è sicuro! ... — risposero in coro quei monelli.

— E sarebbe?

— Quello di farti perdere la scuola e di farti venire con noi. Non ti vergogni a mostrarti tutti i giorni così preciso e così diligente alla lezione? Non ti vergogni a studiar tanto, come fai?

— E se io studio, che cosa ve ne importa?

— A noi ce ne importa moltissimo, perché ci costringi a fare una brutta figura col maestro ...

— Perché?

— Perché gli scolari che studiano, fanno sempre scomparire quelli, come noi, che non hanno voglia di studiare. E noi non vogliamo scomparire! Anche noi abbiamo il nostro amor proprio!

— E allora che cosa devo fare per contentarvi?

— Devi prendere a noia, anche tu, la scuola, la lezione e il maestro, che sono i nostri tre grandi nemici.

— E se io volessi seguitare a studiare?

— Noi non ti guarderemo più in faccia, e alla prima occasione ce la pagherai!

— In verità mi fate quasi ridere — disse il burattino con una scrollatina di capo.

— Ehi, Pinocchio! — gridò allora il più grande di quei ragazzi, andandogli sul viso. — Non venir qui a fare lo smargiasso: non venir qui a far tanto il galletto! ... perché se tu non hai paura di noi, neanche noi abbiamo paura di te! Ricordati che tu sei solo e noi siamo sette.

— Sette come i peccati mortali — disse Pinocchio con una gran risata.

— Avete sentito? Ci ha insultati tutti! Ci ha chiamato col nome di peccati mortali!

— Pinocchio! chiedici scusa dell'offesa ... o se no, guai a te!

— Cucù! — fece il burattino, battendosi coll'indice sulla punta del naso, in segno di canzonatura.

— Pinocchio! la finisce male!

— Cucù!

— Ne toccherai quanto un somaro!

— Cucù!

— Ritornerai a casa col naso rotto!

— Cucù!

— Ora il cucù te lo darò io! — gridò il più ardito di quei monelli. — Prendi intanto quest'acconto, e serbalo per la cena di stasera.

E nel dir così gli appiccicò un pugno nel capo.

Ma fu, come si suol dire, botta e risposta; perché il burattino, com'era da aspettarselo, rispose subito con un altro pugno: e lì, da un momento all'altro, il combattimento diventò generale e accanito.

Pinocchio, sebbene fosse solo, si difendeva come un eroe. Con quei suoi piedi di legno durissimo lavorava così bene, da tener sempre i suoi nemici a rispettosa distanza. Dove i suoi piedi potevano arrivare e toccare, ci lasciavano sempre un livido per ricordo.

Allora i ragazzi, indispettiti di non potersi misurare col burattino a corpo a corpo, pensarono bene di metter mano ai proiettili; e sciolti i fagotti de' loro libri di scuola, cominciarono a scagliare contro di lui i *Sillabari*, le Grammatiche, i Giannettini, i Minuzzoli, i Racconti del Thouar, il Pulcino della Baccini e altri libri scolastici: ma il burattino, che era d'occhio svelto e ammalizzito, faceva sempre civetta a tempo, sicché i volumi, passandogli di sopra al capo, andavano tutti a cascare nel mare.

Figuratevi i pesci! I pesci, credendo che quei libri fossero roba da mangiare, correvano a frotte a fior d'acqua; ma dopo avere abboccata qualche pagina o qualche frontespizio, la risputavano subito, facendo con la bocca una certa smorfia, che pareva volesse dire: «Non è roba per noi: noi siamo avvezzi a cibarci molto meglio!»

Intanto il combattimento s'inferociva sempre più, quand'ecco che un grosso Granchio, che era uscito fuori dall'acqua e s'era adagio adagio arrampicato fin sulla spiaggia, gridò con una vociaccia di trombone infreddato:

— Smettetela, birichini che non siete altro! Queste guerre manesche fra ragazzi e ragazzi raramente vanno a finir bene. Qualche disgrazia accade sempre!

Povero Granchio! Fu lo stesso che avesse predicato al vento. Anzi quella birba di Pinocchio, voltandosi indietro a guardarlo in cagnesco, gli disse sgarbatamente:

— Chetati, Granchio dell'uggia! Faresti meglio a succiare due pasticche di lichene per guarire da codesta infreddatura di gola. Va' piuttosto a letto e cerca di sudare! ...

In quel frattempo i ragazzi, che avevano finito oramai di tirare tutti i loro libri, occhiarono lì a poca distanza il fagotto dei libri del burattino, e se ne impadronirono in men che non si dice.

Fra questi libri, v'era un volume rilegato in cartoncino grosso, colla costola e colle punte di cartapecora. Era un *Trattato di Aritmetica*. Vi lascio immaginare se era peso di molto!

Uno di quei monelli agguantò quel volume, e presa di mira la testa di Pinocchio, lo scagliò con quanta forza aveva nel braccio: ma invece di cogliere il burattino, colse nella testa uno dei compagni; il quale diventò bianco come un panno lavato, e non disse altro che queste parole:

— O mamma mia, aiutatemi ... perché muoio!

Poi cadde disteso sulla rena del lido.

Alla vista di quel morticino, i ragazzi spaventati si dettero a scappare a gambe, e in pochi minuti non si videro più.

Ma Pinocchio rimase lì; e sebbene per il dolore e per lo spavento, anche lui fosse più morto che vivo, nondimeno corse a inzuppare il suo fazzoletto nell'acqua del mare e si pose a bagnare la tempia del suo povero compagno di scuola. E intanto piangendo dirottamente e disperandosi, lo chiamava per nome e gli diceva:

— Eugenio! ... povero Eugenio mio! ... apri gli occhi, e guardami! ... Perché non mi rispondi? Non sono stato io, sai, che ti ho fatto tanto male! Credilo, non sono stato io! ... Apri gli occhi, Eugenio ... Se tieni gli occhi chiusi, mi farai morire anche me ... O Dio mio! come farò ora a tornare a casa? ... Con che coraggio potrò presentarmi alla mia buona mamma? Che sarà di me? ... Dove fuggirò? ... Dove anderò a nascondermi? ... Oh! quant'era meglio, mille volte meglio che fossi andato a scuola! ... Perché ho dato retta a questi compagni, che sono la mia dannazione? ... E il maestro me l'aveva detto! ... e la mia mamma me l'aveva ripetuto: — Guardati dai cattivi compagni! — Ma io sono un testardo ... un caparbiaccio ... lascio dir tutti, e poi fo sempre a modo mio! E dopo mi tocca a scontarle ... E così, da che sono al mondo, non ho mai avuto un quarto d'ora di bene. Dio mio! Che sarà di me, che sarà di me, che sarà di me?

E Pinocchio continuava a piangere, a berciare, a darsi dei pugni nel capo e a chiamar per nome il povero Eugenio, quando sentì a un tratto un rumore sordo di passi che si avvicinavano.

Si voltò: erano due carabinieri.

— Che cosa fai costì sdraiato per terra? — domandarono a Pinocchio.

— Assisto questo mio compagno di scuola.

— Che gli è venuto male?

— Par di sì!

— Altro che male! — disse uno dei carabinieri, chinandosi e osservando Eugenio da vicino. — Questo ragazzo è stato ferito in una tempia: chi è che l'ha ferito?

— Io no! — balbettò il burattino che non aveva più fiato in corpo.

— Se non sei stato tu, chi è stato dunque che l'ha ferito?

— Io no! — ripeté Pinocchio.

— E con che cosa è stato ferito?

— Con questo libro. — E il burattino raccattò di terra il *Trattato di Arit-metica*, rilegato in cartone e cartapecora, per mostrarlo al carabiniere.

— E questo libro di chi è?

— Mio.

— Basta così: non occorre altro. Rizzati subito, e vien via con noi.

— Ma io ...

— Via con noi!

— Ma io sono innocente ...

— Via con noi!

Prima di partire, i carabinieri chiamarono alcuni pescatori, che in quel momento passavano per l'appunto colla loro barca vicino alla spiaggia, e dissero loro:

— Vi affidiamo questo ragazzetto ferito nel capo. Portatelo a casa vostra e assistetelo. Domani torneremo a vederlo.

Quindi si volsero a Pinocchio e dopo averlo messo in mezzo a loro due, gl'intimarono con accento soldatesco:

— Avanti! e cammina spedito! se no, peggio per te!

Senza farselo ripetere, il burattino cominciò a camminare per quella viottola, che conduceva al paese. Ma il povero diavolo non sapeva più nemmeno lui in che mondo si fosse. Gli pareva di sognare, e che brutto sogno! Era fuori di sé. I suoi occhi vedevano tutto doppio: le gambe gli tremavano: la lingua gli era rimasta attaccata al palato e non poteva più spiccicare una sola parola. Eppure, in mezzo a quella specie di stupidità e di rintontimento, una spina acutissima gli bucava il cuore: il pensiero, cioè, di dover passare sotto le finestre di casa della sua buona Fata, in mezzo ai carabinieri. Avrebbe preferito piuttosto di morire.

Erano già arrivati e stavano per entrare in paese, quando una folata di vento strapazzone levò di testa a Pinocchio il berretto, portandoglielo lontano una diecina di passi.

— Si contentano — disse il burattino ai carabinieri — che vada a riprendere il mio berretto?

— Vai pure; ma facciamo una cosa lesta.

Il burattino andò, raccattò il berretto ... ma invece di metterselo in capo, se lo mise in bocca fra i denti, e poi cominciò a correre di gran carriera verso la spiaggia del mare. Andava via come una palla di fucile.

I carabinieri, giudicando che fosse difficile raggiungerlo, gli aizzarono dietro un grosso cane mastino, che aveva guadagnato il primo premio a tutte le corse dei cani. Pinocchio correva, e il cane correva più di lui: per cui tutta la gente si affacciava alle finestre e si affollava in mezzo alla strada, ansiosa di veder la fine di un palio così inferocito. Ma non poté levarsi questa voglia, perché fra il can mastino e Pinocchio sollevarono lungo la strada un tal polverone, che dopo pochi minuti non era possibile di veder più nulla.

XXVIII. Pinocchio corre pericolo di esser fritto in padella, come un pesce.

Durante quella corsa disperata, vi fu un momento terribile, un momento in cui Pinocchio si credé perduto: perché bisogna sapere che Alidoro (era questo il nome del can mastino) a furia di correre e correre, l'aveva quasi raggiunto.

Basti dire che il burattino sentiva dietro di sé, alla distanza d'un palmo, l'ansare affannoso di quella bestiaccia, e ne sentiva perfino la vampa calda delle fiatate.

Per buona fortuna la spiaggia era oramai vicina e il mare si vedeva lì a pochi passi.

Appena fu sulla spiaggia, il burattino spiccò un bellissimo salto, come avrebbe potuto fare un ranocchio, e andò a cascare in mezzo all'acqua. Alidoro invece voleva fermarsi; ma trasportato dall'impeto della corsa, entrò nell'acqua anche lui. E quel disgraziato non sapeva nuotare; per cui cominciò subito ad annaspare colle zampe per reggersi a galla: ma più annaspava e più andava col capo sott'acqua.

Quando tornò a rimettere il capo fuori, il povero cane aveva gli occhi impauriti e stralunati, e, abbaiando, gridava:

— Affogo! affogo!

— Crepa! — gli rispose Pinocchio da lontano, il quale si vedeva oramai sicuro da ogni pericolo.

— Aiutami, Pinocchio mio! ... salvami dalla morte!

A quelle grida strazianti il burattino, che in fondo aveva un cuore eccellente, si mosse a compassione, e voltosi al cane gli disse:

— Ma se io ti aiuto a salvarti, mi prometti di non darmi più noia e di non corrermi dietro?

— Te lo prometto! te lo prometto! Spicciati per carità, perché se indugi un altro mezzo minuto, son bell'e morto.

Pinocchio esitò un poco: ma poi ricordandosi che il suo babbo gli aveva detto tante volte che a fare una buona azione non ci si scapita mai, andò nuotando a raggiungere Alidoro, e, presolo per la coda con tutte e due le mani, lo portò sano e salvo sulla rena asciutta del lido.

Il povero cane non si reggeva più in piedi. Aveva bevuto, senza volerlo, tant'acqua salata, che era gonfiato come un pallone. Per altro il burattino, non volendo fare a fidarsi troppo, stimò cosa prudente di gettarsi novamente in mare; e allontanandosi dalla spiaggia, gridò all'amico salvato:

— Addio, Alidoro; fa' buon viaggio e tanti saluti a casa.

— Addio, Pinocchio — rispose il cane; — mille grazie di avermi liberato dalla morte. Tu m'hai fatto un gran servizio: e in questo mondo quel che è fatto è reso. Se capita l'occasione, ci riparleremo.

Pinocchio seguitò a nuotare, tenendosi sempre vicino alla terra. Finalmente gli parve di esser giunto in un luogo sicuro; e dando un'occhiata alla spiaggia, vide sugli scogli una specie di grotta, dalla quale usciva un lunghissimo pennacchio di fumo.

— In quella grotta — disse allora fra sé — ci deve essere del fuoco. Tanto meglio! Anderò a rasciugarmi e a riscaldarmi, e poi? ... e poi sarà quel che sarà.

Presa questa risoluzione, si avvicinò alla scogliera; ma quando fu lì per arrampicarsi, sentì qualche cosa sotto l'acqua che saliva, saliva, saliva e lo portava per aria. Tentò subito di fuggire, ma oramai era tardi, perché con sua grandissima maraviglia si trovò rinchiuso dentro una grossa rete in mezzo a un brulichìo di pesci d'ogni forma e grandezza, che scodinzolavano e si dibattevano come tante anime disperate.

E nel tempo stesso vide uscire dalla grotta un pescatore così brutto, ma tanto brutto, che pareva un mostro marino. Invece di capelli aveva sulla testa un cespuglio foltissimo di erba verde; verde era la pelle del suo corpo, verdi gli occhi, verde la barba lunghissima, che gli scendeva fin quaggiù. Pareva un grosso ramarro ritto sui piedi di dietro.

Quando il pescatore ebbe tirata fuori la rete dal mare, gridò tutto contento:

— Provvidenza benedetta! Anch'oggi potrò fare una bella scorpacciata di pesce!

— Manco male, che io non sono un pesce! — disse Pinocchio dentro di sé, ripigliando un po' di coraggio.

La rete piena di pesci fu portata dentro la grotta, una grotta buia e affumicata, in mezzo alla quale friggeva una gran padella d'olio, che mandava un odorino di moccolaia, da mozzare il respiro.

— Ora vediamo un po' che pesci abbiamo presi! — disse il pescatore verde; e ficcando nella rete una manona così spropositata, che pareva una pala da fornai, tirò fuori una manciata di triglie.

— Buone queste triglie! — disse, guardandole e annusandole con compiacenza. E dopo averle annusate, le scaraventò in una conca senz'acqua.

Poi ripeté più volte la solita operazione; e via via che cavava fuori gli altri pesci, sentiva venirsi l'acquolina in bocca e gongolando diceva:

— Buoni questi naselli!

— Squisiti questi muggini!

— Deliziose queste sogliole!

— Prelibati questi ragnotti!

— Carine queste acciughe col capo!

Come potete immaginarvelo, i naselli, i muggini, le sogliole, i ragnotti e l'acciughe, andarono tutti alla rinfusa nella conca, a tener compagnia alle triglie.

L'ultimo che restò nella rete fu Pinocchio.

Appena il pescatore l'ebbe cavato fuori, sgranò dalla maraviglia i suoi occhioni verdi, gridando quasi impaurito:

— Che razza di pesce è questo? Dei pesci fatti a questo modo non mi ricordo di averne mangiati mai!

E tornò a guardarlo attentamente, e dopo averlo guardato ben bene per ogni verso, finì col dire:

— Ho capito: dev'essere un granchio di mare.

Allora Pinocchio, mortificato di sentirsi scambiare per un granchio, disse con accento risentito:

— Ma che granchio e non granchio? Guardi come lei mi tratta! Io per sua regola sono un burattino.

— Un burattino? — replicò il pescatore. — Dico la verità, il pesce burattino è per me un pesce nuovo!

Meglio così! ti mangerò più volentieri.

— Mangiarmi? ma la vuol capire che io non sono un pesce? O non sente che parlo, e ragiono come lei?

— È verissimo — soggiunse il pescatore — e siccome vedo che sei un pesce, che hai la fortuna di parlare e di ragionare, come me, così voglio usarti anch'io i dovuti riguardi.

— E questi riguardi sarebbero?

— In segno di amicizia e di stima particolare, lascerò a te la scelta del come vuoi esser cucinato. Desideri esser fritto in padella, oppure preferisci di esser cotto nel tegame con la salsa di pomidoro?

— A dir la verità — rispose Pinocchio — se io debbo scegliere, preferisco piuttosto di esser lasciato libero, per potermene tornare a casa mia.

— Tu scherzi! Ti pare che io voglia perdere l'occasione di assaggiare un pesce così raro? Non capita mica tutti i giorni un pesce burattino in questi mari. Lascia fare a me: ti friggerò in padella assieme a tutti gli altri pesci, e te ne troverai contento. L'esser fritto in compagnia è sempre una consolazione.

L'infelice Pinocchio, a quest'antifona, cominciò a piangere, a strillare, a raccomandarsi: e piangendo diceva: — Quant'era meglio, che fossi andato a scuola! ... Ho voluto dar retta ai compagni, e ora la pago! Ih! ... Ih! ... Ih!

E perché si divincolava come un'anguilla e faceva sforzi incredibili, per isgusciare dalle grinfie del pescatore verde, questi prese una bella buccia di giunco, e dopo averlo legato per le mani e per i piedi, come un salame, lo gettò in fondo alla conca cogli altri.

Poi, tirato fuori un vassoiaccio di legno, pieno di farina, si dette a infarinare tutti quei pesci: e man mano che gli aveva infarinati, li buttava a friggere dentro la padella.

I primi a ballare nell'olio bollente furono i poveri naselli: poi toccò ai ragnotti, poi ai muggini, poi alle sogliole e alle acciughe, e poi venne la volta di Pinocchio. Il quale, a vedersi così vicino alla morte (e che brutta morte!) fu preso da tanto tremito e da tanto spavento, che non aveva più né voce né fiato per raccomandarsi.

Il povero figliuolo si raccomandava cogli occhi! Ma il pescatore verde, senza badarlo neppure, lo avvoltolò cinque o sei volte nella farina, infarinandolo così bene dal capo ai piedi, che pareva diventato un burattino di gesso.

Poi lo prese per il capo, e ...

XXIX. *Ritorna a casa della Fata, la quale gli promette che il giorno dopo non sarà più un burattino, ma diventerà un ragazzo. Gran colazione di caffè-e-latte per festeggiare questo grande avvenimento.*

Mentre il pescatore era proprio sul punto di buttar Pinocchio nella padella, entrò nella grotta un grosso cane condotto là dall'odore acutissimo e ghiotto della frittura.

— Passa via! — gli gridò il pescatore minacciandolo e tenendo sempre in mano il burattino infarinato.

Ma il povero cane aveva una fame per quattro, e mugolando e dimenando la coda, pareva che dicesse:

— Dammi un boccone di frittura e ti lascio in pace.

— Passa via, ti dico! — gli ripeté il pescatore; e allungò la gamba per tirargli una pedata.

Allora il cane che, quando aveva fame davvero, non era avvezzo a lasciarsi posar mosche sul naso, si rivoltò ringhioso al pescatore, mostrandogli le sue terribili zanne.

In quel mentre si udì nella grotta una vocina fioca fioca che disse:

— Salvami, Alidoro! Se non mi salvi, son fritto!

Il cane riconobbe subito la voce di Pinocchio, e si accorse con sua grandissima maraviglia che la vocina era uscita da quel fagotto infarinato che il pescatore teneva in mano.

Allora che cosa fa? Spicca un gran lancio da terra, abbocca quel fagotto infarinato e tenendolo leggermente coi denti, esce correndo dalla grotta, e via come un baleno!

Il pescatore, arrabbiatissimo di vedersi strappar di mano un pesce, che egli avrebbe mangiato tanto volentieri, si provò a rincorrere il cane; ma fatti pochi passi, gli venne un nodo di tosse e dové tornarsene indietro.

Intanto Alidoro, ritrovata che ebbe la viottola che conduceva al paese, si fermò e posò delicatamente in terra l'amico Pinocchio.

— Quanto ti debbo ringraziare! — disse il burattino.

— Non c'è bisogno — replicò il cane — tu salvasti me, e quel che è fatto è reso. Si sa: in questo mondo bisogna tutti aiutarsi l'uno coll'altro.

— Ma come mai sei capitato in quella grotta?

— Ero sempre qui disteso sulla spiaggia più morto che vivo, quando il vento mi ha portato da lontano un odorino di frittura. Quell'odorino mi ha stuzzicato l'appetito, e io gli sono andato dietro. Se arrivavo un minuto più tardi!

— Non me lo dire! — urlò Pinocchio che tremava ancora dalla paura — Non me lo dire! Se tu arrivavi un minuto più tardi, a quest'ora io ero bell'e fritto, mangiato e digerito. Brrr! mi vengono i brividi soltanto a pensarvi!

Alidoro, ridendo, stese la zampa destra verso il burattino, il quale gliela strinse forte forte in segno di grande amicizia: e dopo si lasciarono.

Il cane riprese la strada di casa: e Pinocchio, rimasto solo, andò a una capanna lì poco distante, e domandò a un vecchietto che stava sulla porta a scaldarsi al sole:

— Dite, galantuomo, sapete nulla di un povero ragazzo ferito nel capo e che si chiamava Eugenio?

— Il ragazzo è stato portato da alcuni pescatori in questa capanna, e ora ...

— Ora sarà morto! ... — interruppe Pinocchio, con gran dolore.

— No: ora è vivo, ed è già ritornato a casa sua.

— Davvero? ... davvero? ... — gridò il burattino, saltando dall'allegrezza — Dunque la ferita non era grave?

— Ma poteva riuscire gravissima e anche mortale, — rispose il vecchietto — perché gli tirarono nel capo un grosso libro rilegato in cartone.

— E chi glielo tirò?

— Un suo compagno di scuola: un certo Pinocchio ...

— E chi è questo Pinocchio? — domandò il burattino facendo lo gnorri.

— Dicono che sia un ragazzaccio, un vagabondo, un vero rompicollo.

— Calunnie! Tutte calunnie!

— Lo conosci tu questo Pinocchio?

— Di vista! — rispose il burattino.

— E tu che concetto ne hai? — gli chiese il vecchietto.

— A me mi pare un gran buon figliuolo, pieno di voglia di studiare, ubbidiente, affezionato al suo babbo e alla sua famiglia ...

Mentre il burattino sfilava a faccia fresca tutte queste bugie, si toccò il naso e si accorse che il naso gli era allungato più d'un palmo. Allora tutto impaurito cominciò a gridare:

— Non date retta, galantuomo, a tutto il bene che ve ne ho detto; perché conosco benissimo Pinocchio e posso assicurarvi anch'io che è davvero un ragazzaccio, un disubbidiente e uno svogliato, che invece di andare a scuola, va coi compagni a fare lo sbarazzino!

Appena ebbe pronunziate queste parole, il suo naso raccorcì e tornò della grandezza naturale, come era prima.

— E perché sei tutto bianco a codesto modo? — gli domandò a un tratto il vecchietto.

— Vi dirò ... senza avvedermene, mi sono strofinato a un muro, che era imbiancato di fresco — rispose il burattino, vergognandosi a raccontare che lo avevano infarinato come un pesce, per poi friggerlo in padella.

— O della tua giacchetta, de' tuoi calzoncini e del tuo berretto, che cosa ne hai fatto?

— Ho incontrato i ladri e mi hanno spogliato. Dite, buon vecchio, non avreste per caso da darmi un po' di vestituccio, tanto perché io possa ritornare a casa?

— Ragazzo mio; in quanto a vestiti, io non ho che un piccolo sacchetto, dove ci tengo i lupini. Se lo vuoi, piglialo: eccolo là.

E Pinocchio non se lo fece dire due volte: prese subito il sacchetto dei lupini che era vuoto, e dopo averci fatto colle forbici una piccola buca nel fondo e due buche dalle parti, se lo infilò a uso camicia. E vestito leggerino a quel modo, si avviò verso il paese.

Ma, lungo la strada, non si sentiva punto tranquillo; tant'è vero che faceva un passo avanti e uno indietro e, discorrendo da sé solo, andava dicendo:

— Come farò a presentarmi alla mia buona Fatina? Che dirà quando mi vedrà? ... Vorrà perdonarmi questa seconda birichinata? ... Scommetto che non me la perdona! ... oh! non me la perdona di certo ... E mi sta il dovere: perché io sono un monello che prometto sempre di correggermi, e non mantengo mai!

Arrivò al paese che era già notte buia; e perché faceva tempaccio e l'acqua veniva giù a catinelle, andò diritto diritto alla casa della Fata coll'animo risoluto di bussare alla porta e di farsi aprire.

Ma, quando fu lì, sentì mancarsi il coraggio, e invece di bussare, si allontanò, correndo, una ventina di passi. Poi tornò una seconda volta alla porta, e non concluse nulla: poi si avvicinò una terza volta, e nulla: la quarta volta prese, tremando, il battente di ferro in mano e bussò un piccolo colpettino.

Aspetta, aspetta, finalmente dopo mezz'ora si aprì una finestra dell'ultimo piano (la casa era di quattro piani) e Pinocchio vide affacciarsi una grossa lumaca, che aveva un lumicino acceso sul capo, la quale disse:

— Chi è a quest'ora?

— La Fata è in casa? — domandò il burattino.

— La Fata dorme e non vuol essere svegliata: ma tu chi sei?

— Sono io!

— Chi io?

— Pinocchio.

— Chi Pinocchio?

— Il burattino, quello che sta in casa colla Fata.

— Ah! ho capito; — disse la Lumaca — aspettami costì, ché ora scendo giù e ti apro subito.

— Spicciatevi, per carità, perché io muoio dal freddo.

— Ragazzo mio, io sono una lumaca, e le lumache non hanno mai fretta.

Intanto passò un'ora, ne passarono due, e la porta non si apriva: per cui Pinocchio, che tremava dal freddo, dalla paura e dall'acqua che aveva addosso, si fece cuore e bussò una seconda volta, e bussò più forte.

A quel secondo colpo si aprì una finestra del piano di sotto e si affacciò la solita lumaca.

— Lumachina bella — gridò Pinocchio dalla strada — sono due ore che aspetto! E due ore, a questa serataccia, diventano più lunghe di due anni. Spicciatevi, per carità.

— Ragazzo mio, — gli rispose dalla finestra quella bestiola tutta pace e tutta flemma — ragazzo mio, io sono una lumaca, e le lumache non hanno mai fretta.

E la finestra si richiuse.

Di lì a poco sonò la mezzanotte: poi il tocco, poi le due dopo mezzanotte, e la porta era sempre chiusa.

Allora Pinocchio, perduta la pazienza, afferrò con rabbia il battente della porta per bussare un colpo da far rintronare tutto il casamento: ma il battente che era di ferro, diventò a un tratto un'anguilla viva, che sgusciandogli dalle mani sparì in un rigagnolo d'acqua che scorreva in mezzo alla strada.

— Ah! sì? — gridò Pinocchio sempre più accecato dalla collera. — Se il battente è sparito, io seguiterò a bussare a furia di calci.

E tiratosi un poco indietro, lasciò andare una solennissima pedata nell'uscio della casa. Il colpo fu così forte, che il piede penetrò nel legno fino a mezzo: e quando il burattino si provò a ricavarlo fuori, fu tutta fatica inutile: perché il piede c'era rimasto conficcato dentro, come un chiodo ribadito.

Figuratevi il povero Pinocchio! Dové passare tutto il resto della notte con un piede in terra e con quell'altro per aria.

La mattina, sul far del giorno, finalmente la porta si aprì. Quella brava bestiola della Lumaca, a scendere dal quarto piano fino all'uscio di strada, ci aveva messo solamente nove ore. Bisogna proprio dire che avesse fatto una sudata.

— Che cosa fate con codesto piede conficcato nell'uscio? — domandò ridendo al burattino.

— È stata una disgrazia. Vedete un po', Lumachina bella, se vi riesce di liberarmi da questo supplizio.

— Ragazzo mio, costì ci vuole un legnaiolo, e io non ho fatto mai la legnaiola.

— Pregate la Fata da parte mia!

— La Fata dorme e non vuol essere svegliata.

— Ma che cosa volete che io faccia inchiodato tutto il giorno a questa porta?

— Divertiti a contare le formicole che passano per la strada.

— Portatemi almeno qualche cosa da mangiare, perché mi sento rifinito.

— Subito! — disse la Lumaca.

Difatti dopo tre ore e mezzo, Pinocchio la vide tornare con un vassoio d'argento in capo. Nel vassoio c'era un pane, un pollastro arrosto e quattro albicocche mature.

— Ecco la colazione che vi manda la Fata — disse la Lumaca.

Alla vista di quella grazia di Dio, il burattino sentì consolarsi tutto. Ma quale fu il suo disinganno, quando incominciando a mangiare, si dové accorgere che il pane era di gesso, il pollastro di cartone e le quattro albicocche di alabastro, colorite, come se fossero vere.

Voleva piangere, voleva darsi alla disperazione, voleva buttar via il vassoio e quel che c'era dentro; ma invece, o fosse il gran dolore o la gran languidezza di stomaco, fatto sta che cadde svenuto.

Quando si riebbe, si trovò disteso sopra un sofà, e la Fata era accanto a lui.

— Anche per questa volta ti perdono — gli disse la Fata — ma guai a te, se me ne fai un'altra delle tue!

Pinocchio promise e giurò che avrebbe studiato, e che si sarebbe condotto sempre bene. E mantenne la parola per tutto il resto dell'anno. Difatti agli esami delle vacanze, ebbe l'onore di essere il più bravo della scuola; e i suoi portamenti, in generale, furono giudicati così lodevoli e soddisfacenti, che la Fata, tutta contenta, gli disse:

— Domani finalmente il tuo desiderio sarà appagato!

— Cioè?

— Domani finirai di essere un burattino di legno, e diventerai un ragazzo perbene.

Chi non ha veduto la gioia di Pinocchio, a questa notizia tanto sospirata, non potrà mai figurarsela. Tutti i suoi amici e compagni di scuola dovevano essere invitati per il giorno dopo a una gran colazione in casa della Fata, per festeggiare insieme il grande avvenimento: e la Fata aveva fatto preparare dugento tazze di caffè-e-latte e quattrocento panini imburrati di dentro e di fuori. Quella giornata prometteva di riuscire molto bella e molto allegra: *ma* ...

Disgraziatamente, nella vita dei burattini, c'è sempre un ma, che sciupa ogni cosa.

XXX. Pinocchio, invece di diventare un ragazzo, parte di nascosto col suo amico Lucignolo per il «Paese dei balocchi».

Com'è naturale, Pinocchio chiese subito alla Fata il permesso di andare in giro per la città a fare gl'inviti: e la Fata gli disse:

— Va' pure a invitare i tuoi compagni per la colazione di domani: ma ricordati di tornare a casa prima che faccia notte. Hai capito?

— Fra un'ora prometto di esser bell'e ritornato — replicò il burattino.

— Bada, Pinocchio! I ragazzi fanno presto a promettere, ma il più delle volte, fanno tardi a mantenere.

— Ma io non sono come gli altri: io, quando dico una cosa, la mantengo.

— Vedremo. Caso poi tu disubbidissi, tanto peggio per te.

— Perché?

— Perché i ragazzi che non dànno retta ai consigli di chi ne sa più di loro, vanno sempre incontro a qualche disgrazia.

— E io l'ho provato! — disse Pinocchio. — Ma ora non ci ricasco più!

— Vedremo se dici il vero.

Senza aggiungere altre parole, il burattino salutò la sua buona Fata, che era per lui una specie di mamma, e cantando e ballando uscì fuori dalla porta di casa.

In poco più d'un'ora, tutti i suoi amici furono invitati. Alcuni accettarono subito e di gran cuore: altri, da principio, si fecero un po' pregare: ma quando seppero che i panini da inzuppare nel caffè-e-latte sarebbero stati imburrati anche dalla parte di fuori, finirono tutti col dire: — «Verremo anche noi, per farti piacere».

Ora bisogna sapere che Pinocchio, fra i suoi amici e compagni di scuola, ne aveva uno prediletto e carissimo, il quale si chiamava di nome Romeo: ma tutti lo chiamavano col soprannome di Lucignolo, per via del suo personalino asciutto, secco e allampanato, tale e quale come il lucignolo nuovo di un lumino da notte.

Lucignolo era il ragazzo più svogliato e più birichino di tutta la scuola: ma Pinocchio gli voleva un gran bene. Difatti andò subito a cercarlo a casa, per invitarlo alla colazione, e non lo trovò: tornò una seconda volta, e Lucignolo non c'era: tornò una terza volta, e fece la strada invano.

Dove poterlo ripescare? Cerca di qua, cerca di là, finalmente lo vide nascosto sotto il portico di una casa di contadini.

— Che cosa fai costì? — gli domandò Pinocchio, avvicinandosi.

— Aspetto di partire ...

— Dove vai?

— Lontano, lontano, lontano!

— E io che son venuto a cercarti a casa tre volte!

— Che cosa volevi da me?

— Non sai il grande avvenimento? Non sai la fortuna che mi è toccata?

— Quale?

— Domani finisco di essere un burattino e divento un ragazzo come te, e come tutti gli altri.

— Buon pro ti faccia.

— Domani, dunque, ti aspetto a colazione a casa mia.

— Ma se ti dico che parto questa sera.

— A che ora?

— Fra poco.

— E dove vai?

— Vado ad abitare in un paese ... che è il più bel paese di questo mondo: una vera cuccagna!

— E come si chiama?

— Si chiama il «Paese dei balocchi». Perché non vieni anche tu?

— Io? no davvero!

— Hai torto, Pinocchio! Credilo a me che, se non vieni, te ne pentirai. Dove vuoi trovare un paese più sano per noialtri ragazzi? Lì non vi sono scuole: lì non vi sono maestri: lì non vi sono libri. In quel paese benedetto non si studia mai. Il giovedì non si fa scuola: e ogni settimana è composta di sei giovedì e di una domenica. Figurati che le vacanze dell'autunno cominciano col primo di gennaio e finiscono coll'ultimo di dicembre. Ecco un paese, come piace veramente a me! Ecco come dovrebbero essere tutti i paesi civili!

— Ma come si passano le giornate nel «Paese dei balocchi»?

— Si passano baloccandosi e divertendosi dalla mattina alla sera. La sera poi si va a letto, e la mattina dopo si ricomincia daccapo. Che te ne pare?

— Uhm! ... — fece Pinocchio; e tentennò leggermente il capo, come dire: — «È una vita che la farei volentieri anch'io!».

— Dunque, vuoi partire con me? Sì o no? Risolviti.

— No, no, no e poi no. Oramai ho promesso alla mia buona Fata di diventare un ragazzo per bene, e voglio mantenere la promessa. Anzi, siccome vedo che il sole va sotto, così ti lascio subito e scappo via. Dunque addio, e buon viaggio.

— Dove corri con tanta furia?

— A casa. La mia buona Fata vuole che ritorni prima di notte.

— Aspetta altri due minuti.

— Faccio troppo tardi.

— Due minuti soli.

— E se poi la Fata mi grida?

— Lasciala gridare. Quando avrà gridato ben bene, si cheterà — disse quella birba di Lucignolo.

— E come fai? Parti solo o in compagnia?

— Solo? Saremo più di cento ragazzi.

— E il viaggio lo fate a piedi?

— Fra poco passerà di qui il carro che mi deve prendere e condurre fin dentro ai confini di quel fortunatissimo paese.

— Che cosa pagherei che il carro passasse ora!

— Perché?

— Per vedervi partire tutti insieme.

— Rimani qui un altro poco e ci vedrai.

— No, no: voglio ritornare a casa.

— Aspetta altri due minuti.

— Ho indugiato anche troppo. La Fata starà in pensiero per me.

— Povera Fata! Che ha paura forse che ti mangino i pipistrelli?

— Ma dunque — soggiunse Pinocchio — tu sei veramente sicuro che in quel paese non ci sono punte scuole?

— Neanche l'ombra.

— E nemmeno i maestri?

— Nemmen uno.

— E non c'è mai l'obbligo di studiare?

— Mai, mai, mai!

— Che bel paese! — disse Pinocchio, sentendo venirsi l'acquolina in bocca. — Che bel paese! Io non ci sono stato mai, ma me lo figuro!

— Perché non vieni anche tu?

— È inutile che tu mi tenti! Oramai ho promesso alla mia buona Fata di diventare un ragazzo di giudizio, e non voglio mancare alla parola.

— Dunque addio, e salutami tanto le scuole ginnasiali! ... e anche quelle liceali, se le incontri per la strada.

— Addio, Lucignolo: fa' buon viaggio, divertiti e rammentati qualche volta degli amici.

Ciò detto, il burattino fece due passi in atto di andarsene: ma poi, fermandosi e voltandosi all'amico, gli domandò:

— Ma sei proprio sicuro che in quel paese tutte le settimane sieno composte di sei giovedì e di una domenica?

— Sicurissimo.

— Ma lo sai di certo che le vacanze abbiano principio col primo di gennaio e finiscano coll'ultimo di dicembre?

— Di certissimo!

— Che bel paese! — ripeté Pinocchio, sputando dalla soverchia consolazione. Poi, fatto un animo risoluto, soggiunse in fretta e furia:

— Dunque, addio davvero: e buon viaggio.

— Addio.

— Fra quanto partirete?

— Fra poco!

— Sarei quasi quasi capace di aspettare.

— E la Fata?

— Oramai ho fatto tardi! ... e tornare a casa un'ora prima o un'ora dopo, è lo stesso.

— Povero Pinocchio! E se la Fata ti grida?

— Pazienza! La lascerò gridare. Quando avrà gridato ben bene, si cheterà.

Intanto si era già fatta notte e notte buia: quando a un tratto videro muoversi in lontananza un lumicino ... e sentirono un suono di bubboli e uno squillo di trombetta, così piccolino e soffocato, che pareva il sibilo di una zanzara!

— Eccolo! — gridò Lucignolo, rizzandosi in piedi.

— Chi è? — domandò sottovoce Pinocchio.

— È il carro che viene a prendermi. Dunque, vuoi venire, sì o no?

— Ma è proprio vero — domandò il burattino — che in quel paese i ragazzi non hanno mai l'obbligo di studiare?

— Mai, mai, mai!

— Che bel paese! ... che bel paese! ... che bel paese! ...

XXXI. Dopo cinque mesi di cuccagna, Pinocchio con sua gran maraviglia, sente spuntarsi un bel pajo d'orecchie asinine, e diventa un ciuchino, con la coda e tutto.

Finalmente il carro arrivò: e arrivò senza fare il più piccolo rumore, perché le sue ruote erano fasciate di stoppa e di cenci.

Lo tiravano dodici pariglie di ciuchini, tutti della medesima grandezza, ma di diverso pelame.

Alcuni erano bigi, altri bianchi, altri brizzolati a uso pepe e sale, e altri rigati da grandi strisce gialle e turchine.

Ma la cosa più singolare era questa: che quelle dodici pariglie, ossia quei ventiquattro ciuchini, invece di esser ferrati come tutte le altre bestie da tiro o da soma, avevano in piedi degli stivaletti da uomo fatti di pelle bianca.

E il conduttore del carro?

Figuratevi un omino più largo che lungo, tenero e untuoso come una palla di burro, con un visino di melarosa, una bocchina che rideva sempre e una voce sottile e carezzevole, come quella d'un gatto, che si raccomanda al buon cuore della padrona di casa.

Tutti i ragazzi, appena lo vedevano, ne restavano innamorati e facevano a gara nel montare sul suo carro, per esser condotti da lui in quella vera cuccagna conosciuta nella carta geografica col seducente nome di «Paese de' balocchi».

Difatti il carro era già tutto pieno di ragazzetti fra gli otto e i dodici anni, ammonticchiati gli uni sugli altri come tante acciughe nella salamoia. Stavano male, stavano pigiati, non potevano quasi respirare: ma nessuno diceva ohi! nessuno si lamentava. La consolazione di sapere che fra poche ore sarebbero giunti in un paese, dove non c'erano né libri, né scuola, né maestri, li rendeva così contenti e rassegnati, che non sentivano né i disagi, né gli strapazzi, né la fame, né la sete, né il sonno.

Appena che il carro si fu fermato, l'Omino si volse a Lucignolo, e con mille smorfie e mille manierine, gli domandò sorridendo:

— Dimmi, mio bel ragazzo, vuoi venire anche tu in quel fortunato paese?

— Sicuro che ci voglio venire.

— Ma ti avverto, carino mio, che nel carro non c'è più posto. Come vedi, è tutto pieno!

— Pazienza! — replicò Lucignolo — se non c'è posto dentro, mi adatterò a star seduto sulle stanghe del carro.

E spiccato un salto, montò a cavalcioni sulle stanghe.

— E tu, amor mio — disse l'Omino volgendosi tutto complimentoso a Pinocchio — che intendi fare? Vieni con noi o rimani?

— Io rimango — rispose Pinocchio. — Io voglio tornarmene a casa mia: voglio studiare e voglio farmi onore alla scuola, come fanno tutti i ragazzi perbene.

— Buon pro ti faccia!

— Pinocchio! — disse allora Lucignolo. — Da' retta a me: vieni con noi, e staremo allegri.

— No, no, no!

— Vieni con noi e staremo allegri — gridarono altre quattro voci di dentro al carro.

— Vieni con noi e staremo allegri — urlarono tutte insieme un centinaio di voci.

— E se vengo con voi, che cosa dirà la mia buona Fata? — disse il burattino che cominciava a intenerirsi e a ciurlar nel manico.

— Non ti fasciare il capo con tante malinconie. Pensa che andiamo in un paese dove saremo padroni di fare il chiasso dalla mattina alla sera!

Pinocchio non rispose, ma fece un sospiro: poi fece un altro sospiro: poi un terzo sospiro: finalmente disse:

— Fatemi un po' di posto: voglio venire anch'io!

— I posti son tutti pieni — replicò l'Omino — ma per mostrarti quanto sei gradito, posso cederti il mio posto a cassetta ...

— E voi?

— E io farò la strada a piedi.

— No davvero, che non lo permetto. Preferisco piuttosto di salire in groppa a qualcuno di questi ciuchini! — gridò Pinocchio.

Detto fatto, si avvicinò al ciuchino manritto della prima pariglia, e fece l'atto di volerlo cavalcare: ma la bestiola, voltandosi a secco, gli dette una gran musata nello stomaco e lo gettò a gambe all'aria.

Figuratevi la risatona impertinente e sgangherata di tutti quei ragazzi presenti alla scena.

Ma l'Omino non rise. Si accostò pieno di amorevolezza al ciuchino ribelle, e, facendo finta di dargli un bacio, gli staccò con un morso la metà dell'orecchio destro.

Intanto Pinocchio, rizzatosi da terra tutto infuriato, schizzò con un salto sulla groppa di quel povero animale. E il salto fu così bello, che i ragazzi, smesso di ridere, cominciarono a urlare: viva Pinocchio! e a fare una smanacciata di applausi, che non finivano più.

Quand'ecco che all'improvviso il ciuchino alzò tutte e due le gambe di dietro, e dando una fortissima sgropponata, scaraventò il povero burattino in mezzo alla strada, sopra un monte di ghiaia.

Allora grandi risate daccapo: ma l'Omino, invece di ridere, si sentì preso da tanto amore per quell'irrequieto asinello che, con un bacio, gli portò via di netto la metà di quell'altro orecchio. Poi disse al burattino:

— Rimonta pure a cavallo, e non aver paura. Quel ciuchino aveva qualche grillo per il capo: ma io gli ho detto due paroline negli orecchi, e spero di averlo reso mansueto e ragionevole.

Pinocchio montò: e il carro cominciò a muoversi: ma nel tempo che i ciuchini galoppavano e che il carro correva sui ciottoli della via maestra, gli parve al burattino di sentire una voce sommessa e appena intelligibile, che gli disse:

— Povero gonzo! Hai voluto fare a modo tuo, ma te ne pentirai!

Pinocchio, quasi impaurito, guardò di qua e di là, per conoscere da qual parte venissero queste parole; ma non vide nessuno: i ciuchini galoppavano, il carro correva, i ragazzi dentro al carro dormivano, Lucignolo russava come un ghiro e l'Omino seduto a cassetta, canterellava fra i denti:

Tutti la notte dormono
E io non dormo mai ...

Fatto un altro mezzo chilometro, Pinocchio sentì la solita vocina fioca che gli disse:

— Tienlo a mente, grullerello! I ragazzi che smettono di studiare e voltano le spalle ai libri, alle scuole e ai maestri, per darsi interamente ai balocchi e ai divertimenti, non possono far altro che una fine disgraziata! ... Io lo so per prova! ... e te lo posso dire! Verrà un giorno che piangerai anche tu, come oggi piango io ... ma allora sarà tardi!

A queste parole bisbigliate sommessamente, il burattino, spaventato più che mai, saltò giù dalla groppa della cavalcatura, e andò a prendere il suo ciuchino per il muso.

E immaginatevi come restò, quando s'accorse che il suo ciuchino piangeva ... e piangeva proprio come un ragazzo!

— Ehi, signor Omino, — gridò allora Pinocchio al padrone del carro — sapete che cosa c'è di nuovo? Questo ciuchino piange.

— Lascialo piangere: riderà quando sarà sposo.

— Ma che forse gli avete insegnato anche a parlare?

— No: ha imparato da sé a borbottare qualche parola, essendo stato tre anni in una compagnia di cani ammaestrati.

— Povera bestia!

— Via, via — disse l'Omino — non perdiamo il nostro tempo a veder piangere un ciuco. Rimonta a cavallo, e andiamo: la nottata è fresca e la strada è lunga.

Pinocchio obbedì senza rifiatare. Il carro riprese la sua corsa: e la mattina, sul far dell'alba, arrivarono felicemente nel «Paese dei balocchi».

Questo paese non somigliava a nessun altro paese del mondo. La sua popolazione era tutta composta di ragazzi. I più vecchi avevano 14 anni:

i più giovani ne avevano 8 appena. Nelle strade, un'allegria, un chiasso, uno strillìo da levar di cervello! Branchi di monelli da per tutto: chi giocava alle noci, chi alle piastrelle, chi alla palla, chi andava in velocipede, chi sopra un cavallino di legno: questi facevano a moscacieca, quegli altri si rincorrevano: altri, vestiti da pagliacci, mangiavano la stoppa accesa: chi recitava, chi cantava, chi faceva i salti mortali, chi si divertiva a camminare colle mani in terra e colle gambe in aria: chi mandava il cerchio, chi passeggiava vestito da generale coll'elmo di foglio e lo squadrone di cartapesta: chi rideva, chi urlava, chi chiamava, chi batteva le mani, chi fischiava, chi rifaceva il verso alla gallina quando ha fatto l'ovo: insomma un tal pandemonio, un tal passeraio, un tal baccano indiavolato, da doversi mettere il cotone negli orecchi per non rimanere assorditi. Su tutte le piazze si vedevano teatrini di tela, affollati di ragazzi dalla mattina alla sera, e su tutti i muri delle case si leggevano scritte col carbone delle bellissime cose come queste: viva i balocci! (invece di balocchi): non vogliamo più schole (invece di non vogliamo più scuole): abbasso Larin Metica (invece di l'aritmetica) e altri fiori consimili.

Pinocchio, Lucignolo e tutti gli altri ragazzi, che avevano fatto il viaggio coll'Omino, appena ebbero messo il piede dentro la città, si ficcarono subito in mezzo alla gran baraonda, e in pochi minuti, com'è facile immaginarselo, diventarono gli amici di tutti. Chi più felice, chi più contento di loro?

In mezzo ai continui spassi e agli svariati divertimenti, le ore, i giorni, le settimane passavano come tanti baleni.

— Oh! che bella vita! — diceva Pinocchio tutte le volte che per caso s'imbatteva in Lucignolo.

— Vedi, dunque, se avevo ragione? — ripigliava quest'ultimo. — E dire che tu non volevi partire! E pensare che t'eri messo in capo di tornartene a casa dalla tua Fata, per prendere il tempo a studiare! ... Se oggi ti sei liberato dalla noia dei libri e delle scuole, lo devi a me, ai miei consigli, alle mie premure, ne convieni? Non vi sono che i veri amici che sappiano rendere di questi grandi favori.

— È vero, Lucignolo! Se oggi io sono un ragazzo veramente contento, è tutto merito tuo. E il maestro, invece, sai che cosa mi diceva, parlando di te? Mi diceva sempre: — Non praticare quella birba di Lucignolo, perché Lucignolo è un cattivo compagno e non può consigliarti altro che a far del male!

— Povero maestro! — replicò l'altro tentennando il capo. — Lo so pur troppo che mi aveva a noia, e che si divertiva sempre a calunniarmi; ma io sono generoso e gli perdono!

— Anima grande! — disse Pinocchio, abbracciando affettuosamente l'amico e dandogli un bacio in mezzo agli occhi.

Intanto era già da cinque mesi che durava questa bella cuccagna di baloccarsi e di divertirsi le giornate intere, senza mai vedere in faccia né un libro, né una scuola; quando una mattina Pinocchio, svegliandosi, ebbe, come si suol dire, una gran brutta sorpresa, che lo messe proprio di malumore.

XXXII. A Pinocchio gli vengono gli orecchi di ciuco, e poi diventa un ciuchino vero e comincia a ragliare.

— E questa sorpresa quale fu?

— Ve lo dirò io, miei cari e piccoli lettori: la sorpresa fu che a Pinocchio, svegliandosi, gli venne fatto naturalmente di grattarsi il capo; e nel grattarsi il capo si accorse ...

Indovinate un po' di che cosa si accorse?

Si accorse con suo grandissimo stupore, che gli orecchi gli erano cresciuti più d'un palmo. Voi sapete che il burattino, fin dalla nascita, aveva gli orecchi piccini piccini: tanto piccini che, a occhio nudo, non si vedevano neppure! Immaginatevi dunque come restò, quando dové toccar con mano che i suoi orecchi, durante la notte, erano così allungati, che parevano due spazzole di padule.

Andò subito in cerca di uno specchio, per potersi vedere: ma non trovando uno specchio, empì d'acqua la catinella del lavamano, e specchiandovisi dentro, vide quel che non avrebbe mai voluto vedere: vide, cioè, la sua immagine abbellita di un magnifico paio di orecchi asinini.

Lascio pensare a voi il dolore, la vergogna, e la disperazione del povero Pinocchio!

Cominciò a piangere, a strillare, a battere la testa nel muro: ma quanto più si disperava, e più i suoi orecchi crescevano, crescevano, crescevano e diventavano pelosi verso la cima.

Al rumore di quelle grida acutissime, entrò nella stanza una bella Marmottina, che abitava al piano di sopra: la quale, vedendo il burattino in così grandi smanie, gli domandò premurosamente:

— Che cos'hai, mio caro casigliano?

— Sono malato, Marmottina mia, molto malato ... e malato d'una malattia che mi fa paura! Te ne intendi tu del polso?

— Un pochino.

— Senti dunque se per caso avessi la febbre.

La Marmottina alzò la zampa destra davanti: e dopo aver tastato il polso a Pinocchio, gli disse sospirando:

— Amico mio, mi dispiace doverti dare una cattiva notizia!

— Cioè?

— Tu hai una gran brutta febbre!

— E che febbre sarebbe?

— È la febbre del somaro.

— Non la capisco questa febbre! — rispose il burattino, che l'aveva pur troppo capita.

— Allora te la spiegherò io — soggiunse la Marmottina. — Sappi dunque che fra due o tre ore tu non sarai più né un burattino, né un ragazzo ...

— E che cosa sarò?

— Fra due o tre ore, tu diventerai un ciuchino vero e proprio, come quelli che tirano il carretto e che portano i cavoli e l'insalata al mercato.

— Oh! povero me! povero me! — gridò Pinocchio pigliandosi con le mani tutt'e due gli orecchi, e tirandoli e strapazzandoli rabbiosamente, come se fossero gli orecchi di un altro.

— Caro mio, — replicò la Marmottina per consolarlo — che cosa ci vuoi tu fare? Oramai è destino. Oramai è scritto nei decreti della sapienza, che tutti quei ragazzi svogliati che, pigliando a noia i libri, le scuole e i maestri, passano le loro giornate in balocchi, in giochi e in divertimenti, debbano finire prima o poi col trasformarsi in tanti piccoli somari.

— Ma davvero è proprio così? — domandò singhiozzando il burattino.

— Pur troppo è così! E ora i pianti sono inutili. Bisognava pensarci prima!

— Ma la colpa non è mia: la colpa, credilo, Marmottina, è tutta di Lucignolo!

— E chi è questo Lucignolo?

— Un mio compagno di scuola. Io volevo tornare a casa: io volevo essere ubbidiente: io volevo seguitare a studiare e a farmi onore ... ma Lucignolo mi disse: — «Perché vuoi tu annoiarti a studiare? perché vuoi andare alla scuola? ... Vieni piuttosto con me, nel Paese dei balocchi: lì non studieremo più; lì ci divertiremo dalla mattina alla sera e staremo sempre allegri.»

— E perché seguisti il consiglio di quel falso amico? di quel cattivo compagno?

— Perché? ... perché, Marmottina mia, io sono un burattino senza giudizio ... e senza cuore. Oh! se avessi avuto un zinzino di cuore, non avrei mai abbandonata quella buona Fata, che mi voleva bene come una mamma e che aveva fatto tanto per me! ... e a quest'ora non sarei più un burattino ... ma sarei invece un ragazzino ammodo, come ce n'è tanti! Oh! Ma se incontro Lucignolo, guai a lui! Gliene voglio dire un sacco e una sporta!

E fece l'atto di volere uscire. Ma quando fu sulla porta, si ricordò che aveva gli orecchi d'asino, e vergognandosi di mostrarli in pubblico, che cosa inventò? Prese un gran berretto di cotone, e, ficcatoselo in testa, se lo ingozzò fin sotto la punta del naso.

Poi uscì: e si dette a cercare Lucignolo da per tutto. Lo cercò nelle strade, nelle piazze, nei teatrini, in ogni luogo: ma non lo trovò. Ne chiese notizia a quanti incontrò per la via, ma nessuno l'aveva veduto.

Allora andò a cercarlo a casa: e arrivato alla porta, bussò.

— Chi è? — domandò Lucignolo di dentro.

— Sono io! — rispose il burattino.

— Aspetta un poco, e ti aprirò.

Dopo mezz'ora la porta si aprì: e figuratevi come restò Pinocchio quando, entrando nella stanza, vide il suo amico Lucignolo con un gran berretto di cotone in testa, che gli scendeva fin sotto il naso.

Alla vista di quel berretto, Pinocchio sentì quasi consolarsi e pensò subito dentro di sé:

— Che l'amico sia malato della mia medesima malattia? Che abbia anche lui la febbre del ciuchino?

E facendo finta di non essersi accorto di nulla, gli domandò sorridendo:

— Come stai, mio caro Lucignolo?

— Benissimo: come un topo in una forma di cacio parmigiano.

— Lo dici proprio sul serio?

— E perché dovrei dirti una bugia?

— Scusami, amico: e allora perché tieni in capo codesto berretto di cotone che ti cuopre tutti gli orecchi?

— Me l'ha ordinato il medico, perché mi son fatto male a un ginocchio. E tu, caro Pinocchio, perché porti codesto berretto di cotone ingozzato fin sotto il naso?

— Me l'ha ordinato il medico, perché mi sono sbucciato un piede.

— Oh! povero Pinocchio!

— Oh! povero Lucignolo! —

A queste parole tenne dietro un lunghissimo silenzio, durante il quale i due amici non fecero altro che guardarsi fra loro in atto di canzonatura.

Finalmente il burattino, con una vocina melliflua e flautata, disse al suo compagno:

— Levami una curiosità, mio caro Lucignolo: hai mai sofferto di malattia agli orecchi?

— Mai! ... E tu?

— Mai! Per altro da questa mattina in poi ho un orecchio che mi fa spasimare.

— Ho lo stesso male anch'io.

— Anche tu? ... E qual è l'orecchio che ti duole?

— Tutti e due. E tu?

— Tutti e due. Che sia la medesima malattia?

— Ho paura di sì.

— Vuoi farmi un piacere, Lucignolo?

— Volentieri! Con tutto il cuore.

— Mi fai vedere i tuoi orecchi?

— Perché no? Ma prima voglio vedere i tuoi, caro Pinocchio.

— No: il primo devi essere tu.

— No, carino! Prima tu, e dopo io!

— Ebbene, — disse allora il burattino — facciamo un patto da buoni amici.

— Sentiamo il patto.

— Leviamoci tutti e due il berretto nello stesso tempo: accetti?

— Accetto.

— Dunque attenti!

E Pinocchio cominciò a contare a voce alta:

— Uno! Due! Tre! —

Alla parola tre! i due ragazzi presero i loro berretti di capo e li gettarono in aria.

E allora avvenne una scena, che parrebbe incredibile, se non fosse vera. Avvenne, cioè, che Pinocchio e Lucignolo, quando si videro colpiti tutti e due dalla medesima disgrazia, invece di restar mortificati e dolenti, cominciarono ad ammiccarsi i loro orecchi smisuratamente cresciuti, e dopo mille sguaiataggini finirono col dare in una bella risata.

E risero, risero, risero da doversi reggere il corpo: se non che, sul più bello del ridere, Lucignolo tutt'a un tratto si chetò, e barcollando e cambiando di colore, disse all'amico:

— Aiuto, aiuto, Pinocchio!

— Che cos'hai?

— Ohimè! non mi riesce più di star ritto sulle gambe.

— Non mi riesce più neanche a me — gridò Pinocchio, piangendo e traballando.

E mentre dicevano così, si piegarono tutti e due carponi a terra e, camminando con le mani e coi piedi, cominciarono a girare e a correre per la stanza. E intanto che correvano, i loro bracci diventarono zampe, i loro visi si allungarono e diventarono musi, e le loro schiene si coprirono di un pelame grigiolino chiaro brizzolato di nero.

Ma il momento più brutto per que' due sciagurati sapete quando fu? Il momento più brutto e più umiliante fu quello quando sentirono spuntarsi di dietro la coda. Vinti allora dalla vergogna e dal dolore, si provarono a piangere e a lamentarsi del loro destino.

Non l'avessero mai fatto! Invece di gemiti e di lamenti, mandavano fuori dei ragli asinini; e ragliando sonoramente, facevano tutti e due in coro: j-a, j-a, j-a.

In quel frattempo fu bussato alla porta, e una voce di fuori disse:

— Aprite! Sono l'Omino, sono il conduttore del carro che vi portò in questo paese. Aprite subito, o guai a voi! —

XXXIII. Diventato un ciuchino vero, è portato a vendere, e lo compra il Direttore di una compagnia di pagliacci, per insegnargli a ballare e a saltare i cerchi: ma una sera azzoppisce e allora lo ricompra un altro, per far con la sua pelle un tamburo.

Vedendo che la porta non si apriva, l'Omino la spalancò con un violentissimo calcio: ed entrato nella stanza, disse col suo solito risolino a Pinocchio e a Lucignolo:

— Bravi ragazzi! Avete ragliato bene, e io vi ho subito riconosciuti alla voce. E per questo eccomi qui.

A tali parole, i due ciuchini rimasero mogi mogi, colla testa giù, con gli orecchi bassi e con la coda fra le gambe.

Da principio l'Omino li lisciò, li accarezzò, li palpeggiò: poi, tirata fuori la striglia, cominciò a strigliarli per bene. E quando a furia di strigliarli, li ebbe fatti lustri come due specchi, allora messe loro la cavezza e li condusse sulla piazza del mercato, con la speranza di venderli e di beccarsi un discreto guadagno.

E i compratori, difatti, non si fecero aspettare.

Lucignolo fu comprato da un contadino, a cui era morto il somaro il giorno avanti, e Pinocchio fu venduto al Direttore di una compagnia di pagliacci e di saltatori di corda, il quale lo comprò per ammaestrarlo e per farlo poi saltare e ballare insieme con le altre bestie della compagnia.

E ora avete capito, miei piccoli lettori, qual era il bel mestiere che faceva l'Omino? Questo brutto mostriciattolo, che aveva la fisonomia tutta di latte e miele, andava di tanto in tanto con un carro a girare per il mondo: strada facendo raccoglieva con promesse e con moine tutti i ragazzi svogliati, che avevano a noia i libri e le scuole: e dopo averli caricati sul suo carro, li conduceva nel «Paese dei balocchi» perché passassero tutto il loro tempo in giochi, in chiassate e in divertimenti. Quando poi quei poveri ragazzi illusi, a furia di balloccarsi sempre e di non studiar mai, diventavano tanti ciuchini, allora tutto allegro e contento s'impadroniva di loro e li portava a vendere sulle fiere e su i mercati. E così in pochi anni aveva fatto fior di quattrini ed era diventato milionario.

Quel che accadesse di Lucignolo, non lo so: so, per altro, che Pinocchio andò incontro fin dai primi giorni a una vita durissima e strapazzata.

Quando fu condotto nella stalla, il nuovo padrone gli empì la greppia di paglia: ma Pinocchio, dopo averne assaggiata una boccata, la risputò.

Allora il padrone, brontolando, gli empì la greppia di fieno: ma neppure il fieno gli piacque.

— Ah! non ti piace neppure il fieno? — gridò il padrone imbizzito. — Lascia fare, ciuchino bello, che se hai dei capricci per il capo, penserò io a levarteli!

E a titolo di correzione, gli affibbiò subito una frustata nelle gambe.

Pinocchio, dal gran dolore, cominciò a piangere e a ragliare, e ragliando disse:

— J-a, j-a, la paglia non la posso digerire!

— Allora mangia il fieno! — replicò il padrone, che intendeva benissimo il dialetto asinino.

— J-a, j-a, il fieno mi fa dolere il corpo!

— Pretenderesti, dunque, che un somaro, par tuo, lo dovessi mantenere a petti di pollo e cappone in galantina? — soggiunse il padrone arrabbiandosi sempre più, e affibbiandogli una seconda frustata.

A quella seconda frustata Pinocchio, per prudenza, si chetò subito e non disse altro.

Intanto la stalla fu chiusa e Pinocchio rimase solo: e perché erano molte ore che non aveva mangiato, cominciò a sbadigliare dal grande appetito. E, sbadigliando, spalancava la bocca che pareva un forno.

Alla fine, non trovando altro nella greppia, si rassegnò a masticare un po' di fieno: e dopo averlo masticato ben bene, chiuse gli occhi e lo tirò giù.

— Questo fieno non è cattivo — poi disse dentro di sé — ma quanto sarebbe stato meglio che avessi continuato a studiare! ... A quest'ora, invece di fieno, potrei mangiare un cantuccio di pan fresco e una bella fetta di salame! Pazienza!

La mattina dopo, svegliandosi, cercò subito nella greppia un altro po' di fieno; ma non lo trovò, perché l'aveva mangiato tutto nella notte.

Allora prese una boccata di paglia tritata; e in quel mentre che la stava masticando, si dové persuadere che il sapore della paglia tritata non somigliava punto né al risotto alla milanese né ai maccheroni alla napoletana.

— Pazienza! — ripeté, continuando a masticare. — Che almeno la mia disgrazia possa servire di lezione a tutti i ragazzi disobbedienti e che non hanno voglia di studiare. Pazienza! ... pazienza!

— Pazienza un corno! — urlò il padrone, entrando in quel momento nella stalla. — Credi forse, mio bel ciuchino, ch'io ti abbia comprato unicamente per darti da bere e da mangiare? Io ti ho comprato perché tu lavori e perché tu mi faccia guadagnare molti quattrini. Su, dunque, da bravo! Vieni con me nel Circo e là ti insegnerò a saltare i cerchi, a rompere col capo le botti di foglio e a ballare il valzer e la polca, stando ritto sulle gambe di dietro.

Il povero Pinocchio, o per amore o per forza, dové imparare tutte queste bellissime cose; ma, per impararle, gli ci vollero tre mesi di lezioni, e molte frustate da levare il pelo.

Venne finalmente il giorno, in cui il suo padrone poté annunziare uno spettacolo veramente straordinario. I cartelloni di vario colore, attaccati alle cantonate delle strade, dicevano così:

GRANDE SPETTACOLO DI GALA
Per questa sera
AVRANNO LUOGO I SOLITI SALTI
ED ESERCIZI SORPRENDENTI
ESEGUITI DA TUTTI GLI ARTISTI
e da tutti i cavalli d'ambo i sessi della compagnia
E più
Sarà presentato per la prima volta
Il famoso
CIUCHINO PINOCCHIO
Detto
LA STELLA DELLA DANZA
Il teatro sarà illuminato a giorno

Quella sera, come potete figurarvelo, un'ora prima che cominciasse lo spettacolo, il teatro era pieno stipato.

Non si trovava più né una poltrona, né un posto distinto, né un palco, nemmeno a pagarlo a peso d'oro.

Le gradinate del Circo formicolavano di bambini, di bambine e di ragazzi di tutte le età, che avevano la febbre addosso per la smania di veder ballare il famoso ciuchino Pinocchio.

Finita la prima parte dello spettacolo, il Direttore della compagnia, vestito in giubba nera, calzoni bianchi a coscia e stivaloni di pelle fin sopra ai ginocchi, si presentò all'affollatissimo pubblico e, fatto un grande inchino, recitò con molta solennità il seguente spropositato discorso:

«Rispettabile pubblico, cavalieri e dame!

«L'umile sottoscritto essendo di passaggio per questa illustre metropolitana, ho voluto procrearmi l'onore nonché il piacere di presentare a questo intelligente e cospicuo uditorio un celebre ciuchino, che ebbe già l'onore di ballare al cospetto di Sua Maestà l'imperatore di tutte le principali Corti d'Europa.

«E col ringraziandoli, aiutateci della vostra animatrice presenza e compateci!»

Questo discorso fu accolto da molte risate e da molti applausi; ma gli applausi raddoppiarono e diventarono una specie di uragano alla comparsa del ciuchino Pinocchio in mezzo al Circo. Egli era tutto agghindato a festa. Aveva una briglia nuova di pelle lustra, con fibbie e borchie d'ottone; due camelie bianche agli orecchi: la criniera divisa in tanti riccioli legati con fiocchettini di seta rossa: una gran fascia d'oro e d'argento attraverso alla vita, e la coda tutta intrecciata con nastri di velluto paonazzo e celeste. Era insomma un ciuchino da innamorare!

Il Direttore, nel presentarlo al pubblico, aggiunse queste parole:

«Miei rispettabili auditori! Non starò qui a farvi menzogna delle grandi difficoltà da me soppressate per comprendere e soggiogare questo mammifero, mentre pascolava liberamente di montagna in montagna nelle pianure della zona torrida. Osservate, vi prego, quanta selvaggina trasudi da' suoi occhi, conciossiaché essendo riusciti vanitosi tutti i mezzi per addomesticarlo al vivere dei quadrupedi civili, ho dovuto più volte ricorrere all'affabile dialetto della frusta. Ma ogni mia gentilezza, invece di farmi da lui benvolere, me ne ha maggiormente cattivato l'animo. Io però, seguendo il sistema di Galles, trovai nel suo cranio una piccola cartagine ossea, che la stessa Facoltà medicea di Parigi riconobbe esser quello il bulbo rigeneratore dei capelli e della danza pirrica. E per questo io lo volli ammaestrare nel ballo, nonché nei relativi salti dei cerchi e delle botti foderate di foglio. Ammiratelo! e poi giudicatelo! Prima però di prendere cognato da voi, permettete, o signori, che io vi inviti al diurno spettacolo di domani sera: ma nell'apoteosi che il tempo piovoso minacciasse acqua, allora lo spettacolo, invece di domani sera, sarà posticipato a domattina, alle ore 11 antimeridiane del pomeriggio.»

E qui il Direttore fece un'altra profondissima riverenza: quindi volgendosi a Pinocchio, gli disse:

— Animo, Pinocchio! Avanti di dar principio ai vostri esercizi, salutate questo rispettabile pubblico, cavalieri, dame e ragazzi!

Pinocchio, ubbidiente, piegò subito i due ginocchi davanti, e rimase inginocchiato fino a tanto che il Direttore, schioccando la frusta, non gli gridò:

— Al passo!

Allora il ciuchino si rizzò sulle quattro gambe, e cominciò a girare intorno al Circo, camminando sempre di passo.

Dopo un poco il Direttore gridò:

— Al trotto! — e Pinocchio, ubbidiente al comando, cambiò il passo in trotto.

— Al galoppo! — e Pinocchio staccò il galoppo.

— Alla carriera! — e Pinocchio si dette a correre di gran carriera. Ma in quella che correva come un barbero, il Direttore, alzando il braccio in aria, scaricò un colpo di pistola.

A quel colpo il ciuchino, fingendosi ferito, cadde disteso nel Circo, come se fosse moribondo davvero.

Rizzatosi da terra in mezzo a uno scoppio di applausi, d'urli e di batti-mani, che andavano alle stelle, gli venne fatto naturalmente di alzare la testa e di guardare in su ... e guardando, vide in un palco una bella signora, che aveva al collo una grossa collana d'oro dalla quale pendeva un medaglione. Nel medaglione c'era dipinto il ritratto d'un burattino.

— Quel ritratto è il mio! ... quella signora è la Fata! — disse dentro di sé Pinocchio, riconoscendola subito: e lasciandosi vincere dalla gran con-tentezza, si provò a gridare:

— Oh Fatina mia! oh Fatina mia!

Ma invece di queste parole, gli uscì dalla gola un raglio così sonoro e prolungato, che fece ridere tutti gli spettatori, e segnatamente tutti i ragazzi che erano in teatro.

Allora il Direttore, per insegnargli e per fargli intendere che non è buona creanza di mettersi a ragliare in faccia al pubblico, gli diè col manico della frusta una bacchettata sul naso.

Il povero ciuchino, tirato fuori un palmo di lingua, durò a leccarsi il naso almeno cinque minuti, credendo forse così di rasciugarsi il dolore che aveva sentito.

Ma quale fu la sua disperazione quando, voltandosi in su una seconda volta, vide che il palco era vuoto e che la Fata era sparita!

Si sentì come morire: gli occhi gli si empirono di lacrime e cominciò a piangere dirottamente. Nessuno però se ne accorse, e, meno degli altri, il Direttore, il quale, anzi, schioccando la frusta, gridò:

— Da bravo, Pinocchio! Ora farete vedere a questi signori con quanta grazia sapete saltare i cerchi. — Pinocchio si provò due o tre volte: ma ogni volta che arrivava davanti al cerchio, invece di attraversarlo, ci pas-sava più comodamente di sotto. Alla fine spiccò un salto e l'attraversò: ma le gambe di dietro gli rimasero disgraziatamente impigliate nel cer-chio: motivo per cui ricadde in terra dall'altra parte tutto in un fascio.

Quando si rizzò, era azzoppito e a malapena poté tornare alla scuderia.

— Fuori Pinocchio! Vogliamo il ciuchino! Fuori il ciuchino! — grida-vano i ragazzi dalla platea, impietositi e commossi al tristissimo caso.

Ma il ciuchino per quella sera non si fece più rivedere.

La mattina dopo il veterinario, ossia il medico delle bestie, quando l'ebbe visitato, dichiarò che sarebbe rimasto zoppo per tutta la vita.

Allora il Direttore disse al suo garzone di stalla:

— Che vuoi tu che mi faccia d'un somaro zoppo? Sarebbe un man-giapane a ufo. Portalo dunque in piazza e rivendilo.

Arrivati in piazza, trovarono subito il compratore, il quale domandò al garzone di stalla:

— Quanto vuoi di codesto ciuchino zoppo?

— Venti lire.

— Io ti do venti soldi. Non credere che io lo compri per servirmene: lo compro unicamente per la sua pelle. Vedo che ha la pelle molto dura, e con la sua pelle voglio fare un tamburo per la banda musicale del mio paese.

Lascio pensare a voi, ragazzi, il bel piacere che fu per il povero Pinocchio, quando sentì che era destinato a diventare un tamburo!

Fatto sta che il compratore, appena pagati i venti soldi, condusse il ciuchino sulla riva del mare; e messogli un sasso al collo e legatolo per una zampa con una fune che teneva in mano, gli diè improvvisamente uno spintone e lo gettò nell'acqua.

Pinocchio, con quel macigno al collo, andò subito a fondo: e il compratore, tenendo sempre stretta in mano la fune, si pose a sedere sopra uno scoglio, aspettando che il ciuchino avesse tutto il tempo di morire affogato, per poi scorticarlo e levargli la pelle.

XXXIV. Pinocchio, gettato in mare, è mangiato dai pesci e ritorna ad essere un burattino come prima: ma mentre nuota per salvarsi, è ingojato dal terribile Pesce-cane.

Dopo cinquanta minuti che il ciuchino era sott'acqua, il compratore disse, discorrendo da sé solo:

— A quest'ora il mio povero ciuchino zoppo deve essere bell'affogato. Ritiriamolo dunque su, e facciamo con la sua pelle questo bel tamburo.

E cominciò a tirare la fune, con la quale lo aveva legato per una gamba: e tira, tira, tira, alla fine vide apparire a fior d'acqua ... indovinate? Invece di un ciuchino morto, vide apparire a fior d'acqua un burattino vivo, che scodinzolava come un'anguilla.

Vedendo quel burattino di legno, il pover'uomo credé di sognare e rimase lì intontito, a bocca aperta e con gli occhi fuori della testa.

Riavutosi un poco dal suo primo stupore, disse piangendo e balbettando:

— E il ciuchino che ho gettato in mare dov'è?

— Quel ciuchino son io! — rispose il burattino, ridendo.

— Tu?

— Io.

— Ah! mariuolo! Pretenderesti forse di burlarti di me?

— Burlarmi di voi? Tutt'altro, caro padrone: io vi parlo sul serio.

— Ma come mai tu, che poco fa eri un ciuchino, ora stando nell'acqua, sei diventato un burattino di legno?

— Sarà effetto dell'acqua del mare. Il mare ne fa di questi scherzi.

— Bada burattino, bada! ... Non credere di divertirti alle mie spalle! Guai a te, se mi scappa la pazienza!

— Ebbene, padrone; volete sapere tutta la vera storia? Scioglietemi questa gamba e io ve la racconterò.

Quel buon pasticcione del compratore, curioso di conoscere la vera storia, gli sciolse subito il nodo della fune, che lo teneva legato: e allora Pinocchio, trovandosi libero come un uccello nell'aria, prese a dirgli così:

— Sappiate dunque che io ero un burattino di legno, come sono oggi: ma mi trovavo a tocco e non tocco di diventare un ragazzo, come in questo mondo ce n'è tanti: se non che per la mia poca voglia di studiare e per dar retta ai cattivi compagni, scappai di casa ... e un bel giorno, svegliandomi, mi trovai cambiato in un somaro con tanto d'orecchi ... e con tanto di coda! ... Che vergogna fu quella per me! ... Una vergogna, caro padrone, che Sant'Antonio benedetto non la faccia provare neppure a voi! Portato a vendere sul mercato degli asini, fui comprato dal Direttore di una compagnia equestre, il quale si messe in capo di far di me un gran ballerino e un gran saltatore di cerchi: ma una sera, durante lo spettacolo, feci in teatro una brutta cascata e rimasi zoppo da tutt'e due le gambe. Allora il Direttore, non sapendo che cosa farsi d'un asino zoppo, mi mandò a rivendere, e voi mi avete comprato!

— Pur troppo! E ti ho pagato venti soldi. E ora chi mi rende i miei poveri venti soldi?

— E perché mi avete comprato? Voi mi avete comprato per fare con la mia pelle un tamburo! ... un tamburo!

— Pur troppo! E ora dove troverò un'altra pelle?

— Non vi date alla disperazione, padrone. Dei ciuchini ce n'è tanti in questo mondo!

— Dimmi, monello impertinente; e la tua storia finisce qui?

— No — rispose il burattino — ci sono altre due parole, e poi è finita. Dopo avermi comprato, mi avete condotto in questo luogo per uccidermi, ma poi, cedendo a un sentimento pietoso d'umanità, avete preferito di legarmi un sasso al collo e di gettarmi in fondo al mare. Questo sentimento di delicatezza vi onora moltissimo e io ve ne serberò eterna riconoscenza. Per altro, caro padrone, questa volta avete fatto i vostri conti senza la Fata ...

— E chi è questa Fata?

— È la mia mamma, la quale somiglia a tutte quelle buone mamme, che vogliono un gran bene ai loro ragazzi, e non li perdono mai d'occhio, e li assistono amorosamente in ogni disgrazia, anche quando questi ragazzi, per le loro scapataggini e per i loro cattivi portamenti, meriterebbero di esser abbandonati e lasciati in balìa a sé stessi. Dicevo, dunque, che la buona Fata, appena mi vide in pericolo di affogare, mandò subito intorno a me un branco infinito di pesci, i quali credendomi davvero un ciuchino bell'e morto, cominciarono a mangiarmi! E che bocconi che facevano! Non avrei mai creduto che i pesci fossero più ghiotti anche dei ragazzi! ... Chi mi mangiò gli orecchi, chi mi mangiò il muso, chi il collo e la criniera, chi la pelle delle zampe, chi la pelliccia della schiena ... e, fra gli altri, vi fu un pesciolino così garbato, che si degnò perfino di mangiarmi la coda.

— Da oggi in poi — disse il compratore inorridito — faccio giuro di non assaggiar più carne di pesce. Mi dispiacerebbe troppo di aprire una triglia o un nasello fritto e di trovargli in corpo una coda di ciuco!

— Io la penso come voi — replicò il burattino, ridendo. — Del resto, dovete sapere che quando i pesci ebbero finito di mangiarmi tutta quella buccia asinina, che mi copriva dalla testa ai piedi, arrivarono, com'è naturale, all'osso ... o per dir meglio, arrivarono al legno, perché, come vedete, io son fatto di legno durissimo. Ma dopo dati i primi morsi, quei pesci ghiottoni si accorsero subito che il legno non era ciccia per i loro denti, e nauseati da questo cibo indigesto se ne andarono chi in qua, chi in là, senza voltarsi nemmeno a dirmi grazie. Ed eccovi raccontato come qualmente voi, tirando su la fune, avete trovato un burattino vivo, invece d'un ciuchino morto.

— Io mi rido della tua storia — gridò il compratore imbestialito. — Io so che ho speso venti soldi per comprarti, e rivoglio i miei quattrini. Sai che cosa farò? Ti porterò daccapo al mercato, e ti rivenderò a peso di legno stagionato per accendere il fuoco nel caminetto.

— Rivendetemi pure: io sono contento — disse Pinocchio.

Ma nel dir così, fece un bel salto e schizzò in mezzo all'acqua. E nuotando allegramente e allontanandosi dalla spiaggia, gridava al povero compratore:

— Addio, padrone; se avete bisogno di una pelle per fare un tamburo, ricordatevi di me.

E poi rideva e seguitava a nuotare: e dopo un poco, rivoltandosi indietro, urlava più forte:

— Addio, padrone; se avete bisogno di un po' di legno stagionato per accendere il caminetto, ricordatevi di me.

Fatto sta che in un batter d'occhio si era tanto allontanato, che non si vedeva quasi più; ossia, si vedeva solamente sulla superficie del mare un puntolino nero, che di tanto in tanto rizzava le gambe fuori dell'acqua e faceva capriole e salti, come un delfino in vena di buon umore.

Intanto che Pinocchio nuotava alla ventura, vide in mezzo al mare uno scoglio che pareva di marmo bianco, e su in cima allo scoglio, una bella caprettina che belava amorosamente e gli faceva segno di avvicinarsi.

La cosa più singolare era questa: che la lana della caprettina, invece di esser bianca, o nera, o pallata di più colori, come quella delle altre capre, era invece tutta turchina, ma d'un turchino così sfolgorante, che rammentava moltissimo i capelli della bella bambina.

Lascio pensare a voi se il cuore del povero Pinocchio cominciò a battere più forte! Raddoppiando di forza e di energia si diè a nuotare verso lo scoglio bianco: ed era già a mezza strada, quand'ecco uscir fuori dell'acqua e venirgli incontro un'orribile testa di mostro marino, con la bocca spalancata come una voragine, e tre filari di zanne, che avrebbero fatto paura anche a vederle dipinte.

E sapete chi era quel mostro marino?

Quel mostro marino era né più né meno quel gigantesco Pesce-cane ricordato più volte in questa storia, e che per le sue stragi e per la sua insaziabile voracità, veniva soprannominato «l'Attila dei pesci e dei pescatori».

Immaginatevi lo spavento del povero Pinocchio, alla vista del mostro. Cercò di scansarlo, di cambiare strada: cercò di fuggire: ma quella immensa bocca spalancata gli veniva sempre incontro con la velocità di una saetta.

— Affrettati, Pinocchio, per carità! — gridava belando la bella caprettina.

E Pinocchio nuotava disperatamente con le braccia, col petto, con le gambe e coi piedi.

— Corri, Pinocchio, perché il mostro si avvicina!

E Pinocchio, raccogliendo tutte le sue forze, raddoppiava di lena nella corsa.

— Bada, Pinocchio! ... il mostro ti raggiunge! ... Eccolo! ... Eccolo! ... Affrettati per carità, o sei perduto!

E Pinocchio a nuotare più lesto che mai, e via, e via, e via, come anderebbe una palla di fucile. E già si accostava allo scoglio, e già la caprettina, spenzolandosi tutta sul mare, gli porgeva le sue zampine davanti per aiutarlo a uscir fuori dell'acqua ... Ma!

Ma oramai era tardi! Il mostro lo aveva raggiunto. Il mostro, tirando il fiato a sé, si bevve il povero burattino, come avrebbe bevuto un uovo di gallina, e lo inghiottì con tanta violenza e con tanta avidità, che Pinocchio, cascando giù in corpo al Pesce-cane, batté un colpo così screanzato da restarne sbalordito per un quarto d'ora.

Quando ritornò in sé da quello sbigottimento, non sapeva raccapezzarsi, nemmeno lui, in che mondo si fosse. Intorno a sé c'era da ogni parte un gran buio: ma un buio così nero e profondo, che gli pareva di essere entrato col capo in un calamaio pieno d'inchiostro.

Stette in ascolto e non sentì nessun rumore: solamente di tanto in tanto sentiva battersi nel viso alcune grandi buffate di vento. Da principio non sapeva intendere da dove quel vento uscisse: ma poi capì che usciva dai polmoni del mostro. Perché bisogna sapere che il Pesce-cane soffriva moltissimo d'asma, e quando respirava, pareva proprio che soffiasse la tramontana.

Pinocchio, sulle prime, s'ingegnò di farsi un po' di coraggio: ma quand'ebbe la prova e la riprova di trovarsi chiuso in corpo al mostro marino, allora cominciò a piangere e a strillare; e piangendo diceva:

— Aiuto! aiuto! Oh povero me! Non c'è nessuno che venga a salvarmi?

— Chi vuoi che ti salvi, disgraziato? ... — disse in quel buio una vociaccia fessa di chitarra scordata.

— Chi è che parla così? — domandò Pinocchio, sentendosi gelare dallo spavento.

— Sono io! sono un povero Tonno, inghiottito dal Pesce-cane insieme con te. E tu che pesce sei?

— Io non ho che veder nulla coi pesci. Io sono un burattino.

— E allora, se non sei un pesce, perché ti sei fatto inghiottire dal mostro?

— Non son io, che mi son fatto inghiottire: gli è lui che mi ha inghiottito! Ed ora che cosa dobbiamo fare qui al buio? ...

— Rassegnarsi e aspettare che il Pesce-cane ci abbia digeriti tutti e due!

— Ma io non voglio esser digerito! — urlò Pinocchio, ricominciando a piangere.

— Neppure io vorrei esser digerito! — soggiunse il Tonno — ma io sono abbastanza filosofo e mi consolo pensando che, quando si nasce Tonni, c'è più dignità a morir sott'acqua che sott'olio!

— Scioccherie! — gridò Pinocchio.

— La mia è un'opinione — replicò il Tonno — e le opinioni, come dicono i Tonni politici, vanno rispettate!

— Insomma ... io voglio andarmene di qui ... io voglio fuggire ...

— Fuggi, se ti riesce!

— È molto grosso questo Pesce-cane che ci ha inghiottiti? — domandò il burattino.

— Figurati che il suo corpo è più lungo di un chilometro senza contare la coda.

Nel tempo che facevano questa conversazione al buio, parve a Pinocchio di veder lontan lontano una specie di chiarore.

— Che cosa sarà mai quel lumicino lontano lontano? — disse Pinocchio.

— Sarà qualche nostro compagno di sventura, che aspetterà come noi il momento di esser digerito!

— Voglio andare a trovarlo. Non potrebbe darsi il caso che fosse qualche vecchio pesce capace d'insegnarmi la strada per fuggire?

— Io te l'auguro di cuore, caro burattino.

— Addio, Tonno.

— Addio, burattino: e buona fortuna.

— Dove ci rivedremo?

— Chi lo sa? ... È meglio non pensarci neppure!

XXXV. Pinocchio ritrova in corpo al Pesce-cane ... chi ritrova? Leggete questo capitolo e lo saprete.

Pinocchio, appena che ebbe detto addio al suo buon amico Tonno, si mosse brancolando in mezzo a quel bujo, e camminando a tastoni dentro il corpo del Pesce-cane, si avviò un passo dietro l'altro verso quel piccolo chiarore che vedeva baluginare lontano lontano.

E nel camminare sentì che i suoi piedi sguazzavano in una pozzanghera d'acqua grassa e sdrucciolona, e quell'acqua sapeva di un odore così acuto di pesce fritto, che gli pareva d'essere a mezza quaresima.

E più andava avanti, e più il chiarore si faceva rilucente e distinto: finché, cammina cammina, alla fine arrivò: e quando fu arrivato ... che cosa trovò? Ve lo do a indovinare in mille: trovò una piccola tavola apparecchiata, con sopra una candela accesa infilata in una bottiglia di cristallo verde, e seduto a tavola un vecchiettino tutto bianco, come se fosse di neve o di panna montata, il quale se ne stava lì biascicando alcuni pesciolini vivi, ma tanto vivi, che alle volte mentre li mangiava, gli scappavano perfino di bocca.

A quella vista il povero Pinocchio ebbe un'allegrezza così grande e così inaspettata, che ci mancò un ette non cadesse in delirio. Voleva ridere, voleva piangere, voleva dire un monte di cose; e invece mugolava confusamente e balbettava delle parole tronche e sconclusionate. Finalmente gli riuscì di cacciar fuori un grido di gioja, e spalancando le braccia e gettandosi al collo del vecchietto, cominciò a urlare:

— Oh! babbino mio! finalmente vi ho ritrovato! Ora poi non vi lascio più, mai più, mai più!

— Dunque gli occhi mi dicono il vero? — replicò il vecchietto, stropicciandosi gli occhi — Dunque tu se' proprio il mi' caro Pinocchio?

— Sì, sì, sono io, proprio io! E voi mi avete digià perdonato, non è vero? Oh! babbino mio, come siete buono! ... e pensare che io, invece ... Oh! ma se sapeste quante disgrazie mi son piovute sul capo e quante cose mi sono andate a traverso! Figuratevi che il giorno che voi, povero babbino, col vendere la vostra casacca, mi compraste l'Abbecedario per andare a scuola, io scappai a vedere i burattini, e il burattinajo mi voleva mettere sul fuoco perché gli cocessi il montone arrosto, che fu quello poi che mi dette cinque monete d'oro, perché le portassi a voi, ma io trovai la Volpe e il Gatto, che mi condussero all'Osteria del Gambero Rosso, dove mangiarono come lupi, e partito solo di notte incontrai gli assassini che si messero a corrermi dietro, e io via, e loro dietro, e io via, e loro sempre dietro, e io via, finché m'impiccarono a un ramo della Quercia Grande, dovecché la bella bambina dai capelli turchini mi mandò a prendere con una carrozzina, e i medici, quando m'ebbero visitato, dissero subito: — «Se non è morto, è segno che è sempre vivo» — e allora mi scappò detta una bugia, e il naso cominciò a crescermi e non mi passava più dalla porta di camera, motivo per cui andai con la Volpe e col Gatto a sotterrare le quattro monete d'oro, che una l'avevo spesa all'Osteria, e il pappagallo si messe a ridere, e viceversa di duemila monete non trovai più nulla, la quale il Giudice quando seppe che ero stato derubato, mi fece subito mettere in prigione, per dare una soddisfazione ai ladri, di dove, col venir via, vidi un bel grappolo d'uva in un campo, che rimasi preso alla tagliola e il contadino di santa ragione mi messe il collare da cane perché facessi la guardia al pollajo, che riconobbe la mia innocenza e mi lasciò andare, e il Serpente, colla coda che gli fumava, cominciò a ridere e gli si strappò una vena sul petto, e così ritornai alla casa della bella bambina, che era morta, e il Colombo vedendo che piangevo mi disse: — «Ho visto il tu' babbo che si fabbricava una barchettina per venirti a cercare» — e io gli dissi — «Oh! se avessi l'ali anch'io» — e lui mi disse — «Vuoi venire dal tuo babbo?» — e io gli dissi — «Magari! ma chi mi ci porta?» — e lui mi disse — «Ti ci porto io» — e io gli dissi — «Come?» — e lui mi disse — «Montami sulla groppa» — e così abbiamo volato tutta la notte, poi la mattina tutti i pescatori che guardavano verso il mare mi dissero — «C'è un pover'omo in una barchetta che sta per affogare» — e io da lontano vi riconobbi subito, perché me lo diceva il core, e vi feci segno di tornare alla spiaggia ...

— Ti riconobbi anch'io — disse Geppetto — e sarei volentieri tornato alla spiaggia: ma come fare? Il mare era grosso e un cavallone m'arrovesciò la barchetta. Allora un orribile Pesce-cane che era lì vicino, appena che m'ebbe visto nell'acqua corse subito verso di me, e tirata fuori la lingua, mi prese pari pari, e m'inghiottì come un tortellino di Bologna.

— E quant'è che siete chiuso qui dentro? — domandò Pinocchio.

— Da quel giorno in poi, saranno oramai due anni: due anni, Pinocchio mio, che mi son parsi due secoli!

— E come avete fatto a campare? E dove avete trovata la candela? E i fiammiferi per accenderla, chi ve li ha dati?

— Ora ti racconterò tutto. Devi dunque sapere che quella medesima burrasca, che rovesciò la mia barchetta, fece anche affondare un bastimento mercantile. I marinaj si salvarono tutti, ma il bastimento colò a fondo e il solito Pesce-cane che quel giorno aveva un appetito eccellente, dopo avere inghiottito me, inghiottì anche il bastimento ...

— Come? Lo inghiottì tutto in un boccone? ... — domandò Pinocchio maravigliato.

— Tutto in un boccone: e risputò solamente l'albero maestro, perché gli era rimasto fra i denti come una lisca. Per mia gran fortuna, quel bastimento era carico non solo di carne conservata in cassette di stagno, ma di biscotto, ossia di pane abbrostolito, di bottiglie di vino, d'uva secca, di cacio, di caffè, di zucchero, di candele steariche e di scatole di fiammiferi di cera. Con tutta questa grazia di Dio ho potuto campare due anni: ma oggi sono agli ultimi sgoccioli: oggi nella dispensa non c'è più nulla, e questa candela, che vedi accesa, è l'ultima candela che mi sia rimasta ...

— E dopo?

— E dopo, caro mio, rimarremo tutt'e due al bujo.

— Allora, babbino mio — disse Pinocchio — non c'è tempo da perdere. Bisogna pensar subito a fuggire ...

— A fuggire? ... e come?

— Scappando dalla bocca del Pesce-cane e gettandosi a nuoto in mare.

— Tu parli bene: ma io, caro Pinocchio, non so nuotare.

— E che importa? ... Voi mi monterete a cavalluccio sulle spalle e io, che sono un buon nuotatore, vi porterò sano e salvo fino alla spiaggia.

— Illusioni, ragazzo mio! — replicò Geppetto, scotendo il capo e sorridendo malinconicamente. — Ti par egli possibile che un burattino, alto appena un metro, come sei tu, possa aver tanta forza da portarmi a nuoto sulle spalle?

— Provatevi e vedrete! A ogni modo se sarà scritto in cielo che dobbiamo morire, avremo almeno la gran consolazione di morire abbracciati insieme.

E senza dir altro, Pinocchio prese in mano la candela, e andando avanti per far lume, disse al suo babbo:

— Venite dietro a me, e non abbiate paura. —

E così camminarono un bel pezzo, e traversarono tutto il corpo e tutto lo stomaco del Pesce-cane. Ma giunti al punto dove cominciava la spaziosa gola del mostro, pensarono bene di fermarsi per dare un'occhiata e cogliere il momento opportuno alla fuga.

Ora bisogna sapere che il Pesce-cane, essendo molto vecchio e soffrendo d'asma e di palpitazione di cuore, era costretto a dormire a bocca aperta: per cui Pinocchio, affacciandosi al principio della gola e guardando in su, poté vedere al di fuori di quell'enorme bocca spalancata un bel pezzo di cielo stellato e un bellissimo lume di luna.

— Questo è il vero momento di scappare — bisbigliò allora voltandosi al suo babbo. — Il Pesce-cane dorme come un ghiro: il mare è tranquillo e ci si vede come di giorno. Venite dunque, babbino, dietro a me, e fra poco saremo salvi.

Detto fatto, salirono su per la gola del mostro marino, e arrivati in quell'immensa bocca, cominciarono a camminare in punta di piedi sulla lingua; una lingua così larga e così lunga, che pareva il viottolone d'un giardino. E già stavano lì lì per fare il gran salto e per gettarsi a nuoto nel mare, quando, sul più bello, il Pesce-cane starnutì, e nello starnutire, dette uno scossone così violento, che Pinocchio e Geppetto si trovarono rimbalzati all'indietro e scaraventati novamente in fondo allo stomaco del mostro.

Nel grand'urto della caduta la candela si spense, e padre e figliuolo rimasero al bujo.

— E ora? ... — domandò Pinocchio facendosi serio.

— Ora, ragazzo mio, siamo bell'e perduti.

— Perché perduti? Datemi la mano, babbino, e badate di non sdrucciolare!

— Dove mi conduci?

— Dobbiamo ritentare la fuga. Venite con me e non abbiate paura.

Ciò detto, Pinocchio prese il suo babbo per la mano: e camminando sempre in punta di piedi, risalirono insieme su per la gola del mostro: poi traversarono tutta la lingua e scavalcarono i tre filari di denti. Prima però di fare il gran salto, il burattino disse al suo babbo:

— Montatemi a cavalluccio sulle spalle e abbracciatemi forte forte. Al resto ci penso io.

Appena Geppetto si fu accomodato per bene sulle spalle del figliolo, il bravo Pinocchio, sicuro del fatto suo, si gettò nell'acqua e cominciò a nuotare. Il mare era tranquillo come un olio: la luna splendeva in tutto il suo chiarore e il Pesce-cane seguitava a dormire di un sonno così profondo, che non l'avrebbe svegliato nemmeno una cannonata.

XXXVI. Finalmente Pinocchio cessa d'essere un burattino e diventa un ragazzo.

Mentre Pinocchio nuotava alla svelta per raggiungere la spiaggia, si accorse che il suo babbo, il quale gli stava a cavalluccio sulle spalle e aveva le gambe mezze nell'acqua, tremava fitto fitto, come se al pover'uomo gli battesse la febbre terzana.

Tremava di freddo o di paura? Chi lo sa? ... Forse un po' dell'uno e un po' dell'altra. Ma Pinocchio, credendo che quel tremito fosse di paura, gli disse per confortarlo:

— Coraggio, babbo! Fra pochi minuti arriveremo a terra e saremo salvi.

— Ma dov'è questa spiaggia benedetta? — domandò il vecchietto, diventando sempre più inquieto, e appuntando gli occhi, come fanno i sarti quando infilano l'ago. — Eccomi qui, che guardo da tutte le parti e non vedo altro che cielo e mare.

— Ma io vedo anche la spiaggia — disse il burattino. — Per vostra regola io sono come i gatti: ci vedo meglio di notte che di giorno. —

Il povero Pinocchio faceva finta di esser di buon umore: ma invece ... invece cominciava a scoraggirsi: le forze gli scemavano, il suo respiro diventava grosso e affannoso ... insomma non ne poteva più, e la spiaggia era sempre lontana.

Nuotò finché ebbe fiato: poi si voltò col capo verso Geppetto, e disse con parole interrotte:

— Babbo mio ... ajutatevi ... perché io muojo!

E padre e figliuolo erano oramai sul punto di affogare, quando udirono una voce di chitarra scordata che disse:

— Chi è che muore?

— Sono io e il mio povero babbo!

— Questa voce la riconosco! Tu sei Pinocchio!

— Preciso: e tu?

— Io sono il Tonno, il tuo compagno di prigionia in corpo al Pesce-cane.

— E come hai fatto a scappare?

— Ho imitato il tuo esempio. Tu sei quello che mi hai insegnato la strada, e dopo te, sono fuggito anch'io.

— Tonno mio, tu capiti proprio a tempo! Ti prego per l'amore che porti ai Tonnini tuoi figliuoli: ajutaci, o siamo perduti.

— Volentieri e con tutto il cuore. Attaccatevi tutti e due alla mia coda, e lasciatevi guidare. In quattro minuti vi condurrò alla riva.

Geppetto e Pinocchio, come potete immaginarvelo, accettarono subito l'invito: ma invece di attaccarsi alla coda, giudicarono più comodo di mettersi addirittura a sedere sulla groppa del Tonno.

— Siamo troppo pesi? — gli domandò Pinocchio.

— Pesi? Neanche per ombra; mi par di avere addosso due gusci di conchiglia — rispose il Tonno, il quale era di una corporatura così grossa e robusta, da parere un vitello di due anni.

Giunti alla riva, Pinocchio saltò a terra il primo, per ajutare il suo babbo a fare altrettanto: poi si voltò al Tonno, e con voce commossa gli disse:

— Amico mio, tu hai salvato il mio babbo! Dunque non ho parole per ringraziarti abbastanza! Permetti almeno che ti dia un bacio, in segno di riconoscenza eterna!

Il Tonno cacciò il muso fuori dell'acqua, e Pinocchio, piegandosi coi ginocchi a terra, gli posò un affettuosissimo bacio sulla bocca. A questo tratto di spontanea e vivissima tenerezza, il povero Tonno, che non c'era avvezzo, si sentì talmente commosso, che vergognandosi a farsi veder piangere come un bambino, ricacciò il capo sott'acqua e sparì.

Intanto s'era fatto giorno.

Allora Pinocchio, offrendo il suo braccio a Geppetto, che aveva appena il fiato di reggersi in piedi, gli disse:

— Appoggiatevi pure al mio braccio, caro babbino, e andiamo. Cammineremo pian pianino come le formicole, e quando saremo stanchi, ci riposeremo lungo la via.

— E dove dobbiamo andare? — domandò Geppetto.

— In cerca di una casa o d'una capanna, dove ci diano per carità un boccon di pane e un po' di paglia che ci serva da letto.

Non avevano ancora fatti cento passi, che videro seduti sul ciglione della strada due brutti ceffi, i quali stavano lì in atto di chiedere l'elemosina.

Erano il Gatto e la Volpe: ma non si riconoscevano più da quelli d'una volta. Figuratevi che il Gatto, a furia di fingersi cieco, aveva finito coll'accecare davvero: e la Volpe invecchiata, intignata e tutta perduta da una parte, non aveva più nemmeno la coda. Così è. Quella trista ladracchiola, caduta nella più squallida miseria, si trovò costretta un bel giorno a vendere perfino la sua bellissima coda a un merciaio ambulante, che la comprò per farsene uno scacciamosche.

— O Pinocchio — gridò la Volpe con voce di piagnisteo — fai un po' di carità a questi due poveri infermi.

— Infermi! — ripeté il Gatto.

— Addio, mascherine! — rispose il burattino. — Mi avete ingannato una volta, e ora non mi ripigliate più.

— Credilo, Pinocchio, che oggi siamo poveri e disgraziati davvero!

— Davvero! — ripeté il Gatto.

— Se siete poveri, ve lo meritate. Ricordatevi del proverbio che dice: «I quattrini rubati non fanno mai frutto». Addio, mascherine!

— Abbi compassione di noi!

— Di noi!

— Addio, mascherine! Ricordatevi del proverbio che dice: «La farina del diavolo va tutta in crusca».

— Non ci abbandonare!

— ...are! — ripeté il Gatto.

— Addio, mascherine! Ricordatevi del proverbio che dice: «Chi ruba il mantello al suo prossimo, per il solito muore senza camicia».

E così dicendo, Pinocchio e Geppetto seguitarono tranquillamente per la loro strada: finché, fatti altri cento passi, videro in fondo a una viottola, in mezzo ai campi, una bella capanna tutta di paglia, e col tetto coperto d'embrici e di mattoni.

— Quella capanna dev'essere abitata da qualcuno — disse Pinocchio. — Andiamo là, e bussiamo.

Difatti andarono, e bussarono alla porta.

— Chi è? — disse una vocina di dentro.

— Siamo un povero babbo e un povero figliuolo, senza pane e senza tetto — rispose il burattino.

— Girate la chiave, e la porta si aprirà — disse la solita vocina.

Pinocchio girò la chiave, e la porta si aprì. Appena entrati dentro, guardarono di qua, guardarono di là, e non videro nessuno.

— O il padrone della capanna dov'è? — disse Pinocchio maravigliato.

— Eccomi quassù! —

Babbo e figliuolo si voltarono subito verso il soffitto, e videro sopra un travicello il Grillo-parlante.

— Oh! mio caro Grillino — disse Pinocchio salutandolo garbatamente.

— Ora mi chiami il «Tuo caro Grillino», non è vero? Ma ti rammenti di quando, per cacciarmi di casa tua, mi tirasti un manico di martello?

— Hai ragione, Grillino! Scaccia anche me ... tira anche a me un manico di martello: ma abbi pietà del mio povero babbo ...

— Io avrò pietà del babbo e anche del figliuolo: ma ho voluto rammentarti il brutto garbo ricevuto, per insegnarti che in questo mondo, quando si può, bisogna mostrarsi cortesi con tutti, se vogliamo esser ricambiati con pari cortesia nei giorni del bisogno.

— Hai ragione, Grillino, hai ragione da vendere e io terrò a mente la lezione che mi hai data. Ma mi dici come hai fatto a comprarti questa bella capanna?

— Questa capanna mi è stata regalata ieri da una graziosa capra, che aveva la lana d'un bellissimo colore turchino.

— E la capra dov'è andata? — domandò Pinocchio, con vivissima curiosità.

— Non lo so.

— E quando ritornerà?

— Non ritornerà mai. Ieri è partita tutta afflitta, e, belando, pareva che dicesse: — «Povero Pinocchio ... oramai non lo rivedrò più ... il Pescecane a quest'ora l'avrà bell'e divorato!»

— Ha detto proprio così? ... Dunque era lei! ... era lei! ... era la mia cara Fatina! ... — cominciò a urlare Pinocchio, singhiozzando e piangendo dirottamente.

Quand'ebbe pianto ben bene, si rasciugò gli occhi e, preparato un buon lettino di paglia, vi distese sopra il vecchio Geppetto. Poi domandò al Grillo-parlante:

— Dimmi, Grillino: dove potrei trovare un bicchiere di latte per il mio povero babbo?

— Tre campi distante di qui c'è l'ortolano Giangio, che tiene le mucche. Va' da lui e troverai il latte che cerchi.

Pinocchio andò di corsa a casa dell'ortolano Giangio: ma l'ortolano gli disse:

— Quanto ne vuoi del latte?

— Ne voglio un bicchiere pieno.

— Un bicchiere di latte costa un soldo. Comincia intanto dal darmi il soldo.

— Non ho nemmeno un centesimo — rispose Pinocchio tutto mortificato e dolente.

— Male, burattino mio — replicò l'ortolano. — Se tu non hai nemmeno un centesimo, io non ho nemmeno un dito di latte.

— Pazienza! — disse Pinocchio, e fece l'atto di andarsene.

— Aspetta un po' — disse Giangio. — Fra te e me ci possiamo accomodare. Vuoi adattarti a girare il bindolo?

— Che cos'è il bindolo?

— Gli è quell'ordigno di legno, che serve a tirar su l'acqua dalla cisterna per annaffiare gli ortaggi.

— Mi proverò ...

— Dunque, tirami su cento secchie d'acqua, e io ti regalerò in compenso un bicchiere di latte.

— Sta bene. —

Giangio condusse il burattino nell'orto e gl'insegnò la maniera di girare il bindolo. Pinocchio si pose subito al lavoro; ma prima di aver tirato su le cento secchie d'acqua, era tutto grondante di sudore dalla testa ai piedi. Una fatica a quel modo non l'aveva durata mai.

— Finora questa fatica di girare il bindolo — disse l'ortolano — l'ho fatta fare al mio ciuchino: ma oggi quel povero animale è in fin di vita.

— Mi menate a vederlo? — disse Pinocchio.

— Volentieri. —

Appena che Pinocchio fu entrato nella stalla vide un bel ciuchino disteso sulla paglia, rifinito dalla fame e dal troppo lavoro. Quando l'ebbe guardato fisso fisso, disse dentro di sé, turbandosi:

— Eppure quel ciuchino lo conosco! Non mi è fisonomia nuova!

E chinatosi fino a lui, gli domandò in dialetto asinino:

— Chi sei?

A questa domanda, il ciuchino aprì gli occhi moribondi, e rispose balbettando nel medesimo dialetto:

— Sono Lu ...ci ...gno ...lo ... —

E dopo richiuse gli occhi e spirò.

— Oh! povero Lucignolo! — disse Pinocchio a mezza voce: e presa una manciata di paglia, si rasciugò una lacrima che gli colava giù per il viso.

— Ti commuovi tanto per un asino che non ti costa nulla? — disse l'ortolano. — Che cosa dovrei far io che lo comprai a quattrini contanti?

— Vi dirò ... era un mio amico!

— Tuo amico?

— Un mio compagno di scuola!

— Come?! — urlò Giangio dando in una gran risata. — Come?! avevi dei somari per compagni di scuola? ... Figuriamoci i begli studi che devi aver fatto! —

Il burattino, sentendosi mortificato da quelle parole, non rispose: ma prese il suo bicchiere di latte quasi caldo, e se ne tornò alla capanna.

E da quel giorno in poi, continuò più di cinque mesi a levarsi ogni mattina, prima dell'alba, per andare a girare il bindolo, e guadagnare così quel bicchiere di latte, che faceva tanto bene alla salute cagionosa del suo babbo. Né si contentò di questo: perché a tempo avanzato, imparò a fabbricare anche i canestri e i panieri di giunco: e coi quattrini che ne ricavava, provvedeva con moltissimo giudizio a tutte le spese giornaliere. Fra le altre cose, costruì da sé stesso un elegante carrettino per condurre a spasso il suo babbo nelle belle giornate, e per fargli prendere una boccata d'aria.

Nelle veglie poi della sera, si esercitava a leggere e a scrivere. Aveva comprato nel vicino paese per pochi centesimi un grosso libro, al quale mancavano il frontespizio e l'indice, e con quello faceva la sua lettura. Quanto allo scrivere, si serviva di un fuscello temperato a uso penna; e non avendo né calamajo né inchiostro, lo intingeva in una boccettina ripiena di sugo di more e di ciliege.

Fatto sta, che con la sua buona volontà d'ingegnarsi, di lavorare e di tirarsi avanti, non solo era riuscito a mantenere quasi agiatamente il suo genitore sempre malaticcio, ma per di più aveva potuto mettere da parte anche quaranta soldi per comprarsi un vestitino nuovo.

Una mattina disse a suo padre:

— Vado qui al mercato vicino, a comprarmi una giacchettina, un berrettino e un pajo di scarpe. Quando tornerò a casa — soggiunse ridendo — sarò vestito così bene, che mi scambierete per un gran signore.

E uscito di casa, cominciò a correre tutto allegro e contento. Quando a un tratto sentì chiamarsi per nome: e voltandosi, vide una bella lumaca che sbucava fuori dalla siepe.

— Non mi riconosci? — disse la Lumaca.

— Mi pare e non mi pare ...

— Non ti ricordi di quella Lumaca, che stava per cameriera con la Fata dai capelli turchini? non ti rammenti di quella volta, quando scesi a farti lume e che tu rimanesti con un piede confitto nell'uscio di casa?

— Mi rammento di tutto — gridò Pinocchio. — Rispondimi subito, Lumachina bella: dove hai lasciato la mia buona Fata? che fa? mi ha perdonato? si ricorda sempre di me? mi vuol sempre bene? è molto lontana di qui? potrei andare a trovarla? —

A tutte queste domande, fatte precipitosamente e senza ripigliar fiato, la Lumaca rispose con la sua solita flemma.

— Pinocchio mio! La povera Fata giace in un fondo di letto allo spedale!

— Allo spedale?

— Pur troppo. Colpita da mille disgrazie, si è gravemente ammalata, e non ha più da comprarsi un boccon di pane.

— Davvero? ... Oh! che gran dolore che mi hai dato! Oh! povera Fatina! povera Fatina! povera Fatina! ... Se avessi un milione, correrei a portarglielo ... Ma io non ho che quaranta soldi ... eccoli qui: andavo giusto a comprarmi un vestito nuovo. Prendili, Lumaca, e va' a portarli subito alla mia buona Fata.

— E il tuo vestito nuovo?

— Che m'importa del vestito nuovo? Venderei anche questi cenci che ho addosso, per poterla ajutare! Va', Lumaca, e spicciati: e fra due giorni ritorna qui, ché spero di poterti dare qualche altro soldo. Finora ho lavorato per mantenere il mio babbo: da oggi in là, lavorerò cinque ore di più per mantenere anche la mia buona mamma. Addio, Lumaca, e fra due giorni ti aspetto.

La Lumaca, contro il suo costume, cominciò a correre come una lucertola nei grandi solleoni d'agosto.

Quando Pinocchio tornò a casa, il suo babbo gli domandò:

— E il vestito nuovo?

— Non m'è stato possibile di trovarne uno che mi tornasse bene. Pazienza! ... Lo comprerò un'altra volta.

Quella sera Pinocchio, invece di vegliare fino alle dieci, vegliò fino alla mezzanotte sonata: e invece di far otto canestri di giunco, ne fece sedici.

Poi andò a letto e si addormentò. E nel dormire, gli parve di vedere in sogno la Fata, tutta bella e sorridente, la quale, dopo avergli dato un bacio, gli disse così:

— «Bravo Pinocchio! In grazia del tuo buon cuore, io ti perdono tutte le monellerie che hai fatto fino a oggi. I ragazzi che assistono amorosamente i propri genitori nelle loro miserie e nelle loro infermità, meritano sempre gran lode e grande affetto, anche se non possono esser citati come modelli d'ubbidienza e di buona condotta. Metti giudizio per l'avvenire, e sarai felice».

A questo punto il sogno finì, e Pinocchio si svegliò con tanto d'occhi spalancati.

Ora immaginatevi voi quale fu la sua meraviglia quando, svegliandosi, si accorse che non era più un burattino di legno: ma che era diventato, invece, un ragazzo come tutti gli altri. Dette un'occhiata all'intorno e invece delle solite pareti di paglia della capanna, vide una bella camerina ammobiliata e agghindata con una semplicità quasi elegante. Saltando giù dal letto, trovò preparato un bel vestiario nuovo, un berretto nuovo e un pajo di stivaletti di pelle, che gli tornavano una vera pittura.

Appena si fu vestito, gli venne fatto naturalmente di mettere le mani nelle tasche e tirò fuori un piccolo portamonete d'avorio, sul quale erano scritte queste parole: «La Fata dai capelli turchini restituisce al suo caro Pinocchio i quaranta soldi e lo ringrazia tanto del suo buon cuore». Aperto il portafoglio, invece dei 40 soldi di rame, vi luccicavano quaranta zecchini d'oro, tutti nuovi di zecca.

Dopo andò a guardarsi allo specchio, e gli parve d'essere un altro. Non vide più riflessa la solita immagine della marionetta di legno, ma vide l'immagine vispa e intelligente di un bel fanciullo coi capelli castagni, cogli occhi celesti e con un'aria allegra e festosa come una pasqua di rose.

In mezzo a tutte queste meraviglie, che si succedevano le une alle altre, Pinocchio non sapeva più nemmeno lui se era desto davvero o se sognava sempre a occhi aperti.

— E il mio babbo dov'è? — gridò tutt'a un tratto: ed entrato nella stanza accanto trovò il vecchio Geppetto sano, arzillo e di buon umore, come una volta, il quale, avendo ripreso subito la sua professione d'intagliatore, stava appunto disegnando una bellissima cornice ricca di fogliami, di fiori e di testine di diversi animali.

— Levatemi una curiosità, babbino: ma come si spiega tutto questo cambiamento improvviso? — gli domandò Pinocchio saltandogli al collo e coprendolo di baci.

— Questo improvviso cambiamento in casa nostra è tutto merito tuo — disse Geppetto.

— Perché merito mio?

— Perché quando i ragazzi, di cattivi diventano buoni, hanno la virtù di far prendere un aspetto nuovo e sorridente anche all'interno delle loro famiglie.

— E il vecchio Pinocchio di legno dove si sarà nascosto?

— Eccolo là — rispose Geppetto: e gli accennò un grosso burattino appoggiato a una seggiola, col capo girato sur una parte, con le braccia ciondoloni e con le gambe incrocicchiate e ripiegate a mezzo, da parere un miracolo se stava ritto.

Pinocchio si voltò a guardarlo; e dopo che l'ebbe guardato un poco, disse dentro di sé con grandissima compiacenza:

— Com'ero buffo, quand'ero un burattino! e come ora son contento di esser diventato un ragazzino perbene!

*Dopo il Mazzanti, il Chiostri e il Bongini illustrarono
le edizioni di Pinocchio agli albori del Novecento*

*Disegno di Diego Manzo,
liberamente tratto
da un'illustrazione
di Guillermo Mordillo*

*(Luciano Bottaro, invece,
ha fornito lo spunto
per i tre disegni
alle pp. 249, 251 e 253)*